台海安全考察

李鹏 著

九州出版社

图书在版编目(CIP)数据

台海安全考察/李鹏著. —北京：九州出版社，2005.7
(2008.5重印)
ISBN 978-7-80195-328-5

Ⅰ.台...　Ⅱ.李...　Ⅲ.台湾问题—国家安全—研究　Ⅳ.D618

中国版本图书馆CIP数据核字(2005)第063957号

台海安全考察

作　　者　李　鹏　著
出版发行　九州出版社
出 版 人　徐尚定
地　　址　北京市西城区阜外大街甲35号(100037)
发行电话　(010)68992190/2/3/5/6
网　　址　www.jiuzhoupress.com
电子信箱　jiuzhou@jiuzhoupress.com
印　　刷　三河市东方印刷厂
开　　本　720×1020毫米　16开
印　　张　15.25
字　　数　245千字
版　　次　2005年7月第1版
印　　次　2008年5月第2次印刷
书　　号　ISBN 978-7-80195-328-5／D·134
定　　价　32.00元

序

现在的厦门大学台湾研究院真可谓人才济济，40岁以下的研究人员与博士头衔不沾边的已不复存在。在年轻学者当中，李鹏的工作业绩却是出类拔萃的，他用自己的勤奋向他的同行诠释了什么叫竞争力，什么叫“后生可畏”。正因为有这样的敬业精神，厦门大学台湾研究团队中一个朝气蓬勃的新的青年研究群体已经在相互激励声中诞生。

解决台湾问题，实现国家最终统一，是中国共产党提出的新世纪三大任务之一。在促进国家完全统一的过程中，如何确保两岸中国人的整体安全利益，是一个复杂而艰难的研究课题。李鹏进入台湾研究领域不足十年，他的专著敢于挑战“台海安全”这一高难度课题，勇气可嘉！“台海安全”课题从概念到内涵都有很大的主观性、相对性，在两岸关系及国际政治现实中，“台海安全”议题更是让人难以捉摸。要挑战这一难题，就必须对国际关系发展形势有全盘的掌握，对两岸关系的本质、台湾政治现象的内在逻辑关系有深刻的理解。此外，还必须在政治现实、国家利益和人类文明进步三者之间拿捏好分寸。作者相当好学，他更能够博采众长，我相信他能够胜任这一高难度工作。

作为一部探索学术研究前沿的著作，《台海安全考察》从国家安全的角度切入解析台湾问题，在当前的台湾研究界可以说是一种另辟蹊径的观察和思考。作者首先对“台海安全”的概念、内容做出胆大心细的自我定义，创造性地提出了对台海安全形势进行量化评估的指标体系。这一评估体系的建构或许尚未达到精致的地步，但我还是希望各界给予作者更多的掌声，因为创新性研究是一个不断发展完善的过程。

我同意作者的分析，在“过去18年里，台海安全形势变化一直控制在‘危机’、‘紧张’、‘缓和’、‘改善’四种范围之内，并没有达到取得‘突破’或发展成为‘冲突’、‘战争’的范畴，这表明无论是台海安全形势的好转还是恶化都是有一定的限度，有很多因素制约着台海安全形势难以从根本上得到突破，也难以发展到兵戎相见的程度”。这一结论告诉读者，台海问题的发展客观上存在着某种“极限性”，这样的判断是中肯的。对于专业研究人员来说，台湾问题研究必须超越悲观与乐观的纠缠，更需要的是理性和智慧。

我赞同作者的观点，“台海安全不单纯是‘大陆安全’或‘台湾安全’，而是大陆和台湾共同的安全”。我也同意作者的主张，“台海安全从本质上说是中国国家统一安全的重要组成部分，也是中国国家整体安全战略的重要一环”。但我愿意借此进一步强调：中国的国家安全也是世界和平稳定秩序的一部分，台海地区的冲突与不稳定既影响中国国家安全，也不可避免地影响到亚太地区的和平稳定。因此，如何对各种可能导致不安全、不稳定的因素进行有效控管，进而达成终局性的政治安排，是两岸中国人内部必须解决的问题，也是亚太地区相关国家必须认真面对的问题。

作者在本书中试图找到如何解决台海安全问题的答案，为此他比较了美国学者李侃如提出的“中程协议”和台湾大学教授张亚中提出的“统合论”，我认为这样探索很有启发，台海安全问题的解决需要更多的研究人员进行“大胆假设，小心求证”。我相信各方在比较和学习过程中，终将找到虽不完全满意，但又可为接受的解决方案。作者最后所提出的“建立两岸和平稳定发展互动架构”五项建议，是众多探索方案之一，这五项建议是作者良苦用心的体现，值得读者进一步思考和借鉴。

厦门大学台湾研究院院长

刘国深

2008 年 5 月 8 日

目　录

导 言

一、研究的缘起

在关于台湾问题和两岸关系的学术研究和政策实践中，对台海安全的关注和研究已经成为海内外的政治家和从事台湾研究的专家学者难以回避的一个方面，尤其在两岸关系不断受到岛内“台独”分裂活动的影响而出现紧张局势时，海内外各界人士对台海安全问题的关注显得更为迫切。1987年11月，台湾当局开放台湾居民赴祖国大陆探亲，受到大陆有关部门的欢迎，海峡两岸近38年的隔绝状态终于被打破，两岸的经贸、文化等各项民间交流和往来开始迅速发展起来，两岸的政治安全关系也出现了一些新的变化。1988年，李登辉继任台湾地区领导人后，在开始推行“宪政改革”，终止“动员戡乱时期”的同时，逐渐背离一个中国原则，进行“台独”分裂活动。2000年陈水扁当选台湾地区领导人以后，更是拒不接受一个中国原则，否认“九二共识”，各种“渐进式台独”和“去中国化”的活动愈演愈烈，这些都严重影响到两岸关系的健康发展和台海地区的安全稳定。20世纪90年代以来，两岸关系中不仅经历了1993年“汪辜会谈”、1995年“江泽民八项主张”的发表、2005年胡锦涛“四点意见”的发表、《反分裂国家法》的制定、中国国民党主席连战与亲民党主席宋楚瑜相继访问大陆等对台海安全形势的发展有积极意义的事件；也受到了1995年李登辉访美、1999年李登辉抛出“两国论”，2002年陈水扁提出“一边一国论”、2003年前后年鼓吹“公投制宪”、抛出“台独时间表”等事件的冲击和挑战，这些事件对台海安全产生了严重的负面影响。

解决台湾问题，实现国家完全统一是中国共产党和中国政府在21世纪的三大历史任务之一。祖国大陆多次表示，台湾分裂势力是对台海地区和平与稳定的最大威胁。2004年5月17日，中台办、国台办受权就当前两岸关系发表声明，提出“当前两岸关系形势严峻坚决制止旨在分裂中国的台湾独立活动，维护台海和平稳定，是两岸同胞当前最紧迫的任务”，并严正指出:“台独没有和平，分裂没有稳定”。而台湾当局却一直声称“台湾是一个主权独立的国家”，将大陆当作是“台湾安全最明显、最直接的威胁”。不仅提出“决战境外”的军事方针，鼓吹大陆的“导弹威胁”，进行“强化国防”的“公投”；还不断试图提升美台军事关系，甚至公开提出“盼望国际社会继续关注并协助维护台海的和平与亚太地区的稳定”。在上述情形下，到底什么才是对台海安全的真正威胁，如何客观认识世纪之交的台海安全形势，两岸安全战略的分歧何在，如何有效地维护台海安全、两岸关系的前景如何等等都成为值得探讨的重要课题。

在国际关系学院和中国现代国际关系研究院攻读硕士研究生期间，我师从现任清华大学国际问题研究所所长阎学通教授研习国际关系和安全理论，期间参与了阎老师主编的《中国崛起国际环境评估》、《中国与亚太安全》等著作的研究编辑工作，这使我有机会更深入地学习和理解有关国际关系、国际安全的理论和方法。1999 年 8 月，我有幸进入厦门大学台湾研究所工作，正当面临一个全新的领域茫然不知所措时，所里的学术前辈，陈孔立、范希周、刘国深等教授及时对我进行点拨和指导，使我找到了研究方向，下定决心尝试运用西方政治学和相关学科的理论方法来研究两岸关系、台海安全和中美关系中的台湾问题。

在随后的学习和研究过程中，我对台湾问题逐步加深了认识。中国政府多次重申，解决台湾问题，实现中国的完全统一，是中华民族的根本利益。这个根本利益既包括民族大义，国家的尊严和荣誉，同样也包括维护国家统一、主权和领土完整等安全利益。从某种意义来说，台湾问题在很大程度上是一个安全问题。在研读完中国政府的涉台政策文件，以及 1998 年、2000 年、2002 年、2004 年的《国防白皮书》和台湾当局历年所发表的所谓“国防报告书”后，我又发现台海安全在两岸的安全和发展战略中都占有相当的分量。这使我萌发了运用国际政治学中的安全理论来研究台海安全的想法。

研究需要借鉴前辈的研究成果和方法，从海内外的研究现状来看，对台海安全进行学术意义上的研究是近一二十年才出现的，此前学者们对台海安全的讨论多集中于战略战术和军事斗争层面，主要目的是为了“解放台湾”和“反共复国”、“防御台湾”等军事政策的需要。20 世纪 80 年代以来，海峡两岸局势和国际安全形势都发生了重大变化。随着欧美学术界对和平、安全、战争等问题的研究的深入，台湾和大陆的学者开始尝试用西方政治学或国际关系学的理论和方法研究两岸关系和台海安全问题。台湾学者和海外学者对台海安全的研究主要集中在大陆是否“武力攻台”、台湾如何实现“安全”或如何实现台海地区军事平衡等问题上，近年来从事台海安全研究的机构和学者越来越多。台湾政治大学国际关系研究中心、东亚研究所、中国文化大学大陆研究所、“国家政策研究基金会”、“中央研究院”等机构都有学者在从事台海安全研究。台湾安全研究成果也不断涌现，朱延智的《台湾安全》，谢淑媛编著的《台海安全情报》，薛钊的《战略性的思考：台湾的安全与抉择》，陈力生的《台湾海峡的和平与战争》等都对台海安全有深入的研究。1998 年 4 月成立的台湾综合研究院战略与国际研究所就是针对战略及安全问题进行研究，并召开了“人类安全与 21 世纪的两岸关系”、“净评估与国家安全”、“信心建立措施的理论与实际”、“台海两岸军力评估”等系列学术研讨会，并出版《战略与国际研究》季刊和《台湾安全展望》等论文集。

在美国方面，随着台海形势的发展，越来越多的中国问题专家开始从事台湾问题的研究，尼克松中心的 David M. Lampton，密西根大学的 Kenneth Lieberthal，波士顿学院的 Robert S. Ross，传统基金会的 John J. Tkacik，企业研究所的 James R. Lilley，伯克莱加州大学的 Thomas B. Gold，战略与国际研究中心的 Bonnie S. Glaser 等都在台海安全问题上提出自己的看法和观点。

祖国大陆最早的台海安全研究是从两岸军情研究开始的，早在改革开放前，军事科学院、南京政治学院、西安政治学院等军队院校和军事科研机构就出于军事斗争的需要进行了深入的研究，研究的内容包括军事实力对比、武器装备、编制体系、军事地形、战术运用等等。改革开放以后，除了普及性的军情研究继续进行以外，开始有学者从政治角度来思考台海安全问题。一方面，祖国大陆出版的军事类报刊杂志如雨后春笋般地涌现出来，《舰船知识》、《环球军事》、《现代军事》等杂志对台湾、大陆及世界各国的军情进行了大量的介绍和报道。另一方面，不少学者开始讨论“反独促统”、“和平统一”以及针对台湾当局“以武拒统”、“以武谋独”等政治军事相结合的问题，但部分研究缺乏理论基础，没有学术性，往往很自然地用政治性语言作为文章的出发点和当然结论。这从一个侧面反映出大陆学者研究台海安全问题时政治性、军事性多于学术性的倾向。这种情况的出现一方面是由台湾问题军事斗争的历史和政治特殊性决定的，有些人并不认为台湾问题可以从学术角度来进行理性地探讨和研究；另一方面则因为西方政治学中有关安全的理论和概念引入大陆比较晚，而且先是被研究国际问题的学者所借鉴和运用，加上前些年从事国际问题研究和台湾问题研究的人员之间、军队学者与地方学者之间缺乏相互的交流和沟通，造成在台湾研究中缺少有说服力的理论和方法支撑，以及理论与实际脱节的情况。

近年来，越来越多的学者已经开始尝试从学术和政治、军事相结合的角度研究台海安全，研究的视角也开始拓展，笔者将选取《国防大学学报》、《南京政治学院学报》、《西安政治学院学报》、《军事历史》、《军事历史研究》等军事类学术刊物为例加以详细分析。有人从中国政府与领导人的对台战略思想、方针政策来阐释台海安全，如胡哲峰的《“台湾问题不能无限期拖下去”是邓小平的一贯思想》，刘守仁的《对中共争取和平解放台湾方针的历史考察》，程广中的《从未承诺放弃对台使用武力——中共三代领导集体解决台湾问题方针的历史考察》等；有人将研究重点放在分析台湾军事战略发展演变上，如赵宗九的《台湾军事战略的演变与现行军事战略分析》，易冰的《台湾军事战略思想透析》，潘望喜的《台湾当局军事战略演变之评析》、张小平的《台湾信息战研究现状》等；有人分析台海安全问题形成的国际背景，如高民政的《1949 至 1979：中美围绕台湾问题的军事政治较量及其影响》等。这些研究基本上运用的还是历史分析法。

从事台湾问题和国际问题研究的学者则更多的是从岛内政治发展逻辑、两岸关系的逻辑和国际政治的逻辑从战略的角度来审视台海安全形势，他们的研究重点往往与大陆对台政策、台湾当局的大陆政策、中美关系、美国的全球与亚太战略与亚太安全格局等联系在一起。他们的研究成果中经常会涉及到台海安全的问题，但对台海安全进行专门深入分析的并不多。

2001 年，我在《台湾研究集刊》上发表了第一篇关于台海安全问题的论文《台海安全关系的性质与两岸均势》，文章运用安全理论和均势理论探讨了两岸安全关系的性质和中、美、台三方的均势平衡关系。几年来，我先后在《台湾研究集刊》、《现代台湾研究》、台湾《海峡评论》、香港《海峡月刊》等刊物上发表了《海峡两岸安全战略的认识落差和政策矛盾》、《主权与安全：海峡两岸的认识落差与政策困境》、《两岸建立信任措施的可能及对台海安全的影响》、《“不承诺放弃使用武力”与“和平统一”的辩证分析》、《美国全球军事战略调整动向及对台湾问题的影响》、《日本对台海安全的战略考虑及其影响》等多篇涉及台海安全的学术论文。一个偶然的机会，我重读这些文章，不经意中发现它们之间存在着一定的关联性，完全可以将它们进行理论性和系统性的加工，使观点更明确，材料更翔实，论述更深入，从而成为一本关于台海安全问题的学术专著。经过仔细地思考和准备后，2002 年秋，我开始了《台海安全考察》一书的写作。

二、理论框架和分析方法

本书是以一个大陆青年学者的眼光，从学术的角度来探讨和分析台海安全问题的初步尝试，无论从理论还是方法上对我来说都是巨大的挑战。两岸关系与国际关系在性质上的根本不同是我首先要解决的问题之一，如果简单地将台湾问题套用国际关系理论和方法来研究，不仅会违背“世界上只有一个中国，大陆和台湾同属一个中国”的政治现实，而且可能一开始就陷入错误的研究前提。经过思考后，我决定将国际关系理论中普遍适用的概念、思维方式和研究方法萃取出来，将其与两岸关系的特殊性相结合，在研究过程中牢牢把握“一个中国原则是两岸关系发展的基础和前提”，从而得出了“虽然台海安全与国际安全有一定的联系，但它从本质上说是中国国家安全的一部分，在相当大的程度上依然带有国内安全的性质”的结论。这就使我的研究从根本上有别于某些台湾和海外学者将两岸关系当作国际关系、将台湾问题作为国际问题来研究的不当做法。

在研究方法上，本书在坚持马克思辩证唯物主义和历史唯物主义方法论的指导下，重点借鉴了国际关系学中的一些理论和方法来分析冷战后的台海安全形势。从运用科学研究方法的角度看，运用国际关系学理论研究台湾问题并非等同于将台湾问题作为国际问题来研究。在美国，国际关系是从属于政治学的次级学科。美国政治学家肯尼斯·沃尔兹认为“理论是解释规律的陈述，它揭示恒定或可能存在的联系为什么普遍存在”；戴维·辛格也指出理论具有描述、解释和预测三项功能。恩格斯对理论的性质进行了概括，即理论是历史的产物，是一种思维的科学，检验理论的标准是实践。沃尔兹进一步指出，“所有事物之间都有互相联系，一个领域与其他领域也不可割裂”，理论也不例外，它在孤立于其他领域之外，保持独立边界的同时，也不可避免地同其他领域发生各种联系。因此，虽然解释的范畴有大有小，对象有具体有抽象，内容有重叠有对立，但作为人的思维的科学，理论必然在一定程度上存在普遍适用性和局限性，这也是我们人类为什么能够不断创造出新理论的原因之一。

国际关系理论在保持自有领域个性的同时，也必然有共性的一面，特别是与其他理论共有边界的概念和开放的思维模式完全可能被其他学科和相似领域所借鉴。我国学者倪世雄对国际关系理论的定义是“研究各种国与国关系的科学分析框架和理论体系”。这种框架和体系的形成不仅是对千百年来国际关系历史和现实的总结，更是得益于其他学科理论和方法的启迪。1919 年国际关系学诞生之时，政治学、哲学、历史学、法学都是国际关系理论的重要理论依据；时至今日，国际关系研究中还在不断借鉴经济学、心理学、社会学、地缘学、技术学等学科的理论和方法。而与此同时，很多其他学科也开始借鉴国际关系学中的理论和方法来描述、解释和预测本学科的一些现象。

由于国内外真正学术意义上的两岸关系和台海安全研究起步较晚，加之由于历史、政治等原因导致的台湾问题和两岸关系的特殊性，尚没有建构其独立、完善的理论和方法体系，因此更多地还是借鉴其他学科的研究理论和方法，如刘国深的《当代台湾政治分析》运用了西方比较政治学理论，以及系统分析和结构功能分析方法；李非的《海峡两岸经济合作问题研究》运用的是区域经济学、西方经济学、数量经济学等学科的研究方法与理论；台湾学者王玉玲的《由两岸关系探讨台湾的统独问题》用的则是博弈理论，笔者的拙文《政策激励与两岸关系》也是借鉴了组织行为学中的激励理论。这些都证明，在两岸关系和台海安全的研究中，适当地汲取其他领域，包括国际关系领域的先进理论，不仅有助于我们更好地了解台湾学者的观点，做到知己知彼；还可以开阔视野，提高台湾研究的理论和方法水平。

笔者希望本书能够达到的最大特色就是学术性、理论性、逻辑性和系统性。本书除了运用安全理论来界定台海安全的概念和解释台海安全关系的性质以外，还将对台海安全形势的发展变化、影响台海安全的一些重点问题和因素等进行深入分析和研究。在任何的学术研究中，概念的界定是基本前提之一，笔者在第一章对台海安全的概念和性质进行了讨论，重点是要解决“安全”、“台海安全”及其他相关概念的定义问题，并探讨了台海安全关系的形成及其性质。第二章笔者尝试运用量化评估的方法，通过选择变量、确定指数、建构评估模型来对1987年以来的台海安全形势进行评估，并总结出台海安全形势发展变化的规律和趋势。第三、四章笔者主要运用比较分析的方法，希望通过对两岸对台海安全的认识落差、双方的军事安全战略和政策的异同进行学术性的比较、争辩，以期达到明辨是非的目的。第五章讨论的是影响台海安全的外部因素，主要是美国、日本以及周边国家或地区对台海安全的战略考虑和政策选择。第六章笔者对海内外学者对解决台湾安全问题的两种构想"中程协议"和"两岸统合"等进行了评述，并就如何建构两岸和平稳定的发展框架，确保台海安全提出了自己的看法。

三、资料来源

本书的资料全部来自两岸官方正式发表的政策文件和重要讲话，以及学者公开出版的论文、期刊和专著，即使是引用网络的材料也要仔细检阅其来源的正当性。这样做的目的就是为了避免像某些海外学者一样以无法取得确凿材料为由，引用一些未经证实、出处不明，甚至是盲目揣测、道听途说的资料数据。虽然正式、公开的材料也有其真实性的问题，但笔者认为，即便如此，这些材料也要比某些来历不明的材料更有说服力。

台海安全在诸多方面涉及政治和军事内容，对资料来源的严格要求必然会带来不少的困难。首先，任何国家或政府的军事政策透明度都是有限的，尤其是军事活动、军事部署、政治意图，原始的资料相当匮乏，即使台湾和海外研究机构估算或推测出各种数据、结论也都难以证实。其次，台海安全研究涉及到很多的价值判断，现有的论文和专著材料中对和平、战争、统一、独立的讨论多数都带有强烈的感情色彩，难以直接引用。此外，虽然海内外学术界对国家安全、国际安全理论和现实的研究成果颇多，但能够对台海安全这种特殊安全关系做出恰当解释，能够给我们直接参考的材料则比较少。为了使读者更好地了解书中所论述的观点，了解其背景，笔者特意精选了部分有关台海安全的原始材料作为"附录"，以供参考。

第一章　台海安全的概念与性质

概念的界定是任何学术研究的基础和前提。虽然“安全”是一个耳熟能详的名词，随着人们对台湾问题的关注不断增多，“台海安全”也不断见诸各种文件、报刊、论文或著作之中，但是到底什么是台海安全，它与其他相关的概念有着怎样的联系和区别，不同的读者，特别是不同的学者和政治人物有着不同的解读。概念的理解不同直接造成了大家对台海安全形势的看法不尽相同。中国大陆有不少学者认为台海安全是中国“国家统一安全”的一部分，台湾岛内某些政治人物则经常以“台湾安全”来混淆和替代台海安全，而美国人眼中的台海安全则是其全球和亚太安全战略的组成部分。这种解读上的差异在很大程度上源自于各方对台海安全概念以及台海安全关系性质的认知不同。客观了解和分析这些差异，厘清一些基本的概念有助于避免各方误读或误判台海安全形势。本章将从讨论“安全”的理论概念出发，重点对台海安全的概念进行严格界定，并回顾当前台海安全关系形成的过程与途径，然后分析台海安全关系的基本性质。

第一节　台海安全的概念解析

“安全”（Security）不仅仅是政治学和国际关系学中的概念，它广泛运用于自然科学和社会科学的各个学科领域，安全研究已经成为科学研究的热门问题，本书仅讨论安全在广义政治学中的意义。国家安全、政府安全、政治安全、公共安全、国际安全等等都是广义政治学中需要研究的重要内容。对政治学理论中“安全”概念的萃取、分离和运用，直接决定了我们研究台海安全问题时的理论方法是否科学，政策分析的基础是否准确。

一、安全的基本概念

（一）安全的定义

什么是安全，安全的概念到底如何界定，在学术界一直存在着争论。

对任何有生命的生物或由生命组成的共同体来说，安全都是它们存在的前提条件和基本需求。对人类社会来说，无论是个人还是社会要生存和发展，都必须要有安全的自然环境和社会条件。人类对安全的需求来自于害怕环境的突然剧变，或应有权益的横遭掠夺，以及恐惧不确定的未来因素，最为严重的是生命财产的丧失。作为人类社会政治组织的国家、政府、政党或其他政治行为体来说，安全同样是它们生存和发展的基础和条件。

正是因为安全问题存在于人类社会生活的各个方面，近年来，学术界对安全的研究出现了泛化的趋势，包括疾病、环境污染、粮食缺乏、经济衰退等等都被归入安全研究的范畴。这样做虽然拓宽了安全研究的领域，但却有可能导致在解决安全问题出现失焦的情况。史蒂芬·沃尔特就批评说，极端拓宽的安全研究是一种冒险，因为将太多问题定义为安全研究对象时，可能会摧毁它所积累的知识连贯性，使它再想办法解决这些重要难题的任何一部分时，都变得更加困难。[①] 因此，安全概念的界定必须清晰明确，本书中所讨论的安全实际上是政治学语境中的概念和含义，虽然它与经济学或社会学中某些安全的含义有重叠的地方，但它更多涉及的还是传统权力政治中的国家安全和国际安全。

中外学者从不同的角度对政治学中的“安全”下了定义，他们之间有不少共同的地方。中国学者阎学通认为，安全的概念具有相对性和主观性，即安全是与危险相对存在的，“如果没有危险的客观存在，人们就无法知道什么是安全”；而“危险是绝对的，是无时无刻无不存在的；安全是相对的，只有在一定条件下才能获得”，同时，“安全作为人类认识客观世界的一种概念时，不可避免地带有主观性”。[②] 中国国际问题专家李少军研究员提出，在国际政治中，安全既是一个基本概念，也可以被认为是一种基本价值；安全概念的最基本特征就是与威胁和危险相关联；安全包括客观和主观两个方面，客观方面是指外界的现状，主观方面则是指人们的心态。[③] 台湾学者陈福成认为，安全是客观环境下的主观认知，在概念上

---

① Walt Stephen M. “The Renaissance of security studies”, INTERNATIONAL STUIDES QUARTERLY, 1991. 35: 2, pp212—213.

② 阎学通：《中国崛起国际环境评估》，天津人民出版社，1998 年版，第 193—195 页。

③ 李少军：《论安全理论的基本概念》，资中筠主编：《国际政治理论探索在中 国》，上海人民出版社，1998 年版，第 145 页。

易于形成相对性与主观性。[1] 美国政治学家阿诺德·沃尔弗斯进一步指出，"客观意义上的安全是表示对所获得的价值不存在威胁，主观意义上则是指不存在这些价值会受到攻击的恐惧"。[2]

从以上的这些定义和解释中，我们可以概括出安全的基本概念，即作为一种基本需求和基本价值的安全是相对于危险而存在的，它既是一个静态性的概念，也是一个动态性的概念；它既包括客观上没有危险的状态，又包括主观上不受威胁的感觉，是"安全状态"与"安全感"的辩证统一。

无论作为一种状态还是感觉，安全都需要一定的主体来实现和一定的载体来承受，安全的主体和载体在很多时候是统一的。安全的主体或载体既可以是个人、组织、团体，也可以是政府、国家、行政当局、政治实体或国际社会。在政治学中，国家是安全最主要最基本的主体和载体。日本学者认为，任何国家都是为了从其他国家的关系中获得安全保障，并维持本国国内经济社会发展的军事单位，各国都保持着防御别国侵入国界的能力，这是国家存在的首要条件。[3] 一方面，无论是个人安全、集体安全还是国内安全、国际安全都要靠国家来维护；另一方面，追求安全在任何时候都是一个国家最重要最优先的事，它构成了其自身存在的最根本理由。[4] 从上述意义上说，国家安全（National Security）是所有安全概念中最基本的概念。

有中国大陆学者将国家安全定义为"是一个国家面对各类正在或可能给国家利益造成影响、破坏的威胁时，维护和获取国家重大利益时所处的战略态势"。[5] 台湾学者钮先钟认为，国家安全是"国家利益受到威胁时，对抗各种威胁所采取的措施"。[6] 台湾 2002 年的"国防报告书"中提出，"国家安全的内涵是维持国家长久生存、发展，确保主权与国家利益，并

① 陈福成：《国家安全与战略关系》，台湾时英出版社，2000 年 3 月版，第 15 页。

② Arnold Wolfer, DISCORD AND COLLABORATION, Baltimore, Johns Hopkins University Press, 1962, pp26.

③ （日）星野昭吉编著，刘小林、王乐理等译：《变动中的世界政治》，新华出版社，1999 年版，第 250 页。

④ 资中筠主编：《国际政治理论探索在中国》，上海人民出版社，1999 年版第 145 页。

⑤ 赵英：《新的国家安全观——战争以外的对抗与抉择》，云南人民出版社，1992 年版，第 395 页。

⑥ 陈福成：《国家安全与战略关系》，台湾时英出版社，2000 年版，第 16 页。

提升国家在国际上的地位，保障国民福祉”。美国前国防部长布朗对国家安全的定义是，“国家安全是一种保存国家物质和领土完整，在合理条件下维持其与世界企图国家之间的经济联系，保护其性质、制度和统治不受外力侵扰，以及控制其国界的能力”。[①] 三个定义之间并没有实质上的区别，强调的都是在国家利益受到威胁时所具备的能力和采取的手段。由于利益和威胁本身就具有相对性和主观性，加上国际国内环境是不断变化的，因此国家安全同样是动态的、相对的和主观的概念。

在具体的政策实践中，国家安全的概念具有双重内容。一个是国内意义上的安全，即公共安全和政府安全。在《中华人民共和国人民警察法》中，“维护国家安全和社会治安秩序，保护公民的合法权益”等条款就属于国内安全的范畴。[②] 另一个是对外或国际意义上的安全。在当前的国际社会中，主权国家依然是最基本的行为主体，国际安全实际上是国内安全的向外延续，它主要表现为国家要保卫本国利益不受其他国家的政治、军事威胁或经济封锁，维护或创造良好的国际政治秩序和安全环境等。《中华人民共和国国防法》中的规定对外安全主要包括“防备和抵抗侵略，制止武装颠覆，保卫国家的主权、统一、领土完整和安全”，“维护世界和平，反对侵略扩张行为”等内容。[③]

20 世纪以来，随着科技通讯的进步，经济全球化的发展，各国间的相互依存也越来越紧密，国家安全也日益带有国际政治乃至全球政治的色彩，国内安全和国际安全经常相互交织在一起，相互渗透，相互影响，难以区分。这就使得国家谋求安全，不再是纯粹的单一国家行为，而不可避免地会带有国际色彩，从而构成国际安全的组成部分。[④] 美国学者约瑟夫·奈将冷战后的国际冲突分为三大类，即大国冲突、地区冲突和内部冲突。[⑤] 而内部冲突转变为地区或大国冲突的途径主要有两种，一是很多国家与邻近国家或地区存在着种族、边界、领土等矛盾，从而导致内部冲突在很多时候发生外溢，牵连到邻国并破坏相关地区的稳定；二是很多内部冲突的

① 台湾研究基金会国防研究小组：《国防白皮书》，台湾前卫出版社，1995 年 7 月版，第 18 页。

② 人民网法律在线，law. people. com. cn。

③ 中国法律资讯网，www. law. com. cn。

④ 资中筠主编：《国际政治理论探索在中国》，上海人民出版社，1999 年版，第 152 页。

⑤ Joseph Nye，“Conflict After the Cold War”，the Washington Quarterly，Winter 1996.

产生和爆发本身就有着复杂的国际背景或外部势力的介入。[①] 比如中国的《国家安全法》中明确规定“危害国家安全的行为，是指境外机构、组织、个人实施或者指使、资助他人实施的，或者境内组织、个人与境外机构、组织、个人相勾结实施的危害中华人民共和国国家安全的行为”，其中“阴谋颠覆政府，分裂国家，推翻社会主义制度”这条所涉及到的有境内外势力参与的政治和意识形态安全就很难说是国内安全还是国际安全。[②]

在确定国家作为安全的主体和载体时，我们也应该看到国家作为一个抽象的概念，它是一个阶级压迫另一个阶级的统治机器和工具，它对安全的主体地位实际上是通过其代理人——政府来体现的。不仅安全环境需要由政府来创造，安全战略、安全政策要由政府来制定，保障安全的措施也同样需要政府来实施。政府是一个国家和社会的公共权威机构和法定的统治与管理部门，它最大的特征就是具有普遍性和垄断性的影响和效力。[③] 在处理国家安全事务时，中央政府是最高行政机关和最高决策机构，特别在面临对外安全问题时，主权国家的中央政府是唯一的政策决策和执行者。但是，由于受到特定历史、现实或政治因素的影响，有时候在某些主权地位没有被国际社会所普遍承认的地区，行使实际管辖权的地方行政当局也可以在一定的范围内参与处理安全事务，比如巴勒斯坦民族权力机构、内战仍在继续的某些非洲国家，都有这样的情况出现。

（二）军事、政治与安全

在讨论传统意义上的安全内涵时，有两个问题无法回避，即军事和政治对安全的影响。军事是传统安全研究中最核心的主题，国防经常成为国家安全的代名词。史蒂芬·沃尔特就认为，安全研究是关于战争现象的研究，而且它可以被定义为“军事力量的控制和使用、威胁的研究”。[④] 20世纪以来，各类战争和军事活动直接影响着国际安全环境的变化，除了两次世界大战和美苏军事对峙的冷战时期外，冷战后的世界也并不安宁。虽然世界大战的危险进一步降低，但各种武装冲突和局部战争连续不断，特别是以美国为首的霸权主义势力越来越迷信武力，认为冷战的结束和政治

---

① 俞正粱：《全球化时代的国际关系》，复旦大学出版社，2000 年版，第 169—170 页。

② 俞正粱：《全球化时代的国际关系》，复旦大学出版社，2000 年版，第 169—170 页。

③ 俞正粱：《全球化时代的国际关系》，复旦大学出版社，2000 年版，第 169—170 页。

④ Walt Stephen M. “The Renaissance of security studies”, INTERNATIONAL STUDES QUARTERLY, 1991. 35：2, p211.

技术方面的进展，增加了美国可能更加有效地使用武力的机会，而政治集团与联盟的削弱，使得对个别国家使用武力变得更为容易。① 在这种思想的支配下，美国不仅加强了军事安全在其安全战略中的地位，还越来越把军事力量作为推行其政治意志和价值观的手段，频繁而无节制地寻找各种借口对他国使用武力。

霸权主义和强权政治的存在、各种武装冲突和局部战争的爆发使得很多国家特别是发展中国家维护国家主权和安全的斗争面临严峻的挑战，各个国家依然将发展军事力量放在维护国家安全和国际安全的重要位置。世界各国不仅根据形势的变化调整军事战略，而且还加快了以高技术为基础的军队现代化进程。在目前情况下，军事手段依然是阻止外来入侵、维护国家主权和领土完整最根本和最有效的手段。它不仅可以对威胁国家安全的行为产生遏止和威慑作用；还可以用军事力量拥有的巨大的即时打击能力给予入侵者以物质和精神的严重损害，迫使其终止侵略行为，以至放弃侵略企图；同时，强大的军事力量也是各种非军事手段的有力后盾，可以使非军事力量发挥更大的效能。

在强调用军事手段维护安全的同时，我们也应该认识到，“战争不仅仅是一种政策行为，而且是一种真正的政治手段，因此必定是一种政治行为的继续”。② 安全与政治是一种相互影响、密不可分的关系，很多安全问题可能被“政治化”，不少政治问题也可能被“安全化”，有的问题既是安全问题，也可以说是政治问题。国家的政治制度和价值观念就是国家安全的核心要素之一。欧洲哥本哈根学派的代表人物巴瑞·布赞就指出，“安全”是超越一切政治规则和政治结构的一种途径，实际上就是一种所有政治之上的政治；“安全化”可以被视为一种更为激进的“政治化”描述，从理论上讲，所有的公共问题都可能被置于非政治化的范围，但它们也可能被“政治化”，然后被“安全化”。③ 比如说亨廷顿的“文明冲突论”，就是将文化和文明作为安全化的对象，认为文明的冲突将对西方国家的安全构成威胁。台湾当局关于两岸“三通”可能会威胁到台湾的“军事安

---

① （美）理查德·N·哈斯著，殷雄、徐静译：《新干涉主义》，新华出版社，2000 年 7 月版，第 5 页。

② （德）克劳塞维茨：《战争论》，陕西人民出版社，2004 年 2 月版，第 25 页。

③ 巴瑞·布赞、奥利·维夫、迪·怀尔德著，朱宁译：《新安全论》，浙江人 民出版社，2003 年 2 月版，第 32 页。

全”、“经济安全”、“社会安全”的说辞也是一种将“三通”问题泛政治化，然后再将其“安全化”的一种表现。之所以会有这样的情况出现，是因为“安全化”的论述往往会比“政治化”更加能够引起人们的关注。

如果说维护和实现安全是一种目标的话，军事和政治是两个不可或缺的控制手段，当一种手段不能解决安全问题时，可以适时转换另一种手段。在某些时候，政治对安全起着决定性的支配作用，它可以影响和决定维护安全的方式和手段。军事往往只是政治的最高斗争形式和最后手段，除此之外还有政治谈判、经济援助或制裁、军备竞赛或控制、武力威慑或封锁等多种危机处理手段。当然，在使用这些手段时，军事力量的备而不用在很多时候也可以起到关键性的作用。即使在冷战时期，虽然美苏在世界上很多地区展开争夺，扶植各自的代理人进行战争，但美苏之间却并没有发生直接的军事冲突，多数危机如一触即发的古巴导弹危机最后还是通过政治手段得以缓解。冷战结束后，人们越来越认识到，国际安全取决于国家集团之间的政治关系而不是军事实力差距，国际安全的基础是共同的安全利益、相互信任和经济发展，而不是军事优势、军事同盟和一致的政治制度。① 因此，中国政府提出的“安全不能依靠增加军备，也不能依靠军事同盟，安全应当依靠相互之间的信任和共同利益的联系”② 的观点得到了很多国家的认同。

对于任何国家来说，以系统、战略的眼光来处理安全、政治和军事之间、目标和手段之间的关系非常重要。国家政治和军事目标不能超出本国安全的需要，否则政治就会受到制约，不仅政治目标无法实现，甚至连起码的生存也难以维持。第二次世界大战期间的德国和日本，就是因为政治和军事目标的侵略性，最终招致战败的结局。同样，国家安全的目标不能不顾政治和军事现实，“不惜一切代价”去实现安全的目标可以作为一种坚定意志和决心的表达方式，在理性的决策模式中，成本、风险和代价的考量不可避免，以最小的代价实现最多的安全利益依然是维护安全的最佳战略选择。遏制和避免战争，尽可能以政治手段解决安全争端，是维护和实现安全的最高境界。但避战不等于惧战，遏制战争并不意味着放弃武力

① 阎学通：“中国的新安全观与安全合作构想”，《现代国际关系》，1997 年第 11 期，第 28—29 页。

② 阎学通：“中国的新安全观与安全合作构想”，《现代国际关系》，1997 年第 11 期，第 28—29 页。

的选择，在安全利益受到威胁时，只有具备坚定的意志和足够的实力才有可能真正避免战争，在战争不可避免时赢得战争。

（三）安全战略与安全政策

在谈到安全时，人们会经常提到安全战略和安全政策这两个词，有人认为这两个词之间的界线难以划定，于是将它们混淆使用。其实，战略与政策之间既有联系，又有区别。到底是先有政策还是先有战略，学术界存在着争论。有人认为，政策是战略的一部分，也有人认为政策是由战略转换而成的，是对战略思考所得出结论的形式化表达。[①] 对“战略”一词的解释有广义和狭义之分，狭义的“战略”往往同军事联系在一起，以冲突或竞争为条件的。英国战略大师李德哈特给“战略”下的定义是，战略是运用军事力量以达到政策所确定目标的一种艺术。[②] 中国学者对“战略”的解释是，“指导战争全局的方略，即战争的指导者为达成战争的目的，依据战争规律所制订和采取的准备和实施战争的方针、策略和方法”。[③] 台湾当局的定义是，“战略系指建立力量，创造与运用有利状况之艺术，俾得在争取所望目标时，能获得最大成功公算与有利的成果”。[④] 这几个概念都有一定的道理，但与今天人们所理解的“战略”概念有一定的出入，现今“战略”所涵盖的范围已经远远超出了军事领域。任何击败对手或实现其他目标的有系统的行动计划都可以被理解为广义的“战略”[⑤]。安全战略是为了实现安全的状态和感觉而采取的有系统的行动计划。安全战略处于安全理论和安全政策之间，是把深层次的安全理论和具体的安全政策相连接的中间层次。[⑥]“战略”往往是与“战术”或“策略”相对使用的，二者的区别在于战术或策略指的是为实现战略目标而采取的单个行动或有限的方法和步骤。

---

① 台湾研究基金会国防研究小组：《国防白皮书》，台湾前卫出版社，1995 年 7 月版，第 85 页。

② 薄富尔著，钮先钟译：《战略绪论》，内蒙古文化出版社，1997 年 9 月版，第 7 页。

③ 《中国大百科全书·军事（二）战争、战略、战役分册》，军事科学出版社，1987 年 6 月版，第 28 页。

④ 台湾“国防部”主编：《中华民国九十一年国防报告书》，www. mod. gov. tw。

⑤ （美）杰克·普拉诺等著，胡杰译：《政治学分析辞典》，中国社会科学出版社，1986 年 4 月版，第 172 页。

⑥ （美）杰克·普拉诺等著，胡杰译：《政治学分析辞典》，中国社会科学出版社，1986 年 4 月版，第 172 页。

与“战略”相比，“政策”一词更为常见，美国韦伯斯特美语词典对“政策”的解释是，政府或团体所遵循的确切目标和采取的行动[1]；美国学者哈罗德·拉斯维尔认为政策是“一种含有目标、价值与策略的大型计划”[2]。中国学者则认为政策是“国家机关、政党及其他政治团体在特定时期为实现或服务于一定社会政治、经济、文化目标所采取的政治行为或规定的行为准则，它是一系列谋略、法令、措施、办法、方法、条例等的总称”[3]。有中国学者将安全政策视为处于安全战略与军事政策之间的层次，是“国家、国际集团或某种政治实体所进行的一种维护自身安全的活动，特别是与国家安全、军队建设、战备活动等有关的部分”[4]。笔者认为，安全政策其实就是安全主体为实现没有危险、不受威胁的目标所采取的行动或制定的措施。

从“安全战略”和“安全政策”的定义中我们可以看出，它们都包括三个方面的内容，即主体、目标和行动，主体决定目标和行动，目标指引行动的方向，行动为实现目标服务，是实现目标的手段。“安全战略”和“安全政策”的区别在于“安全战略”的内容往往更为宏观，常是指带有综合性或长期性的计划，台湾学者薛钊就总结出战略有四种基本特性，即“整体性、主动性、前瞻性、实践性”[5]。“安全政策”则相对微观，通常是在某一时期内的行为规范、方法或手段，往往是战略的一个组成部分，它与策略的含义比较接近。安全战略或安全政策也是相对而言的，在某一范围内可以视作战略可能在更大的范围内只属于政策的范畴。比如说，台湾问题关系到中国的国家安全，为解决台湾问题而制定的一些目标和采取的行动在中国的整体安全和发展战略中只是属于政策的范畴，即对台政策；但如果只在台湾问题的框架中谈台海安全，这些目标和行动就带有战略考虑的意味，战略以下还有具体的政策措施和策略运用。

安全战略和安全政策内容一般包括三个方面的内容，即政治、经济、军事，也有人也将心理、科技等作为安全战略或政策内容。安全战略或政

---

① 《韦氏美语学习词典》，外语教学与研究出版社，1997年8月版，第991页。

② H. D. Lassweu and A Kaplan，POWER AND SOCIETY，（New Haven；Yale University Press），1970，p. 71.

③ 陈振明主编：《政策科学》，中国人民大学出版社，1998年9月版，第59页。

④ 陈峰主编：《冷战后世界主要国家的防务政策》，军事谊文出版社，1995年 版，第1页。

⑤ 薛钊：《战略性的思考》，台湾时英出版社，2001年4月版，第40—52页。

策的内容和重要性可以根据具体的需要进行调整，台湾当局就将“国防、外交、经济和大陆政策”作为“国家安全政策”的主要内容，朝鲜和韩国也将统一政策作为国家安全政策的重要内容。① 无论是安全战略还是安全政策，都是为实现政治或安全利益服务的。就国家利益和国家安全的关系来看，政治利益是各种国家利益的集中表现，它的核心是国家主权；安全利益是国家利益的基础，只有安全利益得到一定程度的满足，其他国家利益才可能得以实现。② 虽然安全的概念日益宽泛，经济、文化、外交、心理等都会对安全战略和政策的制定产生一定的影响，但军事和政治依然是核心内容，在维护或实现安全目标中起着关键性的作用。

（四）与“安全”相关的名词

除了“安全”以外，我们还经常可以看到一些与安全密切相关的名词，它们有些作为“安全”的近义词使用，有些作为“安全”的对立面来使用；有时候与“安全”并列使用，有时候却与“安全”混用。这些名词主要有“和平”、“稳定”、“威胁”、“危机”、“冲突”、“战争”等。了解上述名词的概念与“安全”概念之间的异同有助于我们更好地理解和运用“安全”的概念。

“和平”、“稳定”是经常与“安全”并列使用的概念，如维护台海地区的和平与安全，“台独”是对台海地区和平与稳定的最大威胁等等。实际上，和平、稳定与安全并不属于同一个层次上的概念，和平与稳定不完全等于安全。和平往往是指一种没有军事冲突或战争的状态，但没有战争并不意味着安全，冷战时期美苏两个超级大国之间并没有发生正面的军事冲突，但它们并没有感到安全。稳定通常是也指没有战争或动荡的局面，长时间保持一种没有根本性或破坏性变化的态势。古老的“势力均衡”理论和军备竞赛似的“恐怖平衡”都能够在一定程度上让形势保持稳定的状态，但同样无法让各方得到真正的安全。因此，我们要维护或实现的安全不应该只是一时的不发生军事冲突或战争的和平或稳定状态，而是从战略高度思考如何从根本上去消除可能导致不安全的因素。

“威胁”、“危机”、“冲突”、“战争”都是与“和平”、“稳定”、“安全”相对使用的概念，它们所反映的程度是不一样的。《辞海》对威胁的

① 陈福成：《国家安全与战略关系》，台湾时英出版社，2000 年 3 月版，第 73 页。
② 阎学通：《中国国家利益分析》，天津人民出版社，1997 年 8 月版，第 23 页。

定义是逼迫、恐吓[①]，威胁更多的是一种主观感受。威胁是多元和动态的，有现实的威胁，也有潜在的威胁。威胁不仅仅限于武力方面，还包括科学技术、经济实力、政治力量等其他方面在内的含义，威胁也不一定以必须达到使人屈服的标准，只要能够动摇对方原有的地位，就可以被视为威胁。[②] 危机比威胁更为严重，危机研究的先驱 C. F. 赫尔曼认为危机是“在一段剧变和紧张的时期，人们日常的生活方式和社会体系的核心价值观受到威胁，且威胁的方式是人们意想不到和无法现象的”[③]。危机一般有威胁性、不确定性和急迫感等特定，还存在潜伏期、发展期、爆发期和恢复期四个阶段。[④] 威胁分析和危机管理是安全研究的两种重要途径，进行威胁分析主要是认清安全形势和安全环境，明确威胁的方向和对手，它是确定安全战略目标和制定具体安全政策的直接依据。进行危机管理的目的不仅是在危机的潜伏期和发展期控制危机的升级和扩大，而且还要制定一系列应急措施，以便在危机爆发时以最快的速度和最有效的方法来应付和处理，在最大程度上确保安全利益的维护和实现。

“冲突”和“战争”两个概念中，冲突所包含的范畴比战争要宽泛，但战争所反映的程度比冲突要强。冲突是指以利益、观念、政策、个人或其他实体的敌对新遭遇或对抗性为特征的相互活动，它有许多表现形式，从言语上的分歧到公开的战争，都可以列入冲突的范畴。[⑤] 冲突有时候会演变成战争，有些则形不成战争，战争是冲突的一种最激烈的表现形式。在处理安全事务的过程中，冲突在某种意义上说是难以避免的，但战争经过努力却是可以避免的。到底是军事冲突还是战争，不同的人有不同的理解，一般来说，军事行动的规模和持续时间是最重要的两个判断指标，大规模的军事冲突在很多时候被认为就是战争。战争是安全研究中的重要问题，迄今为止人类社会对安全威胁最大的就是战争；因此，安全研究的另一个更重要的问题就是如何解决冲突，避免战争。

---

① 《辞海》，上海辞书出版社，1979 年 9 月版，第 3782 页。

② 刘鸿基、罗海曦著：《国防理论》，国防大学出版社，1996 年 5 月版，第 68 页。

③ Uriel Rosenthal, etc. (ed.), MANAGING CRISES: THREAT, Dilemmas, OPPORTUNITIES, (Springfield, Illinois; Charles C. Thomas Publisher Ltd. 2001), p6.

④ 中国现代国际关系研究所危机管理与对策研究中心编著：《国际危机管理概论》，时事出版社，2003 年 3 月版，第 6—8 页。

⑤ （美）杰克·普拉诺等著，胡杰译：《政治学分析辞典》，中国社会科学出版 社，1986 年版，第 27 页。

二、台海安全的概念和实质

在了解安全及相关的概念后，我们有必要对“台海安全”进行一个清晰的概念界定。海峡两岸都不断表示要维护台海和平与稳定，那么谁是台海安全的主体，台海安全到底与“大陆安全”、“台湾安全”有怎样的联系和区别，到底是“国家安全”还是“国际安全”等等，都是必须厘清的重要问题。

（一）“台海安全”的定义

“台海”是台湾海峡的简称，本来是一个地理名词，但目前更多地已经被作为政治名词在使用。台海安全有广义和狭义之分，从安全的基本概念出发，我们可以狭义的台海安全定义为台湾海峡地区没有现实的战争威胁，或存在可能引发战争的忧虑和恐惧。而广义的台海安全应该是与台湾问题相关的各方，包括整个中国大陆、台湾地区，甚至亚太地区在内的广大范围内都不存在威胁或对发生危机或战争的担忧。本书中所讨论的台海安全是广义的概念。

中国大陆和台湾地区是台海安全最主要和最直接的两个主体，此外还有某些外国势力特别是美国对台海安全也有一定的影响。美国是台湾问题的始作俑者，解决台湾问题离不开美国，处理中美关系也无法回避台湾问题，台湾当局处理两岸关系也要看美国的眼色，因此美国在某种意义上说也带有行为体的性质，但不是行为主体。① 不同的行为体在台海安全问题上形成了一种互动效应，即要实现安全，只有各个行为体都感到安全，如果一方感到不安全，另外各方也没有安全可言，这就使得台海安全在很大程度上带有共同安全的特性。因此，台海安全不单纯是“大陆安全”或“台湾安全”，而是大陆和台湾共同的安全。台湾当局和某些学者经常将“台湾安全”等同于台海安全，或者刻意强调台湾安全而忽视台海安全，都可能造成安全的排挤效应，即只维护自己单方面的安全会侵害到大陆的安全，最终也无法实现所谓的“台湾安全”。

（二）台海安全的属性

台海安全到底是国内安全还是国际安全，是分析台海安全本质的核心问题之一，大陆、台湾和海外的学者和政治人物各有不同的认识，这

① 孙叔林主编：《当代亚太政治》，世界知识出版社，2002 年 12 月版，第 95 页。

与他们对台湾问题性质的认识差异有关。认为台湾问题是中国内部事务的学者认为台海安全的属性是国内安全，认为台湾问题已经国际化的学者认为台海安全的属性是国际安全，这里面就涉及到对台湾地区的政治定位和一个中国原则的问题。目前的台海现状有两个基本现实必须承认，即中华人民共和国取代“中华民国”成为国际社会普遍接受的代表中国的政治象征；所谓“中华民国政府”架构仍然存在于台湾地区，而且仍得到少数国际社会成员的承认。① 但无论是从法理上还是从国际政治现实来看，世界上只有一个中国，大陆和台湾同属一个中国，中国的主权和领土完整没有被分割，这是两岸关系的基本现状，也是确定台海安全属性的基本前提。从国际社会依然普遍承认一个中国政策，当前台湾的“宪政体制”依然维持着“一个中国”的法理架构也可以得出此结论，即使是同台湾当局“建交”同中华人民共和国断交的国家也没有违背一个中国的事实，只不过他们认为“中华民国政府”是中国在国际社会的“合法代表”。

在安全问题上，国家是最主要的行为主体，大陆和台湾同属一个中国，它们都是构成台海安全的组成部分，台海安全的更大主体是包括大陆和台湾在内的中国。在处理台海安全问题时，无论中国政府还是台湾当局，都应该担负着维护中国国家安全的职责。国家安全决定国际安全，国家安全是国际安全的基础。② 台海安全问题的最终解决还是要靠包括大陆和台湾在内的中国人自己。台湾问题既是涉及到中国的国家统一、领土和主权完整的原则性问题，也是事关中国的国家安全、经济社会持续发展和中华民族的复兴伟业，牵动亿万中华儿女民族情感的根本性问题。台湾问题的解决是两岸中国人内部的事情，有利于两岸人民整体的根本利益。因此，台海安全从本质上说是中国国家统一安全的重要组成部分，也是中国国家整体安全战略的重要一环。

同时我们也应该看到，由于历史和现实的原因，两岸之间依然处于敌对状态，与台海安全有关的各方并没有建立起维护安全避免冲突的机制，各方对安全的考虑还只是从维护自身的利益出发，它们的言行的碰撞难以避免，但这并不意味着它们之间就没有共同的利益交汇点。台海安全在很

---

① 刘国深：“两岸政治僵局的概念性解析”，《台湾研究集刊》，1999 年第 1 期，第 3 页。
② 王逸舟主编：《全球化时代的国际安全》，上海人民出版社，1999 年版，第 39 页。

大程度上是"大陆安全"和"台湾安全"的外延，是包括大陆和台湾在内的中国实现安全的表现形式和实现手段。如果危害台海安全对中国政府或台湾当局不利，会损害他们自身的利益而让对方得利，他们就一定不会破坏台海安全。从这个意义上说，两岸各自的安全决定着台海安全，而台海安全又影响到包括大陆和台湾在内的中国国家安全。

兼顾中国的国家安全和两岸各自的安全是解决台海安全问题最理想的方式。两岸之间只要共同承认大陆和台湾同属一个中国，台海安全就是两岸共同对内维护中国疆域内的安全利益，对外抵制外敌入侵，维护中国主权和领土完整。台湾也有学者提出，虽然"台湾安全的主要威胁来自中共，但日本对钓鱼岛，东南亚国家对南海主权的挑战，也不可忽略"[①]，这是两岸面临的共同安全责任。但如果不承认一个中国原则，甚至图谋将台湾从中国分割出去，则是对中国整体安全利益的侵犯，台海安全和台湾问题就可能变成中国国防斗争的重心和关键。[②]

当然，在认识到台湾问题从本质上是中国的内部事务的同时，我们也应该看到，台湾问题的产生和发展变化有着深刻的国际背景，某些外国势力至今还在极力维护其在台海地区的政治、战略和经济利益，而且在台湾问题解决过程中，一直受到复杂的国际因素的影响，其影响的方式和程度，随着国际格局特别是亚太格局的变化而变化[③]。毛泽东也曾经指出，"台湾问题很复杂，又有国内问题，又有国际问题。就美国说，这是一个国际问题"[④]。因此，台湾问题同时具有对内和对外安全的双重意义，它不仅受到亚太安全格局的影响，而且还会影响到亚太安全格局。这也是某些国家为什么将台海安全列为地区安全热点问题的原因之一。台海安全问题如果处理不好，很可能发生外溢或外国势力干预的情况，中国内部的冲突不仅可能转变为地区冲突，更可能引发大国冲突。

（三）台海安全的内容

对于国家来讲，安全首先要维护的是国家的主权。主权是任何国家对

---

① 谢淑媛编著：《台海安全情报》，台湾玉山社出版事业股份有限公司，1996年版，第51页。

② 楼耀亮：《地缘政治与中国国防建设》，天津人民出版社，2002年6月版，第189页。

③ 席来旺：《亚太格局变化中的台湾问题》，《台湾研究》，2001年第4期，第55页。

④ 中国外交部、中央文献研究室：《毛泽东外交文选》，中央文献出版社、世界知识出版社，1994年12月版，第382页。

内的最高管辖权和对外最高自主权，主权并不是一个虚无的概念，它要一定的载体来行使才有意义，一般来说，被国内和国际社会广泛接受和承认的政府就是这样的载体。[①] 从中国的国家安全角度来将，台海安全所维护的最根本的内容应该是中国的主权和领土完整。虽然两岸依然处于敌对状态，互不承认，但两岸之间的对抗并非领土和主权之争，就目前而言，“中华民国宪法”与中华人民共和国宪法在主权和领土的界定上是一致的，因此，两岸在台海安全问题上的矛盾、对立甚至冲突和战争，本质上还是一种政权安全之争。但如果台湾当局借“修宪”之机更改“疆域”、“国号”等有“主权”意义的条款，就成为一种直接挑战中国国家安全的分裂行为，性质就发生了根本的改变。台湾学者朱延智认为台湾安全指的是“‘中华民国’的生存发展不受外来威胁，现阶段台湾安全的范围包括经济安全、心防安全、空防安全、海防安全、资讯安全、武力威胁”[②]。从法理和政治现实上讲，这个定义中的“中华民国安全”实际上指的是在台湾当局所控制的那块土地和土地上的人民以及价值观念，依然是中国国家安全的一部分，而不是离开中国的另一个国家的安全。

1949 年以后相当长的一段时间，政治军事安全一直是台海安全斗争的主要内容，斗争的焦点还是政权合法性与代表权之争。自 20 世纪 70 年代末以来，随着两岸紧张局势的逐步缓和，特别是 80 年代末两岸民间往来的开展，非军事安全对维护和保持台海安全起到越来越重要的作用。台海的和平与稳定并不仅仅取决于两岸政治军事层面的斗争，它还涉及到经济、文化、社会等各个层面的问题，经济安全、社会安全、生态安全等综合安全的概念开始出现在台海安全议程之中，诸如“三通”以及对大陆的经济依赖对台湾经济安全的影响、刑事犯罪和私渡问题对两岸社会安全的冲击等都成为当局和学术界关心和讨论的热点问题。即便如此，政治军事安全依然是台海安全的核心问题，是两岸民众和国际社会最为关切的问题之一。

为了避免概念的泛化而造成论述重点的偏移，本书所探讨的台海安全仍限定于传统的政治军事安全概念，并非包括经济安全、社会安全、环境

---

① 李鹏：“国际关系理论运用于两岸关系研究中的局限”，《台湾研究集刊》，2003 年第 2 期，第 36 页。

② 朱延智：《台湾安全》，台湾幼狮文化事业股份有限公司，2000 年 12 月版，第 28 页。

安全等新型安全概念在内的综合安全。同时，笔者也不是从专业的军事角度去分析两岸的军力构成、战斗能力和方式、武器装备性能等微观战术层面的安全因素，而是对两岸的军事安全关系进行一种宏观的、政治性和战略性的探讨。探讨的重点在整体安全形势的发展规律与走向、两岸的安全战略矛盾和政策落差、影响台海安全的内外因素、维护台海安全的战略考虑等等。

第二节　台海安全关系的形成

上一节从理论的角度探讨了台海安全的基本概念，理论和实践是科学研究的两个重要方面，一方面，理论必须从客观现实中加以抽象提炼，另一方面，任何理论和概念的提出都是为了解决现实问题。① 台海安全不仅是指保持一种和平、稳定状态，以及没有惧怕战争和危机的心理，更涉及到诸多的安全关系。安全关系是安全理论中的中心概念，它强调的是各行为主体间的互动性、广泛性和系统性，各种关系的特性对于台海安全能否实现起着十分重要的作用。分析台海安全形势不仅需要从理论上界定台海安全的概念，弄清判断台海安全的方法，更重要的还是要结合两岸安全关系形成的历史和现实，从中总结出规律性的、有借鉴意义的线索、经验和教训，以便找到维护和实现台海安全的有效途径。从 1945 年 10 月 25 日中国政府宣告“从即日起，台湾及澎湖列岛正式重入中国版图，所有一切土地、人民、政事皆已置于中国主权之下”，到 1949 年蒋介石集团率部分国民党军政人员退踞台湾之前，台海地区并不存在政治分离和军事对峙的关系。而从 1949 年台湾问题出现至今，台海地区不仅经历了两次台湾海峡危机、“8 · 23 炮战”、美国第七舰队侵入台湾海峡等重大军事危机甚至是战争，还经常出现双方政治尖锐对立、互相进行有针对性的军事演习、军事对峙的局面。这些都使得台海安全局势不时处于紧张复杂之中。当前台海安全关系的形成并不是静态的和一成不变的，而是根据岛内外形势的发展而不断变化的。

---

① （美）肯尼斯 · 沃尔兹著，王缉思译：《国际政治理论》，中国人民公安大学出版社，1992 年 5 月版，第 6 页。

一、国共内战的延续

台湾问题的出现与中国抗日战争结束以后出现的国共内战有着直接的关系。1946年，随着国民党当局撕毁抗战结束后国共签署的《双十协定》和其他停战协议，国共内战全面爆发。经过几年的战争，到1948年末，中国人民解放军开始全面战略反攻，国民党政权节节败退。1949年4月23日，国民党政权的“首都”南京解放，10月1日，中华人民共和国中央人民政府在北京宣告成立。12月7日，国民党当局宣布“政府”迁至台北，以蒋介石为首的国民党势力从大陆全面溃退，撤到台湾。从此，台湾与大陆再次陷入分离状态。①

虽然新中国政府和台湾当局分隔台湾海峡两岸，但这种国共两党和新旧政权之间的斗争并不影响到台湾在主权和领土上的归属问题。时至今日，国共内战遗留下来的残局关系尚未在政治上、法理上彻底终结，两岸政治对立的残局关系性质并没有改变。② 从法理上讲，台湾的主权早已按照国际法和国际条约的有关规定归还中国，台湾已经是中国领土不可分割的一部分。从政治上看，国民党当局依然在台湾维持着一个“代表全中国”的“中华民国”政治架构，在逃台后的相当长一个时期内依然坚持“军事反攻大陆”的方针，还曾提出“建设台湾、反共复国”、“三民主义、统一中国”等口号。1949年以来，中国政府在台湾是中国一部分的立场上从未动摇过，在台湾当局80年代逐渐背弃一个中国原则之前，两岸在台湾的定位问题上并不存在争议，而是哪个政权是代表全中国唯一合法政权的正统之争。20世纪80年代以来，随着“动员戡乱时期”和国民党“一党独裁体制”的结束，台湾的政治格局发生了很大的变化，多党竞争的局面开始出现，国共两党、大陆政府和台湾当局的关系也可能因国民党政权的下台而发生变化。但岛内政治的变化性质并不是国家主权的变更，而是政权的变更。无论哪个党在台湾地区执政，两岸之间关系的性质都是中国的内部事务。

从军事上看，20世纪80年代以前，两岸不仅发生过正面的军事冲突，而且维持了长时间的军事对峙，这些冲突和对峙实际上都是内战时期战争

① 中共中央台办、国务院台办：《中国台湾问题》，九洲图书出版社，1998年9月版，第43页。

② 刘国深：《当代台湾政治分析》，九州出版社，2002年版，第1—2页。

状态的延续。第一次台海危机之所以爆发，也是由于国民党当局不断对大陆沿海进行军事骚扰，并发动“反攻大陆”的宣传攻势，因此毛泽东才决定向全国发出“一定要解放台湾”的口号。对大陆来说，无论是1954年解放大陈岛、江山岛的军事行动，还是1958年的金门炮战，这些军事行动都是中国人民解放战争的延续。由此可见，两岸发生军事冲突的起因或动机依然是“解放台湾”或“反攻大陆”。即使在80年代两岸关系相对缓和之后，中国政府依然坚持台湾问题是中国主权和内政范围内的事务，不承诺放弃使用武力的根本目的也是为了维护中国的主权和领土完整，台湾当局虽然不断背弃一个中国原则，但从法理上依然没有改变“中华民国”的“主权”和“疆域”范围。迄今为止，两岸仍然没有签订任何“停战协定”或“和平条约”，尚未结束敌对状态。这也更清楚地表明，当前的台海安全关系依然是国共内战的延续，基本性质并没有改变。

二、外国势力的干预

台湾问题的形成同以美国为首的外国势力的插手和干预是分不开的。1949年后美国在台湾问题上的立场和做法可以追溯到19世纪末美国对中国奉行的“门户开放”政策和1921年中国共产党成立后美国对中共的敌视态度。美国推行“门户开放”政策，主张保护中国行政主权，反对列强分割中国的目的无非是要建立一种各列强在中国机会均等的体制，以最大限度地保护和实现美国的利益。美国对中共的敌视态度在某种程度上是美国根深蒂固的意识形态决定的，从20世纪40年代的政治背景来看，无论从反共意识形态上讲还是从美国国内政治的实际利益角度考虑，美国政府都不可能在国共之间放弃国民党政府而去支持一个共产党政府，无论这个政府是在南京还是在台北。

珍珠港事件以前，中国在美国外交政策中的地位并不重要，美国一直缺乏明确全面的对华政策。珍珠港事件后，美国的首要目标是打败日本，中国在亚太地区的地位开始上升，美国认为中国成为一个稳定、统一、亲美的大国最符合美国的利益，既可以抵制苏联，又可以牵制和抗击日本，为美国提供巨大的市场和原料基地，并在国际事务中支持美国。正是基于这一考虑，美国同意战后将日本所侵占的中国领土包括台湾和澎湖列岛归还中国。1943年12月1日，中、美、英三国在开罗发表了《开罗宣言》，明确宣布，“三国之宗旨在剥夺日本自1914年第一次世界大战开始以后在太平洋所夺得或占领一切岛屿，在使日本所窃取于中国之领土，例如满洲、台湾、澎湖群岛等，归还中华民国”。1945 年 7 月 26 日，中美英三国首脑再次发表《波茨坦公告》，其中第八节规定，开罗宣言之条件必将实施，9 月 2 日，日本在《日本无条件投降书》中再次承诺“承担忠诚履行波茨坦公告各项规定之义务”。1945 年 10 月 25 日，中国政府正式收复台湾和澎湖列岛，恢复对台湾行使主权。至此，台湾作为中国领土不可分割一部分的地位完全确定，但是由于“2·28 事件”和国共内战的爆发及国民党军队面临形势逆转，美国在台湾问题上的立场发生转变，甚至直接插手阻挠台湾问题的解决。

1947 年 3 月，台湾发生“2·28 事件”，美国驻台北总领事馆向华盛顿建议，以目前台湾在法律上还是日本的一部分为理由，用联合国的名义直接干预，同时向中国保证，待有一个“负责的中国政府”后再归还中国。[①] 这种试图将台湾进行国际托管的“台湾地位未定论”并没有成功。1948 年 9 月，中国人民解放战争进入战略决战阶段，蒋介石政权的劣势开始显现，美国政府内部开始酝酿转变对华政策，即由“援蒋反共”变成“脱身政策”，1949 年 3 月美国总统批准的对台政策目标就明确表示“不让台澎落入共产党手中”，要“将该岛屿与中国大陆格开”，这一政策同时规定只能以外交和经济手段来实现该目标，而不能以美国的军事力量保卫台湾。[②] 中华人民共和国成立之初，美国一度认为台湾“大约在 1950 年底会处于中共控制之下”，开始做好完全放弃台湾的准备，美国的宣传政策也尽量强调台湾对美国“并没有特别的军事重要性”，1950 年 1 月 5 日，杜鲁门发表公开声明，重申《开罗宣言》，《波茨坦公告》关于台湾归还中国的决定，表示美国不打算卷入中国内战，并特别重申美国无疑在台湾获取特别的权力或建立军事基地。但美国的这一政策并没有贯彻执行，随着中国实行“一边倒”的外交政策及《中苏友好同盟互助条约》的签订，美国对形势做出了新的判断，种种“保台”方案开始占据上风。其中最主要的有麦克阿瑟将台湾比喻为“不沉的航空母舰”，以及国务院顾问杜勒斯提出“台湾中立化”的方案。[③]

---

① 中共中央台办、国务院台办：《中国台湾问题》，九洲图书出版社，1998 年 9 月 版，第 45 页。

② FRUS，1949，VoL. IX，pp265—267，pp270—275.

③ 资中筠主编：《战后美国外交史》（上册），世界知识出版社，1999 年版，第 135—136 页。

1950年6月25日，朝鲜战争爆发，美国正式对台湾进行重新定位，并直接介入台湾问题。6月27日，杜鲁门发表声明宣布第七舰队封锁台湾海峡，并宣称“台湾未来地位的决定必须等待太平洋安全的恢复、对日和约的签订或经由联合国的考虑”。但在1951年的对日和约中，美国刻意回避了台湾的归属问题，只是规定“日本放弃对台湾及澎湖列岛的一切权利、根据与要求”。虽然鼓吹“台湾地位未定”，但美国却不得不承认蒋介石是当前“台湾最终真正权威所在”，依然要同他打交道。1954年朝鲜战争告一段落后，中国政府重申解决台湾问题的决心，美国则对中国进行战争威胁，杜勒斯公开表示要“同蒋介石站在一起”，美国要用海空军保护台湾和澎湖列岛。1954年12月，美国与台湾当局签订了《共同防御条约》，美台之间形成了军事同盟。1955年1月，中国发动解放江山岛战役的第二天，美国总统艾森豪威尔就要求国会受权他动用军队来保卫台湾和澎湖列岛的安全，美国派遣大批飞机集结台湾海峡，中美走到了战争的边缘。1958年8月23日，中国政府为了反击蒋介石集团对沿海地区的骚扰，打击美国制造“两个中国”的图谋，中国政府开始炮击金门、马祖。美国立即从地中海、美国西海岸、菲律宾等地调来航空母舰7艘，重巡洋舰3艘，驱逐舰40艘，美国空军和海军陆战队还进驻台湾，杜勒斯9月4日发表声明表示“美国负有条约义务来保护台湾不受武装进攻”，并要动用武力保护金门、马祖。

美国对台湾的军事保护在一定程度上改变了台海安全关系的性质，使得台海危机超越了中国内战的格局，带有国际争端的性质。美国在使用武力保护台湾的同时，美国在政治和外交上开始悄悄地推行“两个中国”政策，在1954年的第一次台海危机中，美国迫使台湾当局从大陈岛撤退，1958年第二次台海危机中，美国又准备劝说蒋介石撤出金门和马祖，其深层次的考虑就是要在台湾海峡划一条永久的停火线，从而彻底割裂台湾与中国大陆的关系，美国的意图被中国政府所识破，也遭到蒋介石的极力反对，加上双方采取的适当的策略，美国制造“两个中国”的企图最终未能得逞，但美国却达到了将台湾保留在与中国政府敌对的国民党集团手里的目的。[①] 由于美国从一开始就在军事、政治和外交领域干涉中国内政，造

① 陈效卫主编：《合作与冲突——战后美国军事联盟的系统考察》，军事科学出版社，2001年10月版，第111—112页。

成台湾海峡地区长期无法实现和平与安全，美国也成为影响台海安全关系形成和发展的重要因素。

直至今日，虽然中美正式建立外交关系，台湾问题依然是中美关系中最重要、最敏感的重大争端性问题。美台之间虽然废止了《共同防御条约》，但美国国会却通过《与台湾关系法》来延续与台湾的“实质关系”，并强调“以非和平方式包括抵制和禁运来决定台湾前途的任何努力是对西太平洋地区和平与安全的威胁，并为美国所严重关切”，该法还要求继续向台湾出售防御性的武器。1981 年中美签订《八一七公报》，美国承诺售台武器在数量和性能上逐渐减少和降低，但实际上美国依然不断出售类似 F—16 战斗机这样先进的武器装备。2001 年 4 月，美国总统布什甚至表示要“尽一切可能协防台湾”，虽然后来进行了政策调整，但这些动作言行的反复都表明美国对台湾问题的干预还远远没有结束，美国在台海安全问题上的角色依然值得中国警惕和关注。

三、围绕“一中”原则和反“台独”的斗争

进入 20 世纪 90 年代以来，随着台湾当局不断背弃一个中国原则，从事“台独”分裂活动，两岸之间围绕着坚持和否定一个中国原则，分裂和反分裂开展了一系列的斗争，这种斗争直接影响到台海地区的安全形势。蒋经国去世后，李登辉继任“总统”，1988 年 2 月，李登辉在记者招待会上表示“中华民国的国策，就是一个中国的政策，而没有两个中国的政策”，“中国必须统一”，但时隔不久，李登辉便逐渐背离一个中国原则。1989 年 3 月，李登辉明确宣称台湾“外交”要突破“一个中国”的框架。1992 年后，台湾当局的大陆政策也开始强调不能盲目坚持一个中国，自我设限。1993 年 2 月，李登辉公然表示“我主张中华民国在台湾，始终没有讲过一个中国”。1994 年 3 月，李登辉在与日本作家司马辽太郎谈话时表示“中国这个词是含糊不清的”，“主权是危险的概念”、“台湾是台湾人的东西”，暗喻要“带领台湾人走出中国”，建立“台湾人的国家”。1995 年 4 月，李登辉提出“李六条”，依然强调“台湾与大陆分别由两个互不隶属的政治实体治理，形成了海峡两岸分裂分治的局面”。两个月后，李登辉到美国借所谓“私人访问”从事分裂中国的活动，他在演讲中再三强调“中华民国在台湾”或“在台湾的中华民国”，抱怨“中华民国未获国际社会应有的外交承认”，而要“尽全力

向不可能的事物挑战”。

对李登辉当局愈演愈烈的分裂言行，为了维护国家主权和领土完整，警告李登辉不要一意孤行。中国政府开始从各个方面进行反击和威慑。中国外交部发表声明，向美国政府提出强烈抗议，并召回驻美大使。1995 年 7 月 24 日开始，《人民日报》、新华社连续发表评论员文章，深入批驳李登辉的分裂观点，揭露了李登辉上台以来的分裂活动。中国人民解放军在 1995 年和 1996 年还进行了多次系列有针对性的军事演习，以威吓台湾当局的“台独”分裂活动。1996 年演习期间，美国先后将第七舰队的“独立”号航空母舰和“尼米兹”号航空母舰战斗群调至台湾海峡地区，台海地区局势一度紧张。

1999 年 7 月，李登辉提出“两国论”，宣称两岸关系是“国家与国家，至少是特殊的国与国的关系”，彻底背弃了一个中国原则。大陆被迫展开反分裂、维护国家统一的斗争，中国人民解放军三军在东南地区举行了大规模的军事演习，台海再次笼罩着战争的阴云。2000 年，陈水扁当选台湾地区领导人之后，依然不接受一个中国原则，并彻底否定“九二共识”，而且随着执政的深入，变本加厉地进行“台独”分裂活动，提出“一边一国”、“公投制宪”的“台独”分裂言论，并抛出“台独时间表”，导致两岸关系和台海局势持续紧张严峻。对台湾当局明目张胆的“台独”分裂行径，中国政府进行了严正警告，并加强了遏制“台独”的军事斗争准备。

在 2004 年 5 月 17 日中台办、国台办受权发表声明和 12 月发表的《中国的国防》白皮书中，都明确指出陈水扁的“台独”言行已经将两岸关系推到了危险的边缘，并再次警告，如果台湾当权者铤而走险，胆敢制造“台独”重大事变，中国人民和武装力量将不惜一切代价，坚决彻底地粉碎“台独”分裂图谋。为了进一步“反对和遏制‘台独’分裂势力分裂国家，促进祖国和平统一，维护台湾海峡地区和平稳定，维护国家主权和领土完整，维护中华民族的根本利益”①，2004 年 12 月，十届全国人大三次会议审议并通过了《反分裂国家法》，这标志着国家有关对台工作的方针政策将纳入法律化的轨道。有学者指出，《反分裂国家法》将断绝“台湾独立”的任何可能性，不给台湾当局和国际势力误判形势的空间，是把

① 吴邦国：“制定反分裂法是为维护中华民族根本利益”，中新社北京 2005 年 1 月 12 日电。

“反独”斗争推向了一个新阶段。[①] 这些反制“台独”的举措也必将对维护台海安全产生深远的影响。

第三节　当前台海安全关系的性质

台海安全既然是中国国家内部统一安全的重要部分，而两岸安全关系的形成和演变又有着复杂的历史和现实背景，两岸安全关系的性质到底如何就成为一个值得探讨的问题。首先要明确的是两岸安全关系到底是敌对还是友好，这是分析关系性质的大前提，从两岸安全关系形成的历史与现实中，我们可以发现，台湾问题到目前为止依然是国共内战遗留的问题，两岸并未签订任何形式的停战协定或和平条约，仍然处于敌对状态。从本质上说，两岸安全关系的性质依然是敌对的，为此中国大陆政府才提出要进行结束两岸敌对状态的谈判。但这种敌对并不表明两岸之间所有领域都是敌对的，两岸开放以来，随着民间各项交流交往的不断发展，两岸民间关系中友好的一面越来越明显，它在一定程度上也制约和缓解了两岸政治和安全敌对关系。

在本节中，我们将不只是停留在敌对还是友好这种宏观层面的分析，而是更进一步地分析两岸安全关系性质的基调到底是零和游戏还是可以共存，是结构性的还是暂时性的，是现实的危险还是潜在的威胁，是可以控制的还是难以控制的。只有对台海安全关系的性质进行深入详实的分析，才有可能帮助我们找到维护台海和平、稳定与安全的有效途径。

一、零和还是共存?

既然两岸安全关系带有明显敌对的性质，那么弄清这种敌对关系到底是零和性的还是有可以共存的空间就非常重要。因为在一种“零和”的安全关系中，大陆和台湾中的一方只可能以另一方的彻底毁灭和投降为代价才能生存下去。在这种情况下，双方采取的战略往往是歼灭性和不计后果的，进攻者旨在摧毁对方的武装力量和战争潜力，推翻对方的政权；被进攻的一方则为生存而背水一战，甚至会采用任何可能的作战工具和手段，

---

① “台海今年四大焦点反分裂国家法把‘反独’推向新阶段”，《环球时报》，2005 年 1 月 5 日。

"零和"的结果往往是"杀敌一万、自损八千"，会导致"双输"。而在一种"共存"的两岸安全关系中，大陆和台湾没有一方能够期待能够一劳永逸地除掉对方，他们不得不在一种和平稳定的环境中长期对峙，甚至走到战争的边缘，但共存的期待往往会使他们采取比较节制的态度，甚至进行妥协使冲突得以缓和，也不排除进行某种程度的合作。

从1945年到50年代初，国共两党的军事斗争基本上遵循着一种不可调和的"零和"与"排他"的游戏规则。这种"零和"斗争最早可以追溯到20年代的国共斗争，1945—1949年的全面内战是国共两党的政权之争的延续。只是在1937—1949年抗日战争期间民族矛盾十分尖锐的时候国共才有短暂的合作。国民党当局败退台湾之初，大陆和台湾的军事政策都是以消灭对方为根本目的的，台湾当局将中共政权视为"敌对的叛乱团体"，在台湾依然维持着"反共戡乱"的政治体制，并以"反攻大陆"、"反共复国"作为军政口号和目标。同样，1949年中国人民政治协商会议通过的《共同纲领》中规定，"将人民解放战争进行到底，解放中国全部领土，完成统一中国的大业"；1954年《人民日报》社论也重申"中国人民一定要解放台湾，不达目的，决不休止"。

但这种"零和"关系到第二次台海危机的时候发生了一些微妙的变化，由于美国试图利用炮击金门迫使蒋介石从金马撤军，从而在地理上制造"两个中国"，遭到蒋介石的坚决反对，使得中国领导人开始考虑寻求同蒋介石的共同点，争取他用和平的方式实现国家的统一，使得炮击金门的目的变成"就是要帮助蒋介石守好金门"①。此后，海峡两岸转向长期的军事对峙，虽然也有偶尔的小规模军事冲突，台海地区客观上还是保持了一段时期的和平稳定。1979年以后，两岸的安全形势进一步缓和，台湾当局改变了"反攻大陆"的政策，中国政府主动停止了对金门等岛屿的炮击，并将"和平统一、一国两制"作为对台基本方针，即"不是我吃掉你，也不是你吃掉我"，其中还包括了以此方式统一后台湾可以保留自己的军队；1995年大陆方面发表"江八点"，更明确提出"中国人不打中国人"，两岸可以谈判"正式结束敌对状态"。这些都表明中国政府对台海安全关系的认识已经由"零和"转变为"共存"，但这种共存必须要建立在一个中国原则的基础上。如果台湾当局制造"台独"分裂活动，那么两岸

① 曲星：《中国外交50年》，江苏人民出版社，2000年4月版，第202—205页。

安全关系很可能再次变成“零和”规则，中国政府和人民根本不可能容忍与“台独”共存。

二、结构性还是暂时性？

敌对关系性质到底是结构性还是暂时性的分析主要是为了确定化解敌对的难易程度。如果两岸之间的敌对是根本性的，也就是说这种敌对来源于大陆和台湾双方或其中一方的某些永恒的基本结构，这种敌对就有可能反复出现，而且很难调和，就国家来说，主权和领土完整是最核心最基本的利益，涉及到主权和领土完整的问题往往就容易成为结构性问题。如果是敌对是偶然的或暂时的，它只是出现在意外和转瞬即逝的环境中，这种敌对比较容易化解，并在未来有可能不再发生。① 就台湾问题出现的历史背景和两岸关系发展的现实来看，目前台海两岸安全关系的敌对应该被认为是一种根本性和结构性的敌对。

从1945年到80年代初，国共两党以及中国政府和台湾当局之间的斗争基本上是一种政权的合法性和正统性之争，在美国等国际反华势力的支持下，国民党政权在岛内继续以“中华民国”名义维持一个所谓“代表全中国”的政治架构。这一时期，台湾当局在对外关系中推行“反共复国”的基本政策，坚持自称是“中国唯一合法政府”的“一个中国、一个政府”的基本立场。② 中华人民共和国政府成立后，也坚持是代表全中国的唯一合法政府，这一立场逐渐为绝大多数国家所承认，“一个中国”的政策框架被国际社会普遍接受。台湾当局认为这样危及到“中华民国的主权国家地位”，时至今日，两岸在外交领域的这种政权正统之争在法理和实践上都还在继续，两岸在国际社会中依然遵循互不承认、有你无我的原则，在国际上，任何国家同中国大陆或台湾当局的任何一方建交立即会导致同另一方断交的结果。

这一矛盾尚未解决，到了80年代末和90年代初，两岸之间又出现了新的结构性矛盾。90年代以来，岛内政治情势和国际政治经济形势都有很大的发展。此时，两岸政治制度、国家权力和意识形态的斗争仍然继续，

---

① （美）卡尔·多伊奇著，周启朋等译：《国际关系分析》，世界知识出版社，1992年2月版，第174页。

② 范希周主编：《台湾研究论文集》，厦门大学出版社，2000年版，第25页。

新的问题也开始出现。特别是2000年陈水扁当选台湾地区领导人后，岛内的分裂势力日益猖獗，台湾当局不断进行分裂活动，开始逐步背弃一个中国原则。在岛内推行狭隘的“本土化”和“去中国化”运动，经济上拒绝“三通”，政治上以“民主化”为借口，听任“台独”势力和“台独”分子在台湾制造分裂活动，在国际上也谋求实现“双重承认”，加紧公开制造“两个中国”的活动。特别是李登辉抛出“两国论”和陈水扁抛出“一边一国”、“公投制宪”等“台独”言论，加上国际上一些不希望中国实现统一的反华势力的支持，越来越多的人增加了对台湾当局未来走向独立道路的疑虑。在中国政府看来，台湾问题是关系到中国主权与领土完整的核心利益问题，邓小平曾指出，“国家的主权和安全要始终放在第一位”，台湾任何走向独立的倾向和动作都是中国政府绝对不可能容忍的，也是无法妥协的。如果台湾当局继续推行以“台独”为指向的政策主张，两岸间这种“台独”与反“台独”的斗争将愈演愈烈，很可能演变为更为严重的不可调和的结构性矛盾。

一般来说，冲突的动因是利益的矛盾和权力的争夺。就台海两岸来说，目前结构性矛盾的焦点在于一个中国原则，要在短时期内化解这种结构性的利益矛盾有相当的难度，但也并非没有可能性。但这需要双方产生敌对的客观环境消失，双方的共同的利益远远超过敌对的成分使双方能够达成一致，或者任何一方放弃自己的主张而接受对方的主张都可能缓和甚至化解这种敌对关系。就大陆来说，中国政府应充分认识到台湾问题形成和解决的复杂性、艰巨性和长期性，在进行反“台独”斗争的同时，在官方敌对关系难以化解的情况下，要更多地把时间和智慧运用在加强两岸经济、文化等各方面的交流，努力化解两岸民众间的敌视或误解上来，尽一切可能扩大两岸共同的利益基础，改善两岸非政治性的敌对因素。对台湾当局来说，除了加强两岸交流以外，更重要和关键的还是停止“台独”分裂活动，承认两岸同属一个中国。

三、现实危险还是潜在威胁?

一个国家或地区受到的威胁可能是现实的，也可能是潜在的。现实的威胁是指威胁的现实，是指客观存在，这种威胁主要发生在局势紧张的时候；而潜在的威胁是指威胁的可能，它在某种意义上是作用于人的心理的一种长远的东西，这种威胁多发生在和平时期。[①] 就当前的两岸安全关系而言，既有现实的危险也存在潜在的威胁。这同两岸安全关系结构性敌对的性质是分不开的。在中国没有完全实现统一之前，国家统一安全始终是中国面临的一个现实安全问题。特别是香港和澳门回归以后，这个问题显得尤为现实和紧迫。

解决台湾问题是大陆在21世纪的三大任务之一，台湾问题不能久拖不决，完成国家的统一是大陆坚定不移的目标。中国的国家统一是现实的安全问题，台湾问题的久拖不决的确对中国的国家安全和未来经济发展都带来了很多不确定的因素，但这并不意味着台海安全在任何时候都表现为一种现实的危险。从宏观上看，国家统一安全只是中国整体国家安全战略中的一个部分，它何时得到解决需要从整体国家发展大局来考虑。从两岸的格局和时间上看，中国大陆完全可以而且已经掌握了两岸关系的主导权。虽然陈水扁当局拒不承认一个中国原则，但两岸关系发展的大格局并没有台湾当局不接受一个中国原则而改变；岛内绝大多数民意还是支持“不统不独”，维持现状，目前台湾当局要想搞“台独”，既没有本钱，也不会得到大陆和美国的认可，只能是自说自话和自我安慰。越随着时间的推移，两岸关系的格局对中国大陆越有利，大陆处理台湾问题的自信心就会越强，就不会出现急躁和粗糙的情况，留给台湾当局的可乘之机就越少。

台湾当局将维护台海和平当作一种保证台湾“生存与发展”的政策目标，维持了台海的和平稳定就能够保证台湾的所谓“国家安全”。台湾当局在推动“渐进式台独”和“去中国化”的同时，也提出要建立“两岸和平稳定互动架构”，建立两岸军事互信机制，希望以“只谈和平、不谈统独”、“不武不独”作为对抗大陆的策略。对中国政府来说，维护台海和平能够给中国的现代化建设创造一个和平稳定的周边环境，但求和平求发展并不能以牺牲国家统一为代价，和平状态的维持是以台湾不走向独立为前提的。中国政府表示“尽一切可能实现和平统一”并不表明放弃使用武力的选择。两岸间这种“不独不武”和“不武不独”的对立宣示以及双方对台海和平的客观需要即使在一定时期虽然能够在客观上保持台海地区的和平状态，但这种状态并不稳定，只要台湾当局向“独立”的道路迈出实

---

① 资中筠主编：《国际政治理论研究在中国》，上海人民出版社，1999年9月版，第158—159页。

质的步伐，和平将得不到保证。

台湾当局已经看到两岸关系的现有格局和发展趋势对实现其“台独”路线不利，它担心的是长时间地“维持现状”可能最终会丧失它自称的“中华民国（或台湾）是一个主权独立的国家”的地位，也无法阻挡与大陆进行统一的进程。最近一段时间，台湾当局迈向“台独”的步伐有加快的趋势，“台独”试图抓住最后的“机会”实现“台独”的可能性不能排除。可以说，台湾当局的“台独”图谋永远都是对台海安全的潜在威胁，而台湾当局寻找种种机会不断推进“台独”的活动则是对台海安全的现实的威胁。除此之外，由于两岸处于敌对状态，双方在安全领域必要的信任感的缺乏，恐惧感的增加，即使双方都没有进行军事行动和从事军事威慑的意图和实际行为，双方在对对方正常的安全行为进行解读时也可能会朝着消极的方向发展，任何一方在军事和安全领域的举动都有可能导致对方的猜疑和紧张。目前两岸关系处于紧张而又微妙的时期，不能排除在某些敏感时刻台湾当局的某些敏感举动使得两岸间发生摩擦和冲突的可能性。在这种气氛下，一旦发生意外，潜在的威胁就立即会变成现实的安全危险。

四、可以控制还是难以控制?

台海敌对状态是可以控制还是不能控制决定着两岸关系的前途和未来。如果这种敌对状态是可控制的，大陆和台湾就存在以和平的方式化解敌意、解决冲突的可能性；如果是不可控制的，双方则可能以危险的方式解决问题。这就需要了解双方当局和人民控制和遏制这种冲突的能力和意愿，包括对所追求利益重要性的判断和冲突后果的评估。

由于大陆和台湾安全关系的不对称性，双方对台海安全重要性的认识角度并不相同。即使同国家统一安全息息相关，台海安全也只是大陆整体安全战略的一部分，而对台湾而言，与大陆的安全关系却占相当大的分量。这就使得大陆政府会从国家整体发展的角度考虑问题，在不出现重大变故时，只要这种敌对的安全关系不威胁到国家的核心利益和国家发展大局时，不大可能选择激进的方式不顾后果地解决问题。中国政府表示尽一切可能、以最大诚意、尽最大努力争取和平统一在很大程度上就是出于这种考虑。而从台湾方面来看，如何处理与大陆的安全关系几乎关系到它的生死存亡，其利益攸关相当重大，在处理与大陆安全关系时也会慎重行事，避免失去对局势和自己命运的控制。所以在一般情况下，大陆和台湾即使发生有限冲突，也都会在可控制的范围之内。50年来，双方在海峡发生危机时几乎都能够找到缓和危机的办法，金门炮战和1996年中国政府在台湾海峡的军事演习是可控制冲突的典型事例。冲突的可控制性说明双方都没有将军事手段作为解决问题的唯一选择，就为通过非军事途径解决争端提供了可能性和创造了条件。

但台海安全的这种可控制性并不是绝对的，它有一定的界限和条件。就两岸来说，一旦台湾当局突破底线，就如在《反分裂国家法》中所规定的那样，“台独”分裂势力以任何名义、任何方式造成台湾从中国分裂出去的事实，或者发生将会导致台湾从中国分裂出去的重大事变，或者和平统一的可能性完全丧失，国家得采取非和平方式及其他必要措施，捍卫国家主权和领土完整。一旦祖国大陆被迫采取非和平方式，如果美国等外国势力进行军事干预，由于战争本身就存在非理性的一面，局势很可能会变得不可控制。因此，要想避免冲突发生时变得难以控制，在冲突发生之前就应该想办法消除可能导致冲突的根源。

第二章　台海安全形势的判断与评估

在上一章中，笔者对台海安全的概念和两岸安全关系的性质进行了总体和概略性的判断，这种判断有助于建构我们研究和讨论的前提，并且从一个相对宏观的视角了解台海安全，但台海安全同样涉及到很多微观层面的问题，要了解台海安全的前因后果、来龙去脉，前面的分析就显得有些捉襟见肘。为了使读者对冷战后的台海安全形势有一个从宏观到微观，由横向到纵向、由历史到未来的全面了解，能够对台海安全形势做出客观地判断，本章将尝试运用量化评估的方法，选择一定的变量，确定相关的指数，建构一种评估模型。依照此模型，笔者将对1987年台湾当局开放民众到大陆探亲以来的台海安全形势，对台海安全有重大影响的具体事件，以及台海安全形势的发展趋势进行具体地分析，以期总结出台海安全的特点，以及带有规律性的结论。

第一节　台海安全形势的判断和评估方法

讨论安全概念和性质的最终目的就是为了实现和维护安全，在了解了台海安全的概念之后，我们需要从理论、历史和现实中进一步探讨影响台海安全实现的因素，以便找出实现台海安全的途径，这首先就涉及到对安全形势的判断以及如何评估安全形势的好坏问题。虽然有不少学者对台海安全形势进行了研究，但对于到底怎样才算安全，什么情况下安全，什么情况下不安全基本上还是停留在主观感觉上，缺乏客观的判断和评估依据。笔者认为，对台海安全形势的判断需要从主观与客观、定性与定量等多个角度来进行。

一、台海安全形势的判断

判断某一个地区是否安全，除了客观上的军事状态外，在很大程度上也涉及到的是主观认识，不同的人会从不同的动机、不同的目的、不同的认识角度进行思考，经常会出现对同一形势判断结果不同、形势发生变化但判断并没有跟上，从而导致政策反应失误和行动滞后的情况。因此，有人提出安全与不安全，与其说是客观存在或不存在，倒不如说它们是被建构而成；因为安全威胁常常是有意图和有目标的，任何两个单元间的军事威胁和脆弱性的逻辑，产生于它们各自军事能力和它们友善和敌对程度之间的一种互动作用①。由此我们可以得出，台海地区是否安全可以从对安全环境的认识、综合实力的对比、安全政策的取向、安全关系的互动等四个主要方面来判断。

（一）对安全环境的认识

对安全战略环境的分析和预测是判断一个国家或地区是否安全的前提，它主要涉及到对安全威胁来源和威胁程度的判断。威胁按照不同的标准可以分为现实威胁和潜在威胁、整体威胁和局部威胁、直接威胁和间接威胁、主要威胁和次要威胁等等。由于客观因素和主观动机的差异，不同的国家或地区对安全威胁的判断并不相同。有侵略历史的国家与没有侵略历史的国家同样发展军备对邻国和国际社会的安全感觉是不一样的。两岸在面积、人口、影响力等方面存在着巨大的差距，中国大陆和台湾地区对安全威胁的感受和判断并不对称，台湾问题和台海安全只是中国大陆整体国家安全问题的一部分，除此之外还有周边安全、大国安全等一系列的国家安全问题需要中国政府去关注，而台湾当局却将中国大陆几乎当作安全威胁的全部来源。因此海峡两岸对对方安全威胁的感受是不一样的，大陆显得比较自信和大气，往往容易低估台湾方面对安全威胁的感受，台湾方面则表现得比较脆弱和敏感，往往会高估安全威胁的真实程度。

由于战略环境是错综复杂而且不断变化的，加上决策者常常受到认识水平的限制和各种内外政治因素的制约，对安全环境做出客观而冷静的分析并不容易。② 一般来说，安全战略格局是考察一个国家或地区安全环境的核心内容，它包括国际安全格局和地区以及周边安全格局。在两极格局时期，世界上绝大多数国家处于美苏的恐怖平衡之下，普遍缺乏安全感，只有寻求两个超级大国的军事和政治保护。冷战结束后，国际安全格局出现重大变化，大多数国家的安全系数得以提高，一度使得不少国家认为经

① 巴瑞·布赞、奥利·维夫、迪·怀尔德著，朱宁译：《新安全论》，浙江人民出版社，2003年2月版，第78页。

② 孙明明、蔡小洪：《动荡中的国家安全》，解放军出版社，1988年3月版，第51页。

济、科技已经取代军事、政治因素成为维护国家和安全的主要力量；但随着美国霸权主义的抬头和推行新干涉主义，对一些国家和地区动辄进行武力干涉甚至是军事入侵，对国际安全环境造成了相当负面的影响；加上2001年“9·11”恐怖袭击事件的发生，不少国家开始意识到安全环境的严峻性和脆弱性，因此纷纷调整自身的安全战略。

就台海地区而言，台海是否安全除了取决于台海地区的安全格局外，与亚太地区和国际安全环境也有着密切的关系。与台海安全相关的各个行为体在一定时期内形成的相对稳定的互动模式就是台海安全格局，各方在这个格局内进行冲突、合作或博弈决定着台海地区的安全形势。中美关系的每一次重大进展都会引起台湾当局是否会侵害到台湾的利益、削弱台湾安全的担忧；美国对台军售被中国大陆认为是对台海和平与稳定的威胁；大陆和台湾之间的每一次政治危机都会引起美国对台海安全形势的关注。对于“某些国家在亚太地区继续加强军事部署，强化军事同盟，有的国家还不断扩大武装力量的职能和活动范围”①，中国政府认为并不能从根本上消除亚太地区的不稳定因素，阻碍台湾问题的解决，不利于维护台海地区的安全。而台湾当局却将“加强台美及台日间之安全对话与协作，以及吁请世界重视台海安全”作为一贯努力的目标，认为美国在亚太地区的军事存在和美日军事同盟会在某种程度上保障台海和台湾的安全。② 由此可以看出，两岸对亚太安全环境的不同认识对台海安全的判断结果会产生一定的影响。

（二）综合实力的对比

影响或决定台海安全格局的因素有很多，其中最重要的还是各方综合实力的对比，以及单方面影响或改变这种格局的主导权、能力与后果。综合实力是经济、军事、外交、政治等力量的综合结果，一般包括有形力量和无形力量，前者包括土地、人口、资源、经济指标、军事力量等，后者则包括影响力、施政效能、民众凝聚力、文化特质等等。就影响安全判断的实力因素来说，军事力量的对比有时是关键性或决定性的。在阿富汗战争和伊拉克的战争中，之所以美国敢于毫无顾忌地军事介入这两个国家，就因为它具有压倒性的军事优势。

---

① 《2002年中国的国防》，《人民日报》，2002年12月10日。

② 2003年3月10日台“外交部长”简又新在“立法院”所作“当前外交施政”报告，www. mofa. gov. tw。

实力对比往往是与均势平衡的概念联系在一起的，均势平衡是在安全判断时用得比较多的一个概念，它表示的是一种相对稳定、动态平衡的状态。维持大陆和台湾的军事力量平衡一直是美国台海政策和台湾当局大陆政策的一个重要内容，被他们认为是维护台海和平最有效的方式之一。他们担心一旦大陆取得压倒性的军事优势后，可能会采取武力解决台湾问题的方式。在1993年就有学者评估说，台湾和中国大陆的军事力量正好维持了短暂的均衡期，一般估计在1991—1997年，是军事均衡能够维持下去的关键时期，因此台湾应加速“国防现代化”，有了足够的“国防力量”后，再调整对大陆的政策。① 2001年以来，美国国防部的《中国军力报告》多次认为两岸的军事力量对比将在2005年左右向大陆倾斜，提醒台湾当局加强军事建设，增加对美军购。

一般来说，在实力对比中处于弱势的一方的不安全感要高于处于强势的一方，当弱势的一方无法从政治、经济、科技等方面增强自己实力的时候，往往只有选择增强军事方面的建设来暂时寻求安全感。综合实力的大小可以从绝对数量的变动及相对地位的变化来加以观察，绝对数量变动指的是实力大小的指标在一段时期的变化，相对变化是指实力大小指标在某一领域所占地位的高低及其变化。比较两岸间的实力对比，既要考察大陆和台湾实力绝对数量的变动，也要衡量任何一方在台海安全格局中相对地位的变化。大陆无论是有形实力还是无形实力都远远超过台湾，两岸综合实力的对比明显朝着有利于大陆的方向发展；台湾仅靠军事力量的加强不仅无法在绝对数量上超过大陆，在相对地位的变化上也很难流转大陆占据优势的发展趋势。不断增加军备最多只可能暂时延缓大陆取得军事优势的时间，却无法改变大陆在整体综合实力上的优势地位。

（三）安全政策的取向

在影响安全的诸多因素中，除了对环境好坏和实力对比的判断外，还有一个客观因素中的主要因素至关重要，即有关各方的态度和政策取向，他们是奉行和平主义还是战争主义，是主张合作还是主张对抗，是采取守势还是采取攻势直接决定着各方对安全与否的认识和判断。② 政策取向在

---

① 蔡政文、林碧昭等著：《我国对外政策及行动取向》，台湾业强出版社，1993年4月版，第27页。

② 王逸舟主编：《全球化时代的国际安全》，上海人民出版社，1999年12月版，第43页。

判断安全形势中的重要性在于，它并不认为实力占据的一方优势就一定会用战争的形势来解决问题，只要它奉行和平合作的政策，就能够加强对方的安全感。一个国家或地区如果存在军事扩张的动机，即使经济军事能力有限，也能对其他国家或地区安全造成一定的威胁，当前很多国家所面临的恐怖活动威胁就是例证。因此，中国政府提出了新安全观，其中表明“一个国家对于世界是否构成威胁，不在于它的国力是否强大，而在于它奉行什么样的内外政策”①。

中国政府的对台基本方针政策是“和平统一、一国两制”，中国领导人在不同场合多次强调。“没有人比我们更希望用和平方式实现统一”，“要以最大诚意、尽最大努力争取和平统一的前景”，即使在李登辉“两国论”出台和陈水扁抛出“一边一国论”和“公投制宪”后，中国政府也没有放弃追求和平统一的努力。2004年底，在祖国大陆表示正在考虑制定《反分裂国家法》后，在法律条文尚未出台之前，台湾当局便指责《反分裂国家法》是“大陆用片面立法的方式，定位两岸关系，远比军事威吓台湾更严重”，是“为武力侵犯台湾、片面改变台海现状，找寻合法化的借口，将会是不智的举动”②。在祖国大陆声明《反分裂国家法》“将是一部促进两岸关系发展、推进两岸和平统一的法律，一部维护国家主权和领土完整、反对和遏制“台独”分裂势力分裂国家、维护台海地区和平稳定的法律，一部符合中华民族根本利益的法律”后，台湾依然有人推动所谓的“反并吞法”、“反反分裂国家法”来对抗大陆。实际上，只要台湾当局不怀疑大陆争取以和平方式解决台湾问题的动机，不要挑衅中国的主权和领土完整，就不会感到没有安全感。但是，台湾当局不断强调要实现台海和平，维护台湾安全的同时，却不断抛出迈向“台独”的政策言行，不断加强军事力量，增加对外军购，企图实现以武谋“独”，这样的动机恰恰增加了大陆对“台独”可能危及到中国国家安全的忧虑，对台海安全形势的缓和有害无益。

（四）安全关系的互动

安全关系的互动是否良好也是判断安全形势好坏的重要方面。建构主

① “为建立公正合理的国际新秩序而共同努力”，《人民日报》，1997年4月24日。

② 香港凤凰网2004年12月18日电。

义认为，信任只产生于朋友之间，只有朋友才可以结成信任基础上的共同体。① 良好安全关系的建立同样需要互信作为基础，互动与互信是一种相辅相成的关系，互动的频度和深度决定着互信的程度，互信可以为加强彼此间的互动创造条件。如果国家或地区之间保持良好的安全互动关系，建立某种相对固定的互动管道，经常进行直接会面、信息交换或政策沟通，他们对对方安全政策和动机误解或疑虑就会大大减少，即使是双方的互动只是一种默契或暗示的关系，也会对对方的政策解读有正面意义。如果各方安全关系的互动很少甚至没有互动，则出现安全问题的几率会大大增加。

两岸之间虽然有相当长的一段时间处于军事对峙阶段，甚至兵刃相见，但两岸依然存在一定的互动关系，双方进行互动的意愿也很强烈。互动的方式是多种多样的，有直接和间接之分，直接的互动包括进行接触和谈判，间接互动则包括一些有针对性的政策宣示等等。一般来说，直接进行政治对话和谈判是最理想和最有效的沟通和互动方式，但由于当前两岸尚未结束敌对状态，政治僵局迟迟无法打破，加上直接沟通的管道不畅，缺乏相互信任，使直接的对话和谈判在短时间内难以实现。在此情况下，两岸更多的是试图通过公开的政策宣示或实施某些有针对性的政策行为来间接向对方传递政策信息，即通过政策声明给予对方的政策行为肯定或否定、善意或恶意、积极或消极的回应，从而达到控制、缓和或改善两岸局势的目的。应该说，这种间接的政策互动模式并不是最理想的，在某种程度上带有盲目性，很容易受到各种主观性因素的影响，特别是在两岸敌对的状态下，它并不能从根本上避免误判的发生。

二、台海安全形势的评估方法

上面所提出的判断标准在很大程度上只能给安全形势定性，难以根据时间和情势的变化对某一特定时期的安全形势做出定量的比较分析。笔者认为，对台海安全形势的定量评估可以从两个层次着手，一是从考察某一时间点前后、短期内的台海安全状况，这种时间点往往是在发生对两岸关系有重大影响事件的前后，台海安全形势波动比较大的时候；二是评估一段时期、特别是中长期的台海安全状况的好坏。这两个方面的评估缺一不

---

① 朱立群：《信任与国家间的合作问题》，《世界经济与政治》，2003 年第 2 期。

可，前者可以非常清晰地说明影响台海安全形势变化的前因后果；后者则能够勾画出台海安全形势变化轨迹和趋势。只有二者结合，才能够找出威胁台海安全的原因，也才能尽可能做到未雨绸缪，找到维护台海和平安全之道。

（一）变量选择的标准

变量的选择标准是对安全形势进行评估的前提条件。台海安全形势到底是安全还是危险，是缓和还是紧张，一般来说取决于对台海地区发生军事冲突的时间预期和可能带来风险的判断。这种对冲突时间和风险的预期不是一成不变的，而是受到某一时期内不同时间点安全状况的发展变化和趋势的影响。如果某一时期内，各个时间点的安全环境持续恶化，那么各方对冲突风险和预期就有可能加大或提前；如果在某一时期内，各个时间点的安全环境有不断改善的迹象，冲突的风险和预期就会减弱或推后。

有很多因素都会影响人们对台海安全形势的感受，将这些因素一一列举、全面分析将会使得评估变得无的放矢。笔者将运用重点分析法，同时兼顾分析面的广度，选择比较具有客观性、指标性和决定性意义的三个变量来进行分析。台海形势是否安全，在很大程度上可以从军事活动、政治反应和社会心理波动三个方面来评估比较，这三者之间并不是相对独立的，而是相辅相成，共同影响着人们对台海安全形势变化的感受。

1. 军事行为

在所有影响安全的因素中，军事行为是最敏感和最直接的因素。无论是在战争状态还是和平时期，军事行为总是在持续不断的进行，而且总是围绕战争而进行的，以战争为中心的军事活动对政治、经济和安全都有十分深刻的影响。[①] 军事行为所涵盖的范围和内容非常广泛，其中比较明显的包括军事调动、国防动员、军事部署、军事演习、实施战争等，有些学者也将军事战略方针的调整、军费的增减、武器装备的更新、军事外交的开展等都看做是军事行为的组成部分。不同的军事行为对安全形势的影响程度不同，战争是军事行为的最高表现形式。在很多时候，军事行为不仅直接影响到安全形势的变化，而且本身也是安全形势变化的反映。当然，并不是所有的军事行为都会影响到安全局势，有些军事行为是正常的和例行的，并不具有特别的针对性，除非有人刻意渲染，否则对安全形势的影

① 刘精松、王祖训主编：《跨世纪的国防建设》，学习出版社，2000 年 12 月版，第 2 页。

响有限。军事同时又是维护国家安全和国家利益的最主要手段之一，它是政治的延续，是当国家或地区间的矛盾积累并激化到极限而采取的最后手段。因此，如果一个国家的安全形势出现危机，它往往会通过采取一定的军事行为阻止形势的恶化、防止战争的发生，并且在战争不可避免时争取赢得战争。

两岸之间过去曾经有过多次规模不等的军事冲突，目前尚未结束敌对状态，军事对峙的局面也没有根本改变，外国势力依然没有放弃插手台海局势的图谋，各方的军事行为对台海安全形势的影响显得更为敏感。台湾当局不断扩充军备、进行经常性的军事演习、渲染大陆的军事活动、不断向美国购买先进武器装备，以及美国军事力量有时进入台海地区都影响到台海地区的安全和稳定。除此之外，台湾当局和美国对中国大陆的军事行为也一直保持着高度关注的态势，台湾当局每次的“国防报告书”中都有大量的篇幅对大陆的军事能力、军事部署、军事活动进行评述；2003 年 12 月，民进党也发表“中国军力基本报告”，对大陆的军事行为进行评估。从 2000 年开始，美国每年都会发表《中国军力评估报告》，对中国军事情况的发展予以关注。

由于两岸的军事行为在很大程度上带有隐秘性的特点，为了评估的方便和客观，笔者将只选取两岸已经公开报道或证实的军事活动的频率、规模和针对性来进行比较分析。一般来说，公开报道的军事行为更具针对性，传递的信息更加清晰明确，针对性决定着军事活动的对象，不仅可以避免将两岸的任何军事行为都同台湾问题挂钩，而且可以将例行军事活动与特定有针对性的军事活动区别开来。军事行为的频率可以说明台海紧张局势延续时间的长短，军事活动的规模在很大程度上意味着问题的严重程度。三者相结合分析可以比较清楚地说明某一事件对台海安全局势的影响程度。

2. 政治反应

虽然军事手段是解决安全问题不可缺少的手段之一，但其运用却受到各种条件的严格限制。军事活动虽然是最敏感的变量，但一般不是最先产生影响的变量。军事是政治的延续，是政治努力发展到最后阶段的产物，任何一个理性的国家或政府当局都不会直接实施无缘无故的军事行为，一般都是服务于政治的需求。在出现安全威胁或安全环境发生变化时，由于军事行为的敏感性和可能造成的影响后果严重，不到必要的时候，军事行为一般不会被采用，国家或政府首先做出的都是政治反应。当然，当有必要的时候，为了配合政治手段的推行，也会实施一定的军事行为；同样，即使在军事冲突或战争发生的同时，政治手段也在继续发挥作用。因此，政治反应贯穿着整个安全形势变化的始终。

政治反应实际上遵循的是一种“刺激—反应—再刺激—再反应”的循环模式，一直推动着双方的政策互动向前发展。它的主要任务并不是为反应而反应，而是要对对方政策目标，以及它们为追求这些目标实际拥有或潜在拥有的实力等进行评估后，根据自己的政策目标来确定对方的政策是否与此相容，然后做出政策表态，并决定采取适合实现自己目标的政策手段。在安全问题上，对安全形势、自己和对方的安全目标、安全政策进行合理的判断非常重要，如果错误估计了安全形势、对方的目标和能力，就可能直接导致反应方式和强度的不同，反过来又会直接影响到安全形势的走向，甚至可能导致战争的危险。

在国家与国家的关系当中，政治反应包括很多方面的内容，其中最主要的是外交行为，即通过和平的手段来促进国家利益的实现。在两岸关系中，由于缺乏正式直接的沟通渠道，两岸的政治反应最主要的表现是宣示性的政策声明、谈话、采访等等，台湾不少学者还将在《人民日报》、新华社、《解放军报》等媒体上发表有针对性的社论或评论员文章等列入大陆的政治反应方式。评估政治反应强度的途径很多，一般来说，可以从做出反应的机构或官员级别的高低、使用言语的激烈程度、是否有其他行动配合等方面来判断。比如针对陈水扁当局2003年底不断升级的“台独”分裂活动，大陆有媒体就认为，“主管对台事务的国务院台湾事务办公室在一个星期内多次发表谈话，级别不断提高，用词十分罕见。继国台办发言人李维一表示陈水扁种种言行‘促使大陆做好彻底粉碎台独的准备’、‘最终将为台湾带来深重的灾难’之后，11月17日，国台办首次以‘国台办负责人’的名义点名批评陈水扁‘非常危险的分裂行径’有引发战争的危险，警告陈水扁必须‘悬崖勒马’，‘任何人试图把台湾从中国分割出去，必将遭到包括台湾同胞在内的13亿中国人民的迎头痛击。岛内媒体分析说，大陆使用的‘悬崖勒马’、‘迎头痛击’等强烈措辞，是1969年中苏珍宝岛冲突、1979年中国打响对越自卫反击战前使用的‘战争警告语’，显然大陆已做好最坏的打算”①。

---

① 张依瑶：“台当局低估我敢战决心”，《环球时报》，2003年11月24日。

3. 社会心理波动

在第一章中我们谈到安全包括客观和主观两个方面，主观的部分指的就是心理上对安全与否的认知。任何安全形势的改变都会在社会心理上造成一定的影响或冲击。从理论上说，任何人对自己所处的政治、经济、社会环境的安全状况都有心理上的感觉，即产生安全感，这种感觉是安全环境直接作用于人们的感官，对他们进行刺激而引起的，它最基本的表现就是对生命和财产安全的重视或忧虑。一旦安全环境发生变化，人们对生命或财产安全的心理预期就会出现波动，会马上评估变化中或变化后的环境是否能够给自己带来安全，是否会危及到自己的安全，如何才能使自己更安全。一般来说，安全环境越恶劣、越紧张、变化的幅度越大，社会心理受到的波动越大。政治反应和军事行为的程度也会直接影响到社会心理所造成冲击的程度，而与军事行为相比，单纯政治反应所造成的冲击相对比较轻一些。

由于安全形势变化导致社会心理受到冲击的表现是多种多样的，如股市的异常波动、货币汇率的变化、石油期货价格的上涨、物价的非正常上涨、难民潮或移民潮的出现、抢购风潮或囤积商品等等。之所以会出现这些情况，主要是由于人们对安全环境变化可能导致的不确定性和恐惧感增加。我们看到，每当世界上战争可能爆发或出现可能对安全形势造成重大影响的事件时，都会有人抛售股票，换购更有利于保值的货币，或者离开危机发生地到更安全的地方。同样，当出现利好的消息时，股票市场的指数往往就会上涨。从消极方面来看，如果有众多的人都采取类似或同一举动，就可能造成某个国家或地区整体经济和社会发生动荡，发展到一定的程度就会使这个国家或地区的心理防线被击穿或突破。2003 年美国总统布什宣布对伊拉克开战后，新加坡石油市场原油价格当日应声下跌，油价降至 13 个星期以来的最低水平，亚洲股票市场在得知开战消息后，也普遍出现了下跌行情。随着战争的进行和旧的不确定性的消除和新的不确定性的出现，国际金融和石油市场对战争的反应也不断地出现变化，从而演变出新的行情。从这些行情的涨跌中，我们可以看到战争和安全形势的微妙变化。

台湾某些机构所做的民意调查结果也会显示某些变化。根据台湾“中央大学”台湾经济发展研究中心与宝华综合经济研究院 2004 年 4 月份的联合民调，台湾民众认为未来影响台湾股市最重要的因素，两岸关系的牵动排名第一，其次才是岛内经济景气、岛内政治情势、当局的财经政策①。2004年6月，中国社科院台湾研究所研究员王建民发表文章称“岛内‘台独’势力的发展，会不会引起两岸关系的进一步紧张，大陆会不会对台实施经济制裁或采取军事行动，我们不能确定。若对台实施经济制裁，则台湾经济将会遭受沉重打击。②”这篇假设性文章却引起了台湾当日加权指数狂跌200点，虽然各方对股市下跌原因有不同的解读，有人认为不完全是王建民的文章引起股市的大幅波动，但两岸关系和台海安全形势的好坏会对台湾股市产生影响是不容置疑的事实。由于两岸在实力上存在巨大的差距，同一事件对大陆所造成的心理冲击与台湾相比在程度上往往有很大的不同，台湾的社会心理相对来说更加脆弱，各种经济指数、民调数据的变化更为明显，而大陆民众的心理变化并不是非常明显。这也是台湾当局为什么将“建构心防安全”和“防范心理战”作为“国防安全”建设重要组成部分的原因之一。为了使定量评估更具客观性，笔者将更多地从台湾社会心理受到冲击的角度分析台海安全形势。

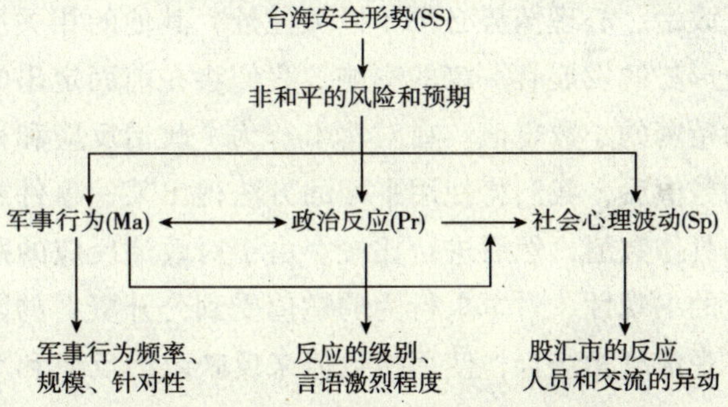

图2-1　台海安全形势评估的变量关系

（二）评估模型的建构

在厘清变量关系后，我们将根据公开的文献资料信息，将两岸所实施的军事行为、所做出的政治反应、对社会心理造成冲击的程度进行赋值处理，将某些具体的事件转化为数值或指数，并根据这些数据和图形建构相应的模型，以分析台海安全形势的变化特征。本章对台海安全形势的评估

① 台湾《中时晚报》，2004年4月30日。

② 王建民：“大陆对台实施经济制裁的可能性不能排除”，中国网，2004年6月3日。

将以年为单位进行，由于在某一年内对台海安全构成影响的事件相当多，各种政策文件的表述方法也各有不同，我们无法穷尽这些事件和政策，因此我们要衡量这一年内哪些事件对台海安全产生影响，遇到的最主要问题是如何选择和使用最有说服力的数值。

笔者的考虑是，每一年内台海安全形势的发展都有高潮和低谷，任何情势对台海安全的影响都有发展到最高峰的时候，我们是否可以从每年的台海安全局势的发展中选择两岸的军事行为最为激烈、两岸政治反应最为强烈和民众社会心理波动最大时的数值来进行衡量，即我们将主要选用某一年中两岸所实施的最大规模、持续时间最长、频率最高的军事行为，以及两岸所做出的最强烈的政治反应，股市、汇市或民调出现的最大波动等数据来为某一事件产生的影响来定出整数的数值范围。这样不仅可以使评估数值的获得相对简单，也能最大限度的使数值分析更接近现实。对于台海安全形势发展没有出现大的波动的年份，我们将根据客观指出和前后年份的对比情况进行评估。

除此之外，任何事件和形势都有一个发展变化的过程，除了在最高峰时候的军事、政治、心理情势必须予以关注外，其他的相关反应和行为同样对台海安全形势的发展有一定的影响，我们将在前面定出的整数值的范围内进行更为精密的小数定值。在对军事行为、政治反应和社会心理波动确定出具体的数值后，我们将使用平均的方法得出某一事件或某一时期台海安全形势的具体数值，然后进行比较。由于对政治反应的赋值将不可避免地带有一定的主观性，对军事行为的赋值受到公开资料的限制，我们将主观判断与客观信息相结合，使用指数值来反映政治反应和军事行为的相对变动。即：

$$SS = (Ma + Pr + Sp)/3$$

其中：SS 为安全形势

Ma 为军事行为

Pr 为政治反应

Sp 为社会心理波动

对整体台海安全形势好坏程度和状态的描述，制定相应的数值衡量标准，设置台海安全形势变化的度量范围，是评估工作的前提。设定此类衡量标准，要符合方便性和有用性原则，如常压下，水的冰点为 0 摄氏度，沸点为100摄氏度①。根据两岸关系和台海安全的历史和现实，我们可以设定安全形势变化的数值范围为0.1—6.0，其中将两岸关系实现正常化，台海两岸之间不存在安全问题设置为0，台海安全最为恶化，即发生战争的情况设置为6，目前两岸尚未结束敌对状态，存在着现实的安全问题，因此数值的选择从0.1开始比较客观。从0.1到6.0之间，笔者将台海安全形势分为战争、冲突、危机、紧张、缓和、改善、突破等七种状态，实现台海安全最理想、最终的状态是和平统一。

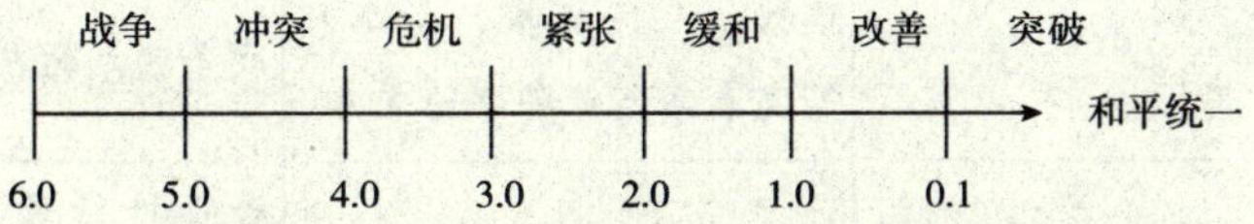

图2-2　台海安全总体形势评估数值标准

除了对整体安全状态进行赋值外，我们还需要对评估台海安全的标准军事行动、政治反应和社会心理波动情况进行相应的赋值。为了同前面的分析相一致，数值的范围同样定在0.1—6.0之间。我们可以根据军事行为的频率、规模、针对性，政治反应的级别、言语激烈程度，以及社会心理波动导致股汇市波动情况、民调数据的变化，制定一个赋值基准表。由于我们无法穷尽所有的言行和反应，只能选择有典型代表性、可考察的部分为参照系进行赋值。

表2-1　军事行为、政治反应和社会心理波动的赋值标准

指数值	军事行为	政治反应	社会心理波动
6.0—5.1	发生有外国势力介入的台海战争；发生台海局部战争；发生小规模的军事冲突	中国国务院、中央军委发布组织实施非和平方式的通告；台湾当局宣布“台独建国”或正式进行“法理台独”活动	台股市、汇市全面崩盘；因战争出现大量难民；两岸交流全面中止；两岸民众认为台海有立即发生战争的危险

① （美）劳伦斯·A.博兰著，王铁生译：《批判的经济学方法论》，经济科学出版社，2000年版，第143页。选摘自阎学通、周方银：“双边关系的定量衡量”，2004年国际关系研究方法讲习班阅读材料。

续表

指数值	军事行为	政治反应	社会心理波动
5.0—4.1	进行临战前的军事调动宣布进入紧急状态；进行战争动员或宣传	中国国家主席、总理等国家领导人发表强硬或表示严正警告的谈话；台湾领导人、行政部门负责人发表强硬谈话；中台办、国台办受权发表重大声明或谈话；人民日报、新华社等发表系列批评评论文章	台股持续最大跌幅2000点以上或单次最大跌幅超过500点；因恐惧而出现大规模移民潮；多数台湾民众主张对两岸交流设限；两岸民众对台海发生战争预期的在1—5年
4.0—3.1	连续进行有针对性的大规模军事演习；进行一定规模有针对性的军事演习或训练；增加和调整有针对性的军事部署	大陆国台办、外交部等机构负责人发表强硬或警告谈话；台“陆委会”、“外交部”等机构负责人发表强硬谈话；对外国势力干预台湾问题表示强烈抗议或愤慨	台股持续最大跌幅下跌1000点或单次跌幅超过200点；出现小规模移民潮；台湾民众对两岸交流持高度保留态度，或主张设限比例升高；两岸民众对台海发生战争预期的在5—10年
3.0—2.1	两岸军事对峙状态加剧；发表与军事演习或其他军事行动有关的谈话；台湾当局大规模购买先进武器装备；维持军事敌对状态	相关机构发表有针对性地反对谈话；提出一般性批评或不满；国台办或“陆委会”发言人发表例行中性谈话；对对方的举动不予置评或重复过去的政策宣示	台股持续最大跌幅500点或单次最大跌幅超过100点；台湾民众对两岸交流持一定的保留态度；两岸民众对台海发生战争预期的在10—20年
2.0—1.1	减少有针对性军事部署；撤销有针对性的军队建制；撤除哨所、前沿阵地；解除戒严或军事管制；停止炮击等军事行动	对对方的政策言行表示部分肯定或赞赏；双方开放和扩大两岸经贸文化领域的民间交流；设立两岸半官方或民间机构进行事务性协商	台股受到的影响微弱；台湾股市反应平淡、正常或不受影响；两岸人员往来正常，没有非正常的人员异动；两岸民众对台海发生战争预期的在20—50年

续表

指数值	军事行为	政治反应	社会心理波动
1.0—0.1	建立起军事互信机制；进行军事互动；两岸结束敌对状态	官方或半官方协商签署共同协议或相关文件；进行政治谈判或正式签署相关协议或文件；两岸通过谈判结束正式敌对状态	台股出现大幅上涨行情；两岸人员往来和各种交流频繁；台湾民众对两岸交流高度期待和信任；民众对台海发生战争预期的在50年以上或认为没有发生战争的可能

说明：

1. “强硬谈话”是指包含“严正警告”、“决不姑息”、“决不妥协”、“绝不坐视”、“玩火自焚”、“不惜一切代价”等词句在内的谈话。

2. 本表中台湾股市的指数波动是指因受到政治、安全或两岸因素影响而出现的非正常波动，不包括纯经济因素导致股市的非正常波动。

第二节　1987年以来的台海安全形势

建构评估模型的目的是为了对台海安全形势进行量化评估，从1979年以来，特别是1987年台湾当局开放民众赴大陆探亲，两岸同胞长期的隔绝状态被打破以后，两岸关系和台海安全形势发生了历史性的变化。同时，台湾岛内局势和国际形势也发生了深刻的变化，特别是台湾当局不断背离一个中国原则，“台独”分裂活动不断升级，给台海安全形势造成了重大影响。笔者将选择1987年后对台海安全有重大和明显影响的事件，并围绕这些事件用上一节所提出的变量评估标准对每年的台海安全形势变化进行评述，以期发现过去十几年中台海安全形势发展的规律和趋势。

一、两岸开放前后的台海安全形势（1988—1991）

在经历了数十年的隔阂之后，上个世纪80年代中期，台湾岛内出现了强烈要求调整大陆政策，结束两岸隔绝状态，松动对两岸关系发展的限制的声音，从1986年底开始，台湾出现了声势浩大的要求返乡探亲的热潮。同年10月14日，国民党中常会通过了开放台湾居民赴大陆探亲的方案，从次年11月2日起，除军公教人员以外的台湾同胞可以经第三地到大陆探亲。1987年7月14日，蒋经国发布命令，宣告台湾地区，包括台湾本岛和澎湖地区，自15日零时起解除戒严，结束了国民党赴台38年来对台岛一直实行戒严的历史。11月，两岸近38年的隔绝状态终于被打破。解严标志着两岸战时状态基本结束，开放探亲则表明台湾当局开始着手调整大陆政策和两岸关系，这些对台海安全形势都产生了重大影响。[①] 其实早在1979年之后，祖国大陆就主动采取了一系列缓和海峡两岸军事对峙状态的行动，停止了对金门等岛屿的炮击，而且将福建沿海的一些前沿阵地、观察哨所开辟为旅游点；台湾当局也相应的采取了停止对大陆炮击等措施，台湾解严和两岸隔绝状态的打破对降低两岸敌意、为长期军事对峙的台海安全形势的进一步缓和带来了机会。

1988年，虽然两岸依然维持着军事上的对峙和敌对状态，但双方都没有采取公开而且直接针对对方的军事行动。两岸在一个中国原则和国家统一的问题上有着共同的坚持，李登辉在2月23日上任后的第一次记者招待会上表示，“中华民国的国策，就是一个中国的政策，而没有两个中国的政策”。祖国大陆对台湾当局采取的开放措施持欢迎的态度，并提出保证来去自由，并尽力提供方便和照顾，同时希望台湾当局采取更加积极的态度。7月，国民党十三大党纲中正式删除了“消灭匪伪政权”的字样。同月，祖国大陆颁布《关于鼓励台湾同胞投资的规定》。从台湾民众来看，两岸隔绝状态的打破是期盼已久的事情，两岸的民间交流在很短的时间内出现了迅猛加速发展的态势，从1987年的3万多人次发展到1988年的45万人次，两岸经香港的间接贸易额达17.21亿美元，这在一定程度上也反映出民众对两岸情势缓和是保持积极乐观的态度。这种状况一直持续到1990年，虽然1989年春夏之交北京发生的政治风波曾一度影响到两岸情势，但幅度并不大，整体来看安全形势没有太大的变化。

1990年，台海安全形势进一步朝着缓和的方向发展，虽然两岸并不能进行直接对话，但已经进行“隔岸喊话”、“间接对话”，两岸的政治互动关系明显增强。[②] 这首先表现在台湾当局打算终止“动员戡乱时期”。5月20日，李登辉在就职演说中表示要“在最短时间依法宣告终止动员戡乱时

① 杨立宪、朱卫东：“试论‘动员戡乱时期’的终止及对两岸关系的影响”，载姜殿铭主编：《台湾一九九一》，中国友谊出版公司，1992年6月版，第270页。

② 余克礼、曹慧：“当前台湾政局演变特点及趋势”，载中国社会科学研究院台湾研究所编：《台湾研究论文集》（第五辑），中国人民大学出版社，1993年3月版，第30页。

期”，并废除“动员戡乱时期临时条款”。终止“戡乱”虽然在很大程度上是出于“宪政改革”的考虑和内外的压力，但对两岸关系和台海局势不可避免地会产生一定的影响。同年11月，“海峡交流基金会”在台北成立，成为台湾当局推动两岸关系发展的半官方性质机构。对台湾当局的做法，祖国大陆予以了积极的回应，1990年9月，杨尚昆在会见《中国时报》记者时表示，“有人要我们从福建退兵三百公里。这是可笑的。我们裁减了一百万军队，又撤销了台湾对面的福州军区。现在那里只剩下为数不多的部队。如果退兵一百公里，我也提一个对等要求，从台北退一百公里，台湾能退到哪里去？现代战争中，几十公里、上百公里的距离飞机几分钟就到。所以这种说法太外行。我们如果对台湾有敌意，有动武意向，那么福建地区绝不会只保留有限兵力，将会有两个、三个、甚至十个军的兵力部署。”① 对于“海基会”的成立，国务院台办也予以正面回应，“对于台湾省的任何团体和个人，只要是真正推动两岸关系的发展，促进直接‘三通’和双向交流，我们都愿意与之接触，进行讨论。我们希望新成立的‘海峡交流基金会’和台湾省其他团体、人士一起，能为此作出贡献”②。同年12月，在全国对台工作会议上，祖国大陆也非常强调降低两岸的敌意和台湾海峡局势的紧张性。

1991年，解冻不久的两岸关系继续在波折中前进。2月，“国统会”通过了“国家统一纲领”，提出“两岸应摒除敌对状态，并在一个中国的原则下，以和平方式解决一切争端，在国际间相互尊重，互不排斥，以利进入互信合作阶段”。4月30日，台湾当局正视宣告终止“动员戡乱时期”，废除“动员戡乱时期临时条款”，不再“将中共视为叛乱组织”。从5月1日起，台军方实行新的口号和歌词，删除了带有对大陆攻击诬蔑性的字眼，同时重新修订“官兵言行准则”，将对大陆党政军的诬蔑性称呼，一律改称“中共、中共当局、共军”等中性字眼。台湾当局的上述举动在客观上有助于两岸降低军事紧张关系，对两岸政治关系的良性互动也有一定的帮助。对台湾当局制定“国统纲领”和终止“动员戡乱时期”，祖国大陆在一定程度上表示了肯定。1991年3月，大陆有关方面负责人发表谈话表示，“国统纲领”主张只有一个中国，中国应当统一，表示同意要

---

① 《人民日报》，1990年11月10日。

② 《人民日报》（海外版），1990年11月27日。

“开放两岸直接通邮、通航、通商”，“推动两岸高层人士互访”，我们对此表示赞赏。[①] 6月，中台办负责人发表谈话，认为台湾当局现在决定终止动员戡乱时期，仍不失为正视现实、降低敌意之举，应当说是一个进步。[②]江泽民总书记在庆祝中国共产党成立70周年大会上也表示，“最近一段时间，台湾当局几次发表主张国家统一的言论，这是值得欢迎的，但是仍未放弃敌视中国共产党的立场，这是令人遗憾的”[③]。祖国大陆还提出了两岸派出代表进行接触，以便创造条件，就正式结束两岸敌对状态、逐步实现和平统一进行谈判的主张。

在两岸军事对峙出现缓和和政治气氛有所改善的情况下，1990—1991年两岸的民间往来异常频繁，台湾民众对台湾安全威胁的担忧也逐渐降低。台湾对大陆的“通商热”、“投资热”、“旅游热”、“探亲热”持续升温，大陆的“台湾热”也热度不减。1990年两岸经香港的贸易总额为40.43亿美元，到1991年增长到57.93亿美元，增幅为43.2%；1991年台商对大陆投资比1990年增加了3亿美元，达15亿美元；1991年到大陆的台湾同胞由1990年的90万人次增加到120万人次。这种频繁往来的局面既是台海紧张气氛缓和的象征，也进一步推动了两岸局势朝着继续缓和的方向发展。根据台湾“国是会议”委托“中华经济研究院”所做的民意调查，51.3%的民众非常赞成或赞成台湾改变不与大陆接触的政策，63.5%的民众认为完全不应该限制民众赴大陆旅游，66.7%的民众认为完全不应限制两岸文化、学术、体育活动的直接交流，72.2%的民众赞成和非常赞成台湾的飞机和船舶直航大陆，50.5%的民众赞成和非常赞成大陆的飞机船舶直航台湾，55.6%的人对中国统一的前景表示乐观和很乐观。[④] 同时，台“国科会”委托“中研院”的民意调查也显示，普遍只有1/3以下的民众认为开放台湾居民或机构到大陆活动会影响台湾安全。由于两岸刚刚开放，多数台湾民众对大陆缺乏了解，当问到开放大陆居民和机构到台湾是否会影响到台湾安全时，回答“是”的民众比例要大于1/3，但也没有超过半数（具体民调结果见表2—2）。

① 《人民日报》，1991年3月16日。

② 《人民日报》，1990年6月8日。

③ 《人民日报》，1990年7月2日。

④ 台湾“财团法人两岸关系文教基金会”：《两岸关系白皮书》，1990年8月20日，第123—127页。

表 2-2　1990 年两岸交流对台湾安全影响的民意调查（%）

下列行为会不会影响台湾安全	会	不会	不知道	未答
台湾居民去大陆设公司或工厂	34.4	36.8	28.8	0.1
大陆在台湾设立公司或工厂	43.6	22.8	33.4	0.3
台湾居民去大陆定居	22.1	44.8	32.6	0.4
大陆居民到台湾生活或定居	47.7	19.5	32.3	0.5
台湾居民去大陆工作	22.5	46.0	31.2	0.3
大陆居民到台湾工作	47.5	20.8	31.4	0.3
出售生产技术给大陆	33.5	36.4	29.6	0.5
从大陆购买生产技术	15.6	53.6	30.3	0.5
台湾在大陆设立官方办事处	18.1	48.9	32.6	0.4
大陆在台湾设立官方办事处	33.8	30.9	32.6	0.4
台湾飞机轮船在大陆靠泊	22.2	47.7	29.7	0.4
大陆的飞机轮船在台湾靠泊	36.4	31.53	31.8	0.3

资料来源：台湾“财团法人两岸关系文教基金会”：《两岸关系白皮书》，1990 年 8 月 20 日，第 111—116 页。

但是，由于两岸长期的敌对，1988 年以来两岸所采取的缓和紧张局势的措施并不能从根本上改变大陆和台湾官方敌对安全关系的性质。特别是台湾当局，虽然认为两岸关系已由对峙进入民间交流的阶段，但依然坚持“两岸敌对的状态仍旧存在，对中共武力犯台的可能性必须提高警觉”①。1991 年，时任“国防部长”陈履安表示，“终止戡乱时期，绝不表示认同中共政权或放弃复国使命，也不表示两岸军事对峙状态就此结束”②。这一时期也是岛内“台独”分裂活动逐步升级、日益猖獗的时期，民进党正式将建立“台湾共和国”列入党纲，对此，祖国大陆多次提出严正警告，要他们不要错估形势，玩火自焚，搞分裂的人从来没有好下场，破坏祖国统一的图谋绝不会得逞。同时要求他们悬崖勒马，立即停止“台独”活动，并表示如果他们置若罔闻，一意孤行，继续进行

① 台湾《中央日报》，1991 年 3 月 5 日。
② 台湾《台湾日报》，1991 年 7 月 27 日。

分裂民族、出卖国土的勾当，中国政府不会坐视。[①] 对此台湾当局的认知是“中共以台独叛乱为不愿放弃用武的借口，我们在对待台独活动的问题上，也应考虑避免予人以口实”[②]。这些都说明，1991 年前两岸紧张关系的缓和是有限度的，仅限于降低敌意和扩大民间交流，此外，海峡两岸都已经感受到“台独”分裂势力的“台独”活动可能会严重威胁到台海地区的和平与安全。

二、“汪辜会谈”前后的台海安全形势（1992—1994）

1992 年到 1994 年是台海安全形势总体上继续朝着缓和方向发展的几年，但其中也有由于李登辉开始背离一个中国原则、美国等国家对台军售而出现了复杂的局面。1992 年，李登辉和郝柏村亲自下令台“国防部”评估和调整军事战略，用淡化进攻性，凸显防卫性的“空中防卫、海上防卫、陆上防卫”战略理念取代了“制空、制海、反登陆”的提法。这一战略从某种程度上说是正视台海两岸军事实力的对比，顺应台海安全形势发展的新变化而提出的。虽然台湾当局在“国防报告书”中指责大陆“授意作战参谋部门不断研拟各种解放台湾作战方案，并配合多次实兵演习来威胁台湾安全”[③]，但这仅仅只是从军事层面所做的判断，这些方案或演习并没有公开发布，在很大程度上带有例行性，并不说明大陆有意升高台海紧张局势，用武力手段解决台湾问题。其实在 1992 年“国防报告书”中提到大陆“武力犯台”的七种情况中，台湾当局也只是认为“台独”最具危险性和可能性，因为大陆领导人绝不能容忍台湾“独立”于中国之外，而且“台独”可能造成台湾内部动乱而削弱台湾的防御能力。由此可见，防范大陆的“武力攻台”是台湾当局的一项长期战略考虑，只要不实施现实的有针对性的军事行为，就不会对短期内的台海安全形势造成重大影响。

1992 年对台海安全带来最大负面影响的事件首推两起对台军售案。9 月 2 日美国布什政府决定向台湾出售 150 架价值约 69 亿美元的 F—16 战斗机。美国的这一举动当即引起了中国政府的强烈反应，外交部副部长刘华

---

① 《人民日报》，1991 年 10 月 10 日；1991 年 10 月 15 日。

② 台湾《台湾新生报》，1991 年 8 月 14 日。

③ 台湾“国防部”主编：《中华民国八十一年国防报告书》，台湾黎明文化事业股份有限公司，1993 年 1 月版，第 10 页。

秋第二天就紧急召见美国驻华大使，向美国政府提出最强烈的抗议，并表达了中方对此事的震惊和愤慨。《人民日报》也发表评论员文章指出，布什政府妄称售台 F—16 战斗机“有助于台湾海峡地区的和平与稳定”，这完全是颠倒黑白、欺骗世人的。如人们所知，台湾海峡目前的缓和局势，主要是中国政府和海峡两岸人民努力的结果。布什政府在售台武器上严重升级，恰恰是在本来平静的台湾海峡制造紧张气氛，严重损害了本地区的和平与稳定。① 11 月 18 日，法国达索等公司同台湾签署出售 60 架幻影 2000 战斗机合同，再次引起中国政府的极大愤慨，外交部副部长田曾佩同样向法国政府提出了最强烈抗议，中方还采取了严格控制中法两国副部长级以上人员的往来；立即关闭法国驻广州总领事馆等措施。两起军售案助长了台湾当局“以武拒统”的决心，对台海安全形势的长期影响无疑是消极的，但中国政府在军售问题上斗争的最主要对象是美国和法国，在维护两岸关系和台海局势缓和方面表现出了极大的克制，并没有因此升高台湾海峡的紧张局势，依然对台湾当局表现出善意，两岸在一个中国原则等政治问题上达成共识。

虽然 1992 年以后李登辉开始强调不能盲目坚持一个中国，自我设限，并提出“中国暂时处于分裂状态，由两个政治实体，分治海峡两岸”，但在台湾当局有关规定和文件中，“一个中国”依然是核心的法理架构。江泽民总书记在 1992 年 12 月还对国民党发表声明表示坚持一个中国，绝不让“台独”和“一中一台”的企图得逞，并要“逐步达成国家统一之目标”的立场表示赞赏，认为这有助于遏制把台湾从中国分裂出去的势力滋长，有利于维持岛内局势的稳定，有利于发展海峡两岸关系和中国的和平统一事业。② 在台湾当局制定“两岸人民关系条例”后，祖国大陆对条例中采取的一些放宽两岸交流交往限制性的措施表示是“客观上有利于交流和往来，应于必要的肯定”，当然也对其中一些不合时宜和歧视性、敌视性的规定，表达了“不赞成”的态度。1992 年 10 月 28 日至 30 日，海协会和海基会在香港举行商谈，就两岸事务性商谈中如何表述一个中国原则的问题进行了讨论。双方最终达成“海峡两岸都坚持一个中国的原则，努力谋求国家的统一。但在海峡两岸事务性商谈中，不涉及‘一个中国’的

---

① “恶化中美关系的严重步骤”，《人民日报》，1992 年 9 月 5 日。

② 《人民日报》（海外版），1992 年 12 月 16 日。

政治涵义”的共识。“九二共识”是两岸关系发展中的一个重要里程碑和历史坐标，以此为基础，两会在1993年进行了务实对话与谈判，台海安全局势也朝向前所未有的缓和方向发展。

1993年4月27日，海协会会长汪道涵和台湾海基会董事长辜振甫在新加坡举行了“汪辜会谈”，这是1949年以来两岸高层人士以民间名义公开进行的最高层次的会谈，会谈取得了成功，达成了《汪辜会谈共同协议》和《两会联系与会谈制度协议》等。在“汪辜会谈”的基础上，两会从1993年8月到1995年1月，分别于1993年8月在北京、11月在厦门、12月在台北，1994年3月在北京、7月在台北、11月在南京先后举行了六次副秘书长级的商谈，于1994年2月在北京、8月在台北、1995年1月在北京先后举行三次两会负责人会谈。① 虽然两会商谈的性质虽然被定位在“民间性、经济性、事务性和功能性”的范围，商谈过程中也遇到不少问题和困难，特别是台湾当局想通过事务性商谈体现“两岸分裂分治”的政治目的造成商谈难以取得实质性紧张，但两会的频繁接触和沟通对两岸关系整体氛围的改善明显是有积极意义的。

1993年8月，祖国大陆发表《台湾问题与中国的统一》白皮书，台湾当局立即发表题为《对中共“台湾问题与中国的统一”白皮书的看法—只有“中国问题”没有“台湾问题”》的回应文件，虽然双方的文件中都表现出了一定的强硬立场，但并没有对两岸关系的发展产生严重的消极影响。当时台湾“陆委会”和国民党高层均表示，两岸有关的态度表达文件系在互动过程中，有高潮有低潮的政策现象，文件中并没有情绪性、攻击性的文字，对两岸正在进行的会商不会有影响；不能视为两岸关系倒退的指标，相信这两份文件不至于阻碍两岸关系长远的发展和趋势。② 这一时期，两岸军事对峙的局面进一步缓和，除了偶尔发生的一些台湾军方对大陆渔民开枪开炮的事件以外，台湾海峡的和平安全局面正在逐步形成。③ 1994年，中国大陆在关注岛内分裂倾向和外国反华势力进一步利用台湾问题对中国进行牵制与遏制的同时，也对两岸形势做出了“有利于两岸关系

① 中共中央台办、国务院台办：《中国台湾问题》，九洲图书出版社，1998年9月版，第161—163页。

② （台湾）《青年日报》，1993年9月17日；台湾《中国时报》1993年9月18日。

③ 中共中央台办、国务院台办：《中国台湾问题》，九洲图书出版社，1998年9月版，第87—88页。

发展与和平统一的因素在增长”的判断。[①]

三、李登辉访美前后的台海安全形势（1995—1997）

1995年是两岸关系发展大起大落的一年，也是台海安全形势从1979年以来发生最大转变的一年，前半年依然持续着前几年的缓和、发展的局面，但后半年两岸开始出现多年不见的军事对立的紧张气氛，并且一直持续到1996年。1995年1月30日，江泽民主席发表了题为《为促进祖国统一大业的完成而继续奋斗》的讲话，讲话中提出八项主张，包括两岸可“先就在一个中国的原则下，正式结束两岸敌对状态进行谈判”，并表示“努力实现和平统一，中国人不打中国人”，“欢迎台湾当局的领导人以适当的身份前来访问”，“也愿意接受台湾方面的邀请，前往台湾”等等。江泽民的八项主张立即在岛内引起广泛关注，绝大多数媒体都以“理性而有正面意义”、“不可错失历史契机”来给予高度评价，时任台“副总统”的连战也表示“两岸签订和平协定的时机已经成熟”。4月8日，李登辉在“国统会”上发表“六点正式回应”，除了坚持“分裂分治”立场以外，在两岸交流等方面也表示出了积极的姿态。两会也在积极准备将于7月20日在北京举行的第二次“汪辜会谈”。当时有学者认为，随着大陆相关部门提出具体落实八项主张的措施，台湾社会各界对两岸关系进一步发展的期待也开始回升，两岸关系因而出现了前所未有的缓和气氛，并展现了喜人前景。[②]

但两岸关系缓和的好形势却被李登辉到美国进行“私人访问”而破坏，引发了两岸在政治、外交、军事上的尖锐对立，造成了台海地区局势的严重紧张。1996年6月7—12日，李登辉到美国访问，并在康奈尔大学发表《民之所欲、长在我心》的演讲，不断强调“中华民国在台湾是一个主权独立的国家”，表示“中华民国未能获得国际社会应有的外交承认”，因此要“尽全力向不可能的事务挑战”，并期盼此次访美能够为“两国的合作开创新机”。虽然李登辉声称访美不会造成两岸关系的恶化，美国也一再表示没有违背“一个中国”政策，但中国政府认为，李登辉访美是将

---

① 中共中央台办、国务院台办：《中国台湾问题》，九洲图书出版社。1998年9月版，第87—88页。

② 王升：“1995年海峡两岸关系述评”，载于姜殿铭主编：《台湾一九九五》，九洲图书出版社，1996年6月版，第7页。

台湾当局在国际上制造“两个中国”的活动推到了高峰，如果不制止这股逆流，一个中国原则将面临挑战。[①] 从6月开始，中国政府同台湾当局和美国政府在外交、政治、舆论和军事等各个领域进行了坚决斗争，台海地区出现了1979年以来最为紧张的局势。在各种斗争中，对台海安全有着最直接影响的是从1995年7月到1996年3月，中国政府在台湾海峡和台湾附近海域进行了四次有针对性的军事演习。

中国人民解放军于1995年7月21日至26日在台湾东北方向彭佳屿以北65海里的地区进行了六枚地对地导弹发射演习。8月15日至25日，解放军又在台湾附近的海域和海域上空进行了导弹、火炮的实弹射击演习。1995年11月下旬，人民解放军南京战区陆海空部队在闽南沿海地区再次举行了三军联合作战演习。1996年3月8日至15日，解放军向距离台湾岛基隆港东面20—40海里和距离高雄港西南方向30—150海里的海域，进行四枚地对地导弹发射训练。3月12日到20日，人民解放军在附近厦门以南至广东汕头一线进行了海空实弹演习。3月18日至25日，人民解放军在台湾海峡北部西侧进行了大规模的陆海空联合演习。虽然期间台湾当局也曾声称这些军事演习“是例行的演训活动，国人不必受中共例行性和常态性演习活动的影响”，[②] 但这一系列有明显针对性的演习还是被岛内舆论称为1958年以来“中共对台湾采取的最激烈的军事行动”，实际上“对台湾实行了准封锁行动”。美国政府虽然认为“不存在中共出兵或进攻台湾的迫在眉睫的威胁”，但也承认“台湾海峡的紧张局势加剧”。

在大陆进行导弹试射和海陆空实弹演习期间，台湾社会和民众心理出现了很大的波动，股市、汇市等金融市场都出现了动荡的局面。特别是1996年3月的演习期间，位于金门和马祖的驻军频频演习、基隆港等军港的军舰调动频繁、沿海山丘驻点开始部署防空武器、各空军基地的飞机频繁起降、民用飞机航班改道等等都直接导致了民众心理的紧张不安，许多居民开始逃离距离导弹训练海域附近地区，有些城市甚至举行模拟战时食物配给演习；新一波的移民潮也开始出现，不少民众纷纷以投资移民的方式，向北美、澳洲移民；无法办理移民的民众很多也购买机票到国外暂

---

① 中共中央台办、国务院台办：《中国台湾问题》，九洲图书出版社，1998年9月版，第112页。

② 朱延智：《台湾安全》，台湾幼狮文化事业股份有限公司，2000年12月版，第64—65页。

避，机票开始变得一票难求。

由于台湾当局表示不排除在台海局势进一步紧张的情况下停止股汇市交易的可能性，投资者开始大量抛售股票、挤兑外汇、抢购粮食和黄金。股票市场几近崩盘，1995 年 7 月 19 日，在大陆宣布进行导弹发射训练的当天，台湾股市应声下跌 229 点；从 8 月份开始，台湾股市累计跌幅超过千点，股市从过去每天 500 亿—600 亿元的成交量锐减到 200 亿元左右。台湾当局不得不紧急抛出 3000 亿股的稳定基金入场购买 70 亿新台币的股票，台“央行”也准备投入数百亿的外汇储备稳定新台币的汇率。黄金价格在几天内上涨了 20%—30%，1996 年 3 月 6 日一天民众便挤兑了 5.1 亿美元。社会心理的巨大波动影响到台湾民众的消费心理、投资环境和整体经济状况。根据台湾有关部门的统计，从 1995 年 7 月到 1996 年 3 月的演习期间，台湾的资金外流达 3000 亿台币，制造业以 2.88% 的成长率创 1988 年以来的最低纪录，民间消费从 8% 的成长率跌至 5%，也是 1986 年以来的最低纪录，经济增长率也由演习前的 7% 分别降低到 6%、4.9% 和 5.8%。[①] 与台湾的社会心理波动巨大相比，大陆社会和民众心理相对平稳安定，股市并未有太强烈波动，同期一些与台海局势有关的概念股票如厦门机场等反而出现了大幅上涨的现象。

台海地区出现前所未有的紧张局势，并非祖国大陆对李登辉访美的过度反应，而是看到了李登辉背后隐藏着危险的“台独”图谋。大陆已经意识到李登辉与“台独”出现了合流的迹象，访美可能意味着其“台独”主张得到美国的支持，因此必须采取措施予以遏制。在李登辉访美后《人民日报》和新华社发表的一系列评论员文章中，就提到李登辉已经撕去“主张一个中国”的伪装，以前提出的“分裂分治”等很多论调“实质上都是‘台独’的变种”，李登辉实际上是“台独”的保护伞和总后台，正是他对“台独”的纵容和庇护，才使得岛内的“台独”势力迅速膨胀，“台独”活动日趋猖獗。[②] 美国斯坦福大学国际安全与军备控制研究中心研究员薛理泰就认为，“大陆以连续的军事演习向台湾、美国等方面传递了强烈的讯息，一旦‘台独’成了气候，大陆必定不惜兵戎相见，并且可能在

① 朱延智：《台湾安全》，台湾幼狮文化事业股份有限公司，2000 年 12 月版，第 64—65 页。

② “一篇鼓吹分裂的自白”，《人民日报》，1995 年 7 月 24 日；“台独的保护伞和总后台”，《人民日报》，1995 年 8 月 3 日。

无法避免的最坏情况下同其国际后台进行一番较量，目前仅仅是高手过招，点到为止”。①

在祖国大陆开展反分裂、反“台独”斗争的过程中，虽然台海地区出现了紧张局势，但却为维护台海地区的长久和平稳定起到了很好的作用。李登辉不得不对其政策主张进行策略性调整，表示“根本没有必要，也不可能采行所谓‘台独’路线”，并多次提到“追求国家统一”；主张“台独”的民进党也进行了政策调整，并开始考虑淡化“台独”色彩和务实转型的问题，包括美国在内的国际社会也意识到“台独”可能导致台海危机的现实可能性，两岸关系和台海局势通过这场斗争后开始重新趋于稳定。1997 年，两岸关系总体上显得比较平静，虽然两岸政治僵局未能突破，但两岸虽围绕政治谈判问题空中喊话明显增多。台湾当局在一个中国的问题上有了一些新的表态，“陆委会”官员开始提出“两岸主权共享、治权分属”和“如果北京方面考虑‘台湾加上大陆等于中国’的文字表述一个中国原则，我方愿意接受”等说法。为了缓和并改善两岸关系，大陆再次提出两岸就政治谈判的程序性安排进行磋商，并认为政治谈判应以结束两岸敌对状态作为突破口，这样可以为两岸关系的发展创造良好的安全环境。②大陆的这样建议使得政治谈判再次成为岛内的热门话题，舆论几乎众口一词地呼吁台湾当局对大陆的建议“予以积极而正面的回应”③。据台湾《联合报》1997 年的民调显示，赞成两岸进行和谈的民众人数由两年前的 33% 增加到 42%，反对的人数由 45% 下降到 35%。同年底，《中国时报》所进行的民也调显示，约有 3/5 的民众希望两岸能够尽快进行官方谈判。这表明台湾民众在经历前两年的台海危机后，普遍希望两岸能够早日通过政治谈判结束敌对状态，从根本上消除台海地区再次出现不稳定不安全局面的根源。

四、“两国论”前后的台海安全形势（1998—2000）

1998 年的两岸关系延续了 1997 年朝着改善方向发展的趋势，祖国大

---

① 香港《中国与世界》（双月刊），1996 年 6 月号。

② 孙升亮：“海峡两岸关系的现状及发展趋势”，载余克礼主编《台湾研究论文集》，中国人口出版社，2003 年 10 月版，第 105 页。

③ 孙升亮：“海峡两岸关系的现状及发展趋势”，载余克礼主编《台湾研究论文集》，中国人口出版社，2003 年 10 月版，第 105 页。

陆继续提出两岸的政治谈判问题，并认为两岸长期处于敌对状态，政治分歧迟迟不能解决，这是两岸关系的真正危险，而政治谈判已经成为消除两岸关系中的危险因素，创造和平安宁的台海局势所不容回避的问题。在国台办主任陈云林的新春寄语中，就明确提到“从全局意义上说，在经历了十几年两岸关系发展的历程以后，特别是经历了1995年6月到1996年3月这段不平常的历程之后，两岸关系继续发展的要害问题已显露无遗。今后，两岸关系要继续稳定发展，必须要进行政治谈判，这是大势所趋，已经客观地提到议事日程上了”①。钱其琛副总理在纪念江泽民八项主张三周年的讲话中也指出，台湾当局应当认识到，经过反分裂反“台独”斗争后，两岸关系已经发生了重大而又深刻的变化，今后两岸关系要继续稳定发展和良性互动，必须通过政治谈判，共同承担维护中国主权和领土完整的义务。同时，祖国大陆在对当时两岸关系和台海局势进行分析后研判，“台湾当局迫于各种压力，在某些重大问题的表态已不得不有所调整，两岸政治谈判的可能性较以往有所增加”②。

在提议进行政治谈判的同时，海协会开始着手安全重开两会经济性、事务性议题的商谈。海协会分别于1998年2月24日、3月11日、3月26日三度致函海基会，就恢复两会协商、邀请辜振甫访问大陆等事宜提出建议。在大陆释出善意的情况下，台湾当局的立场也有所调整，表示“只要有助于两岸和平发展和统一的议题，都可以一步步提出来展开沟通和对话”，“不排除任何议题的沟通和对话”，“事务性协商与政治对话可以不分段区隔同时进行”。此外，台湾当局还重申了“协商并签署两岸和平协定、结束敌对状态”的态度，并提出了一些属于结束两岸敌对状态等政治问题的主张。虽然两岸政治谈判因为台湾当局“分裂分治”、“两个中国”的政治立场而未能进行，但却使得两岸接触和谈判的形势活跃起来，并为第二次汪辜会晤的实现创造了条件。10月14—19日，海基会董事长辜振甫应邀率团访问大陆。大陆认为，这是两岸政治对话迈出的第一步，为两岸关系的进一步改善营造了必要的气氛，也为两会未来的接触、交流、对话创造了新的条件。第二次“汪辜会晤”结束后，为了推动两岸政治对话进程

---

① 陈云林：“发展两岸关系是我们共同的愿望”，《两岸关系》，1998年第1期，第5页。

② 陈云林：“在纪念江泽民主席《为促进祖国统一大业的完成而继续奋斗》发表三周年座谈会上的发言”，《两岸关系》，1998年第2期，第8—9页。

及两岸关系发展，祖国大陆在1999年上半年积极安排汪道涵访台，但却遭到台湾方面的刻意阻挠。5月份，李登辉发表《台湾的主张》，鼓吹要把中国分成七块各自享有“充分的自主权”的区域。7月9日，他在接受“德国之声”采访时称两岸是“国家与国家，至少是特殊的国与国的关系”，台海局势再次骤然紧张。

“两国论”出台后，祖国大陆立即做出了异常强烈的反应，无论是反应的级别、反应的频率还是言语的激烈程度都是近20年来前所未有的。7月12日，中台办、国台办发言人发表谈话，谈话中不仅指责李登辉“再一次暴露了他一贯蓄意分裂中国的领土和主权、妄图把台湾从中国分割出去的政治本质，与‘台独’分裂势力的主张沆瀣一气，在分裂祖国的道路上越走越远”，还“严正警告台湾分裂势力，立即悬崖勒马，放弃玩火行动，停止一切分裂活动”①。16日，国台办主任陈云林也强烈抨击“两国论”是“倒行逆施的做法”，实际上已使两岸沟通、交流、对话和谈判的基础不复存在②。国家主席江泽民在7月18日同美国总统克林顿的电话中明确表示，“在台湾问题上，我们不承诺放弃使用武力。原因很清楚，台湾岛内和国际上都有一股企图把台湾从祖国分裂出去的势力。如果出现搞‘台湾独立’和外国势力干涉中国统一的情况，我们绝不会坐视不管”③。20日，国台办负责人根据事态的发展再次发表谈话，表示“李登辉分裂祖国的行径，已经严重危害了台湾的社会稳定，冲击了台湾的经济发展，导致了两岸关系的恶化和紧张，是极其不得人心的”，同时指出，“目前特别值得注意和警惕的是，台湾分裂势力正企图按照‘两国论’修改台湾地区的所谓‘宪法’和‘法律’，以所谓‘中华民国’的名义实现‘台湾独立’。这是一个更加严重和危险的分裂步骤，是对和平统一的极大挑衅。如果这一图谋得逞，中国和平统一将变得不可能”④。在台湾“陆委会”发表“对特殊国与国关系论书面说明”后，国台办负责人再次予以严正驳斥，并用异常严厉的语气“正告李登辉，坚持‘两国论’，诡称‘特殊两国论’，就是挑战中国的主权和领土完整，挑战台湾同胞的切身和长远利

① 《人民日报》（海外版），1999年7月12日，第1版。
② 《人民日报》（海外版），1999年7月16日，第1版。
③ 《人民日报》（海外版），1999年7月19日，第1版。
④ 《人民日报》（海外版），1999年8月5日，第1版。

益，挑战亚太地区的和平与稳定，必将受到历史的严惩”①。针对李登辉将“特殊两国论”写入国民党文件作为其大陆政策的指导方针的做法，中台办负责人指出，这种“霸道做法”在分裂祖国的道路上又迈出了危险的一步，是“在葬送国民党的前途，更是将台湾人民一步步地推向战争的深渊”②。9月11日，江泽民在会见克林顿时再次指出，“李登辉抛出‘两国论’就是要破坏台湾海峡的和平局面，破坏两岸关系的发展，破坏中美关系的改善并且危及亚太地区的和平与稳定。事实证明，李登辉是麻烦制造者，是改善中美关系的绊脚石”③。

在政治上做出强烈反应的同时，台海地区的军事局势也出现了紧张的迹象。中央电视台《新闻联播》连续播出中国人民解放军四总部和各大军区通过座谈会、讨论会、演讲会的形式对“两国论”进行抨击和批判的新闻，解放军官兵纷纷表示坚决反对“台独”、愿意参加任何遏制“台湾独立”的军事行动。海内外媒体也不断出现“南京和广州军区的空军最近加强了低飞训练”。“驻福建部队已进入一级战备状态，导弹部队已在前线布防，苏—27等先进机群频频转场”，“福建军队也从内地向沿海开进，部分战斗机已被增派至沿海”的报道。据《解放军报》8月8日报道，驻南海的中国海军陆战队正在演练渡海作战，空军地对地导弹和第二炮兵部队也正在加紧演练。虽然有些报道未经证实，演习也并没有明确的针对性，但演习的特定背景不得不引起岛内民众和国际社会对台海局势恶化的普遍忧虑。对此，美国助理国防部长帮办坎贝尔8月4日表示，台海局势已亮起黄灯，处于潜在的危险时期。一个月后，据新华社图文报道，中国人民解放军于9月在东海和南海举行了渡海登陆作战联合军事演习。这被认为是自李登辉发表“两国论”以来，新华社首次报道大陆举行的大规模军事演习。

“两国论”导致台海局势的紧张再度让台湾民众感到心理恐慌，台北股市1999年7月16日出现崩盘局面，八大股几近全面跌停，收盘时加权指数报收7411.58点，重挫506.46点，市场跌幅高达6.39%，为台北股市历史上第八大单日下跌点数。“两国论”出台一周内，股价指数总计下跌

① 《人民日报》(海外版)，1999年8月5日，第1版。
② 《人民日报》(海外版)，1999年9月1日，第1版。
③ 《人民日报》(海外版)，1999年9月12日，第1版。

1184点，跌幅达13%，股票市值缩水500亿美元，相当于台湾GDP的五分之一，人均损失2000多美元。台湾期货市场16日也以全面跌停作收，全部成交口数是6945口，是开市以来的最大下跌幅度。新台币也急剧贬值，16日中午暂以32.299元兑1美元作收，较前日贬值2.9分，成交金额2.42亿美元。8月5日，坎贝尔对台海局势发表评论后，台北股市又应声下挫151.07点，跌破7000点心理大关，成交金额萎缩为新台币584.53亿元；6日又跌136点，以6823.52点收盘。至此，台湾股市由7月12日的8500高点处跌落，共跌去1600多点，此后台湾当局调动各大基金进场护盘，银行团也迫于压力大量购股，才终于使股市止跌回升。

虽然中国政府进行了一系列反“台独”的斗争，但两岸关系发展的形势在2000年初依然十分严峻，和平统一面临着重大威胁，斗争的焦点逐渐集中于坚持还是背离一个中国原则问题上。除了李登辉的“两国论”继续发酵以外，岛内的“台独”势力并没有放弃“台湾独立建国”的幻想，参加2000年台湾地区领导人选举的候选人中依然有人坚持“两国论”和“台独”理念。为了巩固20年来两岸关系发展和反“台独”、反分裂斗争的成果，进一步反对“台独”和遏制岛内分裂势力，阻止外国势力干涉台湾问题，2000年2月21日，中国政府发表了《一个中国的原则与台湾问题》白皮书，提出“三个如果”，即“如果出现台湾被以任何名义从中国分割出去的重大事变，如果出现外国侵占台湾，如果台湾当局无限期地拒绝通过谈判和平解决两岸统一问题，中国政府只能被迫采取一切可能的断然措施、包括使用武力，来维护中国的主权和领土完整，完成中国的统一大业”。白皮书还表示“决不容忍、决不姑息、决不坐视任何分裂中国的图谋得逞”。针对台湾“总统”选举中出现的复杂形势，时任国务院总理的朱镕基坚定地表示，“不管谁上台，绝对不能搞台湾独立，任何形式的台湾独立都不能允许”，“谁要搞台湾独立，谁就没有好下场”、“中国人民要以鲜血和生命捍卫统一”。当时国民党陆工会主任张荣恭表示，这是大陆对“台独”势力发出空前的、最强硬的警告，宣示了两岸和、战的底线。台湾多家媒体发表评论指出，朱镕基对“台独”动向发出前所未有的强烈警告，对“台独”人士应已提出最后通牒。

《一个中国的原则和台湾问题》白皮书和朱镕基的讲话引起了台湾民众对岛内“台独”势力进行“台独”分裂活动可能导致两岸局势恶化的忧虑。台湾的股市、汇市再次遭到重挫。虽然台湾当局花数千亿元成立“国家安定基金”，并在“中央银行”的配合下进场大力干预，但并不能挽回股汇市的下跌趋势（具体数据见表 2－3）。特别是在朱镕基总理记者招待会的第二天，台湾股市一开盘就下跌 167 点，在买盘不敢进场的情况下，指数一度狂跌 381 点，跌破半年线关卡。这种跌势一直延续到陈水扁当选台湾地区领导人后，3 月 20 日，台湾股市有 717 种股票跌停。据统计，在 2000 年台湾地区领导人选举期间，由于对有“台独”背景的候选人当选可能引发两岸局势紧张的恐惧，台湾民众抢购美元、改存外币存款、汇出外资的现象激增，造成美元流入银行比平时少 2/3 以上，银行卖出的美元却高出平常的 2—3 倍①。

表 2－3 2000 年 2 月 22—23 日与 3 月 16、20 日左右台湾股汇市变化

时间	股市指数变化	新台币汇率变化（分）	汇市成交量（新台币）
2 月 22 日	－180.74	－8.4	128 亿
2 月 23 日	－89.67	+0.6	168 亿
3 月 16 日	－242.91	－1.4	182 亿
3 月 20 日	－227	－2.5	445 亿

资料来源：台湾《工商时报》、《经济日报》，2000 年 2 月 22 日、23 日；3 月 16 日、20 日。

陈水扁当选后，祖国大陆从维护台湾同胞和中华民族的根本利益出发，从尊重台湾民众民主权利出发，并没有针对陈水扁个人表达强烈反对的立场。国台办在声明中表示“任何形式的‘台独’，都是绝对不允许的。对台湾新领导人我们将听其言观其行，对他将把两岸关系引向何方，拭目以待”。针对吕秀莲接受香港媒体采访时的“台独”言论，国台办发言人用严厉的语气批判“她是一个极端的、不可救药的‘台独’分子”，而且“数典忘祖”、“寡廉鲜耻”，“早已沦落为地地道道的民族败类”②。在陈水扁“5·20 讲话”中表示坚持“四不一没有”之后，中台办、国台办受权

① 刘佩修：“央行：呼吁民众理性因应汇市”，（台湾）《工商时报》，2000 年 3 月 20 日。

② 《人民日报》，2000 年 4 月 8 日。

发表声明，在表示“拭目以待”，希望台湾当局新领导人“审时度势，顺应历史潮流”的同时，就台湾当局有人顽固坚持“台湾是主权独立国家”的分裂立场，企图把台湾从中国分割出去表示，“这是分裂国家、危害人民的严重罪行，将不可避免地破坏台湾的社会安定、经济发展，在两岸同胞之间和台湾同胞内部挑起冲突，将危及台湾海峡及亚太地区的和平，损害包括台湾同胞在内的全中国人民的根本利益”。台湾当局领导人“四不一没有”的承诺和祖国大陆“听其言、观其行”的政策暂时消除了台海地区由于“台独”导致非和平方式使用和军事冲突的现实可能性，但民进党当局对“台独”分裂立场的坚持使两岸的紧张态势并没有改变，祖国大陆和国际社会对台湾当局可能进行的“台独”分裂活动保持着高度警惕。

台湾民众对民进党上台后的台海形势也抱持高度的不信任和不安全感，海内外媒体报道的一些未经证实的大陆军事活动都对台湾社会和民众心理产生了一定的冲击，这种冲击直接反映在股汇市的变化上。2000 年 5 月 22 日，香港《太阳报》报道福建沿海的部队人数已经达到 80 万，两天后，股市盘中传出解放军将于 5 月 25—31 日在泉州湾进行火炮实弹演习，虽然台“国防部”强调只是例行演习，但原本有机会止跌反弹的股市终场下跌 170 点。7 月 25 日，香港《星岛日报》报道，大陆决定 8 月中旬在福建、广东沿海等地，进行三军联合演习，虽然台“行政院长”唐飞表示这是“不实消息”，但股市依然在此后一段时间一路下跌，从 8000 多点一直下挫到 7000 多点①。10 月，据新华社、《解放军报》报道，10 月 13 日至 16 日，中国陆、海、空三军在位于北京燕山脚下的主场和分别位于内蒙古、渤海、东北某地的 3 个分场同时举行了全军大规模科技练兵成果汇报演示。这次演习是自 1964 年全军军事大比武以来，演练层次最高、涉及范围最广、运用技术最新的大规模全军性科技练兵。16 日，国务院新闻办公室发表了《2000 年中国的国防》白皮书，重申了“三个如果”，并强调，“台湾独立”就意味着重新挑起战争，制造分裂就意味着不要两岸和平；中国人民解放军决不容忍、决不姑息、决不坐视任何分裂祖国的图谋得逞。在这种情况下，虽然台湾当局不断放出利多消息刺激股市，但由于台海局势不确定所带来风险依然是投资人需要考量的重要方面之一，因此，只要对民进党当局是否会搞“台独”的疑虑不消除，台湾股市就很难有大

---

① 朱延智：《台湾安全》，台湾幼狮文化事业股份有限公司，2000 年 12 月版，第 67—68 页。

的起色。

五、"一边一国"论前后的台海安全形势（2001—2002）

2001 年台海安全形势相对平静，两岸都很少有针对性军事活动的报道，但两岸关系始终潜伏着危机。年初，台湾当局进行了一系列的政策调整，在元旦讲话中，陈水扁提出"统合论"，表示要"从两岸经贸与文化的统合开始着手"来共同寻求"两岸永久和平、政治统合的新架构"。元月 2 日，台湾当局开放金门、马祖和福建的厦门、马尾之间实施直航，即所谓的"小三通"。2001 年 8 月，台湾召开"经济发展咨询委员会议"，正式达成以"积极开放、有效管理"取代"戒急用忍"的政策；同年 11 月，"行政院"完成"落实大陆投资'积极开放、有效管理'执行计划"，"积极开放，有效管理"正式成为台湾当局两岸经贸政策的主轴。这些政策虽然依然是重重设限，但由于祖国大陆经济的强劲增长和务实的政策，使之客观上发挥了有利于两岸经贸关系与民间往来持续升温，并继续保持快速发展的作用。在经济、民间关系热络发展的同时，两岸在坚持一个中国原则还是搞"台独"分裂问题上的斗争依然尖锐和激烈。特别是台湾当局不断鼓吹"台湾是一个主权独立的国家"，拒绝接受一个中国原则，否认"九二共识"，在政治、文化、社会、教育、历史等多个领域推动"渐进式台独"，才使得两岸关系紧张的根源始终存在，而且随时有可能被推向危险的边缘。

对岛内的"台独"势力，祖国大陆不断提出严正警告，在纪念江泽民八项主张六周年的座谈会上，国台办主任陈云林就表示，"分裂不得人心，台独一定挑起战争"，"当前台独分裂势力还很猖獗，仍然值得两岸同胞高度警惕。我们要警告台独分裂势力，立即停止一切图谋的台独分裂活动"。同时，陈云林语气稍微缓和地提出，"我们要求民进党改变'台独'分裂立场，废除'台独党纲'。我也希望曾经主张'台独'，但如今已认识到'台独'是一种绝对不能实现的幻觉，而且势必给台湾同胞带来立即灾难的民进党人，放弃'台独'主张。[①]"在台湾当局否定"九二共识"、蓄意扩大两岸政治分歧的情况下，大陆并没有放弃和台湾同胞一起改善两岸关

---

① 陈云林："在江泽民主席《为促进祖国统一大业的完成而继续奋斗》重要讲话发表六周年座谈会上的讲话"，《两岸关系》，2001 年第 2 期，第 6—7 页。

系的努力。中央授权海协会同认同“九二共识”、反对“台独”、主张发展两岸关系的台湾各党派、团体和代表性人士开展交流与对话，讨论稳定与发展两岸关系，推动两岸直接“三通”事宜[①]。祖国大陆这样做的一个重要考虑是虽然台湾当局拒不接受一个中国原则，否认“九二共识”，增加了两岸关系的复杂性，增加了和平统一的难度，但围绕台湾问题的两岸关系基本格局和发展趋势并没有发生根本性的改变[②]。

在大陆和台湾同胞的共同努力下，2001年的台海局势并没有给民众心理带来不确定的冲击。2001年岛内出现了1949年以来最大规模的移居大陆特别是移居上海的热潮。截至2001年底，上海及周边地区台湾同胞常住人口已超过30万，其中，50%以上表示满意当地的生活，14%的人明确表示想拥有祖国大陆护照。12月台湾《天下》杂志民情调查显示，岛内民众考虑移居大陆的比例达到21.1%，比去年同期成长了12.4%。在2001年，台湾民众认同“一国两制”的比例有所上升，3月，台湾“陆委会”公布民调显示赞成“一国两制”的比例达到16.1%，创台“官方”历次相关民调的最高纪录。6月份，台湾TVBS、《中国时报》和《联合报》民调的比例分别为31%、29%和33%，这些都在一定程度上反映出民众对台海情势好转和祖国大陆处理两岸关系的信心。

台海局势整体平静的态势一直延续到2002年上半年。5月9日，陈水扁到大担岛访问，声称两岸要“秉持善意的和解、积极的合作，来共同追求两岸永久的和平，打开两岸和解的机会之窗”。他还表示“两岸关系的正常化是台海永久和平的基础，两岸关系的正常化必须是从经贸关系正常化开始做起，这个政策目标不会退缩也不会改变”；“两岸必须重启协商的大门，方能减少误会及误判，复谈的第一步就是先行互访，8月1日以后，将推动执政党中国事务部主任率团访问中国大陆，以促进彼此的了解与政党的和解”；“两岸三通是必走的一条路，而小三通是大三通的第一步，扩大小三通造福金马地区的民众乃是当务之急”等。6月4日，陈水扁再次重申，两岸关系正常化的第一步，就是要维持两岸经贸关系的正常化，而两岸关系要能正常化，“三通”议题则是无可避免与逃避的。但上述讲话

① 台湾工作年鉴编委会、两岸关系杂志社编：《台湾工作年鉴（1989—2002）》，九州出版社，2004年4月版，第21页。

② 台湾工作年鉴编委会，两岸关系杂志社编：《台湾工作年鉴（1989—2002）》，九州出版社，2004年4月版，第9页。

还未来得及对台海形势产生积极影响，7月21日，陈水扁的讲话出现重大逆转，指责“海峡的对岸从不放弃对台湾的武力威胁和国际打压”，声称“如果我们的善意无法得到中国相对的响应，我们要思考是否要走自己的路、走咱台湾的路、走出台湾的前途”。8月3日，陈水扁公然抛出“一边一国”论，声称“台湾是一个主权独立的国家，简言之，台湾跟对岸中国一边一国，要分清楚”，并提出“要认真思考公民投票立法的重要性和迫切性”。

“一边一国论”被大陆认为是陈水扁彻底暴露了其“台独”分裂的本质，于是继20世纪90年代两场反“台独”、反分裂斗争后的又一次重大政治斗争开始了，台海局势再次发展到了危险的边缘。国台办发言人发表谈话表示，这是“对包括台湾同胞在内的全体中国人民的公然挑衅，也是对国际社会公认的一个中国原则的公然挑衅，必将对两岸关系造成严重的破坏，影响亚太地区的稳定与和平”，“是将台湾引向灾难”，谈话还严正警告台湾分裂势力，不要错判形势，立即悬崖勒马，停止一切分裂活动。①《人民日报》、《两岸关系》等也发表了《危险地挑衅》、《玩火者必自焚》、《危险的赌博》等多篇评论员文章，指责陈水扁把两岸关系再次推向紧张对抗的危机之中，是要将2300万台湾人民的前途、安全与“台独”火药库绑在一起，是陈水扁将自己的个人私欲与民进党的“台独”主张强加给台湾民众，以他们的身家性命为赌注进行的政治冒险。②

虽然大陆并没有公开报道或证实对“一边一国论”而采取的有明确针对性的军事行为，但陈水扁当局为了煽动“大陆武力威胁”，替“一边一国论”背书，刻意凸显和营造台海不安全和两岸紧张的氛围。9月8日，陈水扁在大溪召开“三芝会议”，对大陆遏制“台独”的军事部署，陈水扁声称“中共飞弹对台湾人民造成的恐惧和威胁，早已超过恐怖攻击的极限，本质上与恐怖攻击十分类似，已经严重影响台海安全与亚太地区的稳定”。他还具体指出大陆“部署在台海沿岸的战术飞弹共计四百枚”，“其中江西192枚，福建208枚，并且以每年约50枚的数量增加”，大陆将“对台施行‘超限战’策略，在无预警情况下，以快速全面攻势，利用‘第五纵队’、巡弋飞弹、核磁脉冲、生化武器、网路骇客等方式，对台基

① 《人民日报》，2002年8月6日。

② 《人民日报》，2002年8月7日；《两岸关系》，2002年第9期。

础设施、指挥管制系统、政治、经济、金融中心予以破坏，借以瓦解台湾军民意志”。为了替“台独”壮胆，台湾军队在2002年一共举行大小演习200多次，其中重大演习80多次，虽然多为“汉光”、“联兴”、“万安”、“金锤”、“神剑”等例行演习，但这一年演习的规模和批次都大大超出以往。台湾当局的这些言行在客观上使台海地区笼罩上了一层紧张色彩。

除此之外，港台媒体对各种未经证实或没有针对性军事活动的报道也在岛内引起了一定的恐慌。8月5日，香港《文汇报》刊登一篇文章，分析台湾一旦宣布“独立”，大陆将如何攻台。第二天便有台湾媒体予以转载。台湾媒体报道说，福建、广东等地的民兵曾在军方的协助下进行了“大规模的演习”，主要演练内容是“配合大部队直接渡海登岛作战”。大陆《海峡之声》广播电台发布了一篇中国海军驻福建某部正在台湾海峡进行一场实战对抗演练的普通报道，虽然明确表示演练的目的是贯彻海军新的训练大纲要求，检验新一代武器装备和战术研究成果用于实战的效果，同时达到锤炼部队、提高战斗力的作用，但是有台湾媒体却表示上述消息“极不寻常”，“显然是在向陈水扁发出严重警告”。台湾媒体还根据来自香港的“消息”，总结出人民解放军今年演习的四个特点：第一是地点分散，在东南沿海的一些海岛、海域进行，没有像过去一样“只集中在某一地点”；第二是规模庞大，参与三军联合演习的官兵超过10万人；第三是战略重点在东南沿海，主要训练抢滩登陆；第四是战术上更强调跨军区、跨省市、多兵种协同作战，军区间互相增援，同时也加强了预备役部队、民兵组织的演练。①

台湾社会和民众对“一边一国论”造成两岸关系恶化的忧虑远比大陆可能的军事活动来得更快，各种金融投资市场是“血流成河”，投资人信心几乎完全崩溃。台湾股市8月5日一开盘就大跌236点，虽然台湾当局不断进行政策喊话试图灭火，但台股依然全日下跌284.22点，跌幅达5.77%，收盘指数为4636点，成交值仅为新台币463.99亿元，收盘时总计跌停家数高达452家，上市股票市值损失近5000亿新台币，创下2001年“9·11”事件以来的单日最大跌幅。除股市外，汇市也大受引向，期货市场跌势不止，现货市场更是一片惨绿。8月5日，新台币汇市早盘就出现恐慌性抢购美元的大量买盘，以1美元兑33.723元新台币开出后持续

① 《环球时报》，2002年9月26日。

贬值，开盘15分钟就大贬2.57角，为33.980元兑1美元，直逼34元大关。虽然台“中央银行”紧急进场调节抛汇，使汇率有所回升，但全天仍贬值1.02角。台湾社会和民众在大陆并没有做出激烈反应前就出现恐慌心理在很大程度上证明了他们对台海局势不稳定的主要担忧是来自于“台独”言行，而并不是台湾当局所宣称的“大陆武力威胁”。

六、2004年台湾“大选”前后的台海安全形势（2003—2004）

在大陆“一边一国论”进行坚决斗争后，台湾当局陷入四面楚歌的境地，陈水扁不得不摆出缓和的姿态。在2003年元旦讲话中，他表示要“致力于两岸关系的稳定”，并重申所谓“善意和解、积极合作、永久和平”的原则；以及“在和解、合作与和平的前提之下，不会片面改变以‘四不一没有’为主轴的各项承诺”。同时陈水扁提出两岸要建立“和平稳定的互动架构”，“创造经济发展的共同利基，营造长期交往的良性环境；作为第一步可以从协商和推动两岸直航及相关的经贸议题着手，为双方文化与经济进一步的交流提供条件，进而使两岸能够在既有的基础及渐进的互信之上，秉持‘民主、对等、和平’的原则，共同来处理更长远的问题”。8月13日，陈水扁表示将在2004年3月大选之后排除各项政治障碍，让直航谈判顺利展开，并提出两岸关系的“一个目标”（即建立和平稳定的互动架构）和“三个阶段”（即准备、协商、实现）。在大陆认为陈水扁已经充分暴露“台独”野心的认知下，这些言论已经于事无补，难以给处于紧张的两岸关系带来缓和的局面。

随着2004年台湾地区领导人选举的临近，出于竞选的需要，陈水扁开始变本加厉地抛出其“台独”主张，严重恶化了两岸关系，台海局势空前严峻，逐步走向了危机的边缘。陈水扁一度将“一边一国”对一个中国作为选战的主轴，针对大陆发表挑衅性的言论，声称“台湾是主权独立国家，不是别人的一部分、地方行省，更不是别人的特别行政区”，表示“‘台湾，中国，一边一国’的基本立场绝无让步空间”，“一边一国是民进党的党魂，绝不收回”，叫嚣“坚持‘一边一国’就是为了对抗一个中国原则，避免台湾被中国吞并”，说2004年的选举是“台湾人民与共产党的圣战”。而且，从5月份开始，陈水扁不断发表鼓吹“公投”的言论，连续提出推动“台湾加入世卫组织”的“公投”，针对“核四”和其他公共议题的“公投”等。11月，台“立法院”通过“公投法”，陈水扁随即利用其中的漏洞提出“要求中国撤除导弹，公开宣示放弃对台动武”的“防御性公投”。除此之外，“台湾正名”、“公投制宪”等主张都浮上台面，9月28日，陈水扁宣称要在“已经独立的主权国家基础上，进行历史性的宪政改造工程，于2006年完成一部新宪法”，2008年正式实施。这被大陆很多学者和舆论认为是“台独时间表”。同月，“台独”势力纠集10万人举行“台湾正名大游行”；10月，民进党和“台联党”联手在高雄举行近20万人参加的“公投制宪”大游行。虽然陈水扁声称不会搞“统独公投”，不少人也认为这些是可以不必当真的“选举语言”，但上述明显带有“台独”痕迹的举动却很难不被中国大陆认为是非常严重的“台独”挑衅活动。

大陆对陈水扁上述举动的判断是“如果在此之前，陈水扁是将‘台独’目标化整为零，以蚕食的方式小步快跑的策略推动‘渐进式台独’的话，那么，近2个月来，他已经加快走向‘台独’分裂的深渊的边缘”①。国台办负责人11月17日专门就陈水扁当局通过“公投立法”进行“台独”分裂活动发表谈话，批评陈水扁当局的冒险行径，“正在一步步地把台湾同胞拖向危险的深渊”，并正告陈水扁当局“不要再欺骗、愚弄台湾民众，必须悬崖勒马，立即停止利用‘公投立法’进行分裂国家的罪恶活动”；“任何人试图把台湾从中国分割出去，必将遭到包括台湾同胞在内的13亿中国人民的迎头痛击”。国台办发言人张铭清在随后的新闻发布会中也提到“过去‘台独’分裂活动没有法律依据”，这次陈水扁企图利用“公投制宪”为“台独”和分裂活动制造法律依据，是往“台独”方向又走了非常危险的一步；而“台独”的时间表就是我们反“台独”的时间表，“台独”活动的猖獗迫使我们不得不采取行动反对“台独”。张铭清还明确表示，如果台湾通过不设限的内容，为“台独”制造法律依据的内容，我们将会毫不犹豫地做出强烈反应，他还两次重申了温家宝总理所表达的“不惜一切代价维护祖国统一的立场”②。

进入2004年，台海地区紧张严峻的局面不断加剧，陈水扁当局愈演愈烈的“台独”分裂活动，进一步将两岸关系推向危险的边缘，直逼两岸关

---

① “编辑部吹风”，《两岸关系》，2003年第12期，第4页。

② “国务院台办就台湾当局推行‘公投立法’举行新闻发布会”，《两岸关系》，2004年第1期，第21页。

系的“底线”，已经严重危及到台海和平与亚太地区的稳定。事态的严重性让两岸民众和国际社会包括美国政府意识到如果陈水扁继续进行“台独”冒险，台海地区的紧张局势很可能超越政治层面，发展成为新一轮的军事危机。在祖国大陆、台湾民众和国际社会的共同努力下，陈水扁的“台独”锋芒不得不有所收敛。2004 年 3 月 20 日，台湾“总统”选举结束，岛内发生了激烈的抗争活动，国台办发言人发表谈话表示，“如果台湾局势失控，造成社会动荡，危及台湾同胞的生命财产安全，损害台海地区的稳定，我们将不会坐视不管”。5 月 17 日，中台办、国台办授权发表声明，指出“当前两岸关系形势严峻。坚决制止旨在分裂中国的‘台湾独立’活动，维护台海和平稳定，是两岸同胞当前最紧迫的任务”。声明以严厉的语气表示，“现在，有两条道路摆在台湾当权者面前：一条是悬崖勒马，停止‘台独’分裂活动，承认两岸同属一个中国，促进两岸关系发展；一条是一意孤行，妄图把台湾从中国分割出去，最终玩火自焚。何去何从，台湾当权者必须做出选择。中国人民不怕鬼、不信邪。在中国人民面前，没有任何事情比捍卫自己国家的主权和领土完整更为重要、更加神圣。我们将以最大的诚意、尽最大的努力争取祖国和平统一的前景。但是，如果台湾当权者铤而走险，胆敢制造‘台独’重大事变，中国人民将不惜一切代价，坚决彻底地粉碎‘台独’分裂图谋”。“5·17 声明”被不少台湾媒体认为是大陆对陈水扁当局发出的最强烈的警告讯号。《中国时报》认为“非战即和的两个选项”进一步压缩了台湾寻求统独模糊的空间，未来两岸硬碰硬的局面似乎很难避免。东森新闻网指出，声明表明大陆对陈水扁的不信任，甚至连“不怕鬼、不信邪”等用语都用上了，显然是“对台独下达最后通牒”。在陈水扁就职演说之后举行的新闻发布会上，国台办发言人表示，5·17 声明中对两岸情势的判断仍然具有强烈的现实意义和针对意义，台海局势紧张的根源并未消除，影响亚太地区和平稳定的隐患依然存在。

台海地区的紧张态势并没有因为陈水扁的连任而有丝毫的缓解，反而随着年底“立委”选举的临近进一步加剧。8 月，陈水扁当局开始推动“公投入宪”；11 月，陈水扁声称，“中国如果逼人太甚，干脆把‘九二共识’、‘一国两制，交‘公投’决定”；他重申要在三、四年内“终结中国宪法”，在 2008 年离任时实施“台湾新宪法”。他还在“双十讲话”中鼓吹“台湾是一个主权在民、享有充分自由与人权的国家，土地面积三万六千平方公里”，“中华民国的主权属于两千三百万台湾人民，中华民国就是台湾，台湾就是中华民国，这是任何人都不能否定的事实”。他还攻击大陆的“武力的威胁是台海之间最大的‘恐怖阴影’和‘黑暗势力’”，不仅直接威胁着台海和平的现状，更是区域稳定与世界安全的最大隐忧。对这样的情势，大陆发出的警告信号也越来越清晰，国台办副主任王在希8月强调，“台独”没有和平，分裂没有稳定。如果陈水扁误判形势，顽固坚持“台独”立场，甚至铤而走险制造“台独”重大事变，我们将采取一切必要手段，来捍卫国家主权和领土完整。① 越来越多的学者认为台湾当局和“台独”势力很可能孤注一掷，以圆“台独建国”梦，因此“台独”势力不除，台湾海峡随时可能出现大风暴，危害两岸人民，危害亚洲及世界和平。② 海内外的舆论也不断出现台湾是否会成为第二次世界大战后最大的火药桶、台海地区是否会发生局部战争、美国是否会卷入台海地区的军事冲突等问题的讨论。

在岛内的“台独”分裂活动日益升级，两岸政治关系日趋严峻和复杂的同时，为了体现以最大的诚意、尽最大的努力，维护台海和平与发展，发展两岸关系的决心，中国大陆在进行反对和遏制“台独”的同时，也提出了不少有利于两岸交流和局势缓和的主张。2003年12月17日，国务院台办发表《以民为本、为民谋利、积极务实推进两岸“三通”》的政策说明书。在“5·17声明”中，大陆方面也提出两岸关系可以展现和平稳定发展的七项光明前景，其中包括“建立军事互信机制、共同构造两岸关系和平稳定发展的框架”、“建立紧密的两岸经济合作安排”、“妥善解决台湾地区在国际上与其身份相适应的活动空间问题”等。但这些有积极意义的政策主张由于台湾当局坚持“台独”分裂立场而未能实现，并没有从根本上改变台海地区紧张严峻的局势。

不断紧张的台海形势对台湾民众的心理影响是持久的，很多人开始担心“台独”引发台海军事冲突和非和平方式的现实可能性。根据台湾《联合报》的民调，2004年2月大选之前，如果陈水扁连任，35.79%的民众认为两岸关系会变得更坏。5月份的民调再度显示，36%的民众认为过去四年两岸关系恶化，47%认为没有变化，只有7%觉得有进展。而根据国民党针对“公

① “反独促统共谋两岸稳定与亚太安全”，《两岸关系》，2004年第9期，第9页。
② “台独是台海局势的最大危险”，《两岸关系》，2004年第11期，第5页。

投”在2004年1月所做的民调，52.86%民众担心“公投”问题处理不好时，恐怕将引发两岸军事冲突。2004年5月，台湾“陆委会”公布大选后的首份民调显示，84.4%的台湾民众主张维持现状，要尽快独立的只有3.3%，为历史新低；而认为当局对台商到大陆投资的限制应该要较松一些的有27%，则是创下历年新高。据《联合报》民调结果，对于陈水扁在“立委”选战中提出的所谓“正名、制宪”主张，只获得29%民众的认同，超过50%的人不支持这样的诉求。这些都充分反映出民众对“台独”可能导致台海局势紧张的忧虑和不认可。此外，在对两岸关系有重要影响的时刻，台湾股市还是一如既往地出现一些非正常的波动。在2003年11月，台湾“立法院”表决“公投法”前一天，台湾股市遭逢全面卖压，为了避免“公投法”出台后指数大跌，投资人在表决之前纷纷退场观望，使当天股市终场收低2.05%，大跌120.04点至5740.57点，接近两个月来的最低点。2004年的“5·17声明”发表后，台湾股市再度出现恐慌性卖盘，指数全场狂跌294.96点，跌破5500点，再创2004年新低。

七、《反分裂国家法》出台前后的台海安全形势（2005）

在台湾当局和岛内“台独”分裂势力变本加厉地进行“台独”活动的同时，祖国大陆开始考虑使用法律的手段来遏制“台独”的可能性。2004年5月9日，温家宝总理访问英国期间，同英国华侨华人、旅英学者、留学生代表座谈时，“全英华人华侨中国统一促进会”会长单声提出，在目前“台独”势力猖獗的情况下，建议国家尽快制定“统一法”。温家宝当即表示会认真考虑这一建议。5月12日，在国台办例行新闻发布会上，发言人李维一在回答台湾记者有关大陆方面会否制定“国家统一法”的提问时表示，各方面人士和团体有关促进祖国统一的建议，包括以法律手段促进祖国统一，中国政府都会认真考虑并予以采纳。12月17日，十届全国人大常委会第26次委员长会议将《反分裂国家法（草案）》列入十届全国人大常委会第13次会议议程草案。12月25日，在十届全国人大常委会第十三次会议上，《反分裂国家法（草案）》首次提请全国人大常委会会议审议。2005年3月14日，在十届全国人大三次会议闭幕会上，《反分裂国家法》以2896票赞成、0票反对、2票弃权获表决通过。

在了解祖国大陆将审议《反分裂国家法》之后，台湾当局的“陆委会主委”吴钊燮2004年12月表示，如果“大陆执意推动反分裂国家法，是为武力侵犯台湾、片面改变台海现状，找寻合法化的借口，将会是不智的举动”；“陆委会”高层也声称，大陆用这种片面立法的方式，定位两岸关系，远比军事威吓台湾更严重。台湾当局相关单位已高度注意事件，设立了因应小组。① 在《反分裂国家法》通过当天，“陆委会”发表声明，指责“中共不顾台湾民意坚决反对，以及国际社会的质疑、关切与批判，蓄意进行片面改变现状的非和平手段立法，威胁台海区域和平与稳定”。3 月 16 日，陈水扁发表谈话，声称“由于中共片面制订改变台海现状的反分裂法，引发区域的紧张以及国际的骚动，更对原本趋于缓和的两岸关系造成严重的负面影响”。他还鼓吹“非和平的乌云笼罩在台海上空，我们每一个人都不能够置身事外”，要求民众参加 3 月 26 日举行的大游行。②

虽然台湾当局不断指责大陆制定《反分裂国家法》造成了台海局势的紧张，影响到趋于缓和的两岸关系，实际上台海安全形势并没有因为该法的出台而恶化。2004 年底以来，虽然反对“台独”分裂势力及其活动的斗争仍然严峻、复杂，但两岸关系中出现了一些有利于遏制“台独”分裂活动的新的积极因素，台海紧张局势出现了某些缓和的迹象。泛绿阵营在“立法委员”选举中的失利使“台独”势力想通过“立法院过半”来进行“台独”活动遭遇挫折，陈水扁不得不抛出“朝野协商”、“政党和解”等议题，试图同在野党在某些议题上寻求妥协。2005 年 2 月 24 日，“扁宋会”达成“十项共识”，其中包括“依照‘中华民国宪法’所揭橥的国家定位，与目前在事实与法理上的现况”，“现阶段两岸关系的最高原则应为遵守‘宪法’、维持现况，共创和平。在两岸和平的前提下，陈水扁在其任期内不宣布独立、不更改‘国号’、不推动两国论入宪、不推动统独公投、不废除国统纲领与国统会”；“宪改推动，不涉及国家主权及领土、台海现况的改变，并依宪法规定的程序进行修改”等客观上有利于缓和台海局势的内容。

从两岸关系的互动来看，经过两岸民航业者的务实协商，两岸就春节台商包机的业务性安排等问题达成共识。2005 年 1 月 29 日，随着国航和华航的两架民航客机在北京和台北同时起飞，期盼已久的 2005 年台商春节包机正式拉开序幕，海峡两岸民航业 56 年的隔绝就此打破。此前一天，政协主席贾庆林在纪念江泽民八项主张发表 10 周年的大会上，首次阐述了新

① 凤凰卫视 2004 年 12 月 18 日消息。

② 台湾东森新闻网，2005 年 3 月 14 日；3 月 16 日。

一届中国政府对当前台海局势的基本看法及对两岸关系重大问题的政策主张。2月1日，海峡两岸关系协会会长汪道涵先生的个人代表、国台办副主任、海协副会长孙亚夫、秘书长李亚飞抵达台湾对前海基会董事长辜振甫表达悼念。3月4日，国家主席胡锦涛就新形势下发展两岸关系提出了四点意见，表示“对于台湾任何人、任何政党朝着承认一个中国原则方向所作的努力，我们都欢迎。只要承认一个中国原则，承认‘九二共识’，不管是什么人、什么政党，也不管他们过去说过什么、做过什么，我们都愿意同他们谈发展两岸关系、促进和平统一的问题。我们希望台湾当局早日回到承认‘九二共识’的轨道上来，停止‘台独’分裂活动。只要确立了一个中国的大前提，我们对任何有利于维护台海和平、发展两岸关系、促进和平统一的意见和建议都愿意做出正面回应，也愿意在双方共同努力的基础上寻求接触、交往的新途径”。胡锦涛还希望“台湾当局领导人切实履行2月24日重申的‘四不一没有’的承诺和不通过‘宪改’进行‘台湾法理独立’的承诺，通过自己的实际行动向世人表明这不是一句可以随意背弃的空话”。上述政策主张受到了两岸同胞的欢迎，对两岸关系的缓和起到了很大的作用。

《反分裂国家法》出台后，虽然台湾当局在主观上刻意营造两岸关系形势因为这部法律而出现紧张的氛围，但客观上台海局势并没有因为《反分裂国家法》而恶化。中国政府在出台《反分裂国家法》的过程中，广泛征求了各界的意见，并对该法出台的背景、必要性、可行性、内容都进行了详细地说明和解释，即制定这部法律的背景主要是因为近一个时期以来，台湾当局加紧推行“台独”分裂活动，妄图利用所谓“宪法”和“法律”形式，通过“公民投票”、“宪政改造”等方式，为实现“台独”分裂势力分裂国家的目标提供所谓“法律”支撑，改变大陆和台湾同属一个中国的事实，把台湾从中国分裂出去。因此，“台独”分裂势力分裂国家的活动，日益成为两岸关系发展和祖国和平统一的最大障碍，成为台湾海峡地区和平稳定的最大威胁。大陆一直强调，这部法律是为了反对和遏制“台独”分裂势力分裂国家，促进祖国和平统一，维护台湾海峡地区和平稳定，维护国家主权和领土完整，维护中华民族的根本利益。

从台湾的股市和汇市来看，3月14日《反分裂国家法》通过之后，第二天台湾股市下跌48.72点，比“两国论”、“一边一国”和“公投法”等几次下跌的幅度大大降低。当天新台币兑美元汇率先升后贬，终场以1美元兑30.832收盘，小贬1.2分，成交量10.7亿美元。但在3月15日，台湾“行政院长”谢长廷在“立法院”答询时表示，大陆通过《反分裂国家法》，主观解释决定要不要“打仗”，台海现状已经改变，和平受到威胁，两岸目前不是现在马上战争，但处于“有战争之虞”的状态。他还毫无根据地说：“对岸随时都可能发动战争，哪天他们管导弹的兵情绪不好，就会把按钮按下去攻击台湾，我们会很危险。”此言一出，股市立即卖压笼罩，台股加权指数大跌92点，以6063.48点作收，指数破月线下探季线。上述情况表明，台湾投资者对《反分裂国家法》通过本身的担忧有限，反倒是台湾当局刻意营造紧张情势的做法对民众心理的冲击更大。

第三节　台海安全形势的规律和趋势

上一节我们对1987年两岸开放以来的台海安全形势进行了回顾和分析，下面将运用第一节所建构的模型对台海安全形势进行赋值并量化评估，这样不仅可以看出台海安全形势变化的基本规律和趋势，并且可以找出台海安全形势缓和或恶化的初步原因。

一、1987年以来历年台海安全形势的数值分析

根据表2－1的赋值标准，我们可以对1987年以来的历年来两岸针对台海安全形势采取的军事行为、做出的政治反应和对民众心理的波动情况进行赋值。虽然具体数值在一定程度上带有主观判断的因素，但笔者尽可能做到接近客观现实。赋值计算后大体上可以得出下列结果（见表2－4）：

表2－4　1987年以来历年台海安全形势赋值分析

年份	军事行为指数（Ma）	政治反应指数（Pr）	社会心理波动指数（Sp）	安全形势指数（SS）	安全状况
1987	2.1	1.8	1.6	1.83	缓和
1988	2.1	1.6	1.3	1.67	缓和
1989	2.0	2.4	1.3	1.90	缓和
1990	1.2	1.3	1.2	1.23	缓和
1991	1.2	1.2	1.1	1.16	缓和

续表

年份	军事行为指数（Ma）	政治反应指数（Pr）	社会心理波动指数（Sp）	安全形势指数（SS）	安全状况
1992	2.1	1.0	0.9	1.33	缓和
1993	1.2	0.8	0.8	0.93	改善
1994	1.2	0.8	0.8	0.93	改善
1995	3.3	4.2	3.8	3.76	危机
1996	3.8	4.2	3.9	3.96	危机
1997	2.2	2.3	1.8	1.76	缓和
1998	2.1	1.2	1.6	1.63	缓和
1999	3.0	4.7	4.2	3.96	危机
2000	2.8	3.6	3.1	3.16	危机
2001	2.4	3.5	1.6	2.50	紧张
2002	3.5	4.2	3.3	3.66	危机
2003	3.4	4.0	2.2	3.20	危机
2004	3.4	4.1	2.1	3.20	危机
2005.3	3.2	2.0	1.6	2.26	紧张

根据表 2－4 所得出的数值，我们可以描绘出 1987 年以来台海安全形势的变化趋势图如下：

台海安全形势变化趋势图

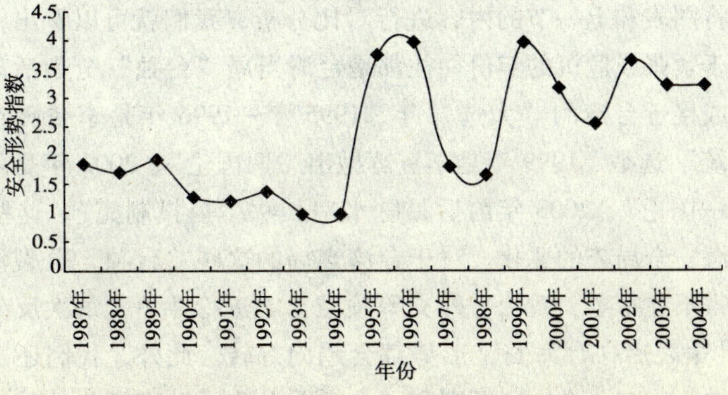

二、台海安全形势发展变化的规律与趋势

从台海安全形势的赋值分析和变化趋势图来看，1987 年以来的台海安全形势呈现以下的规律和趋势。

第一，过去 18 年的台海安全形势的稳定性不高，1999 年以来的台海安全形势比两岸开放之初更加严峻，一直处于紧张与危机之中。

从 1987 年台湾当局开放大陆探亲到 1995 年之前，台海安全形势相对稳定，基本上是处于缓和与改善的范围内，应该说是相对安全的。但李登辉 1995 年访问美国之后，台海安全形势开始出现大幅波动，在 1996 年和 1999 年曾经接近危机的顶点，如果当时形势继续恶化，不排除演变成为军事冲突的可能性。1999 年之后，台海安全形势一直处于紧张或危机的状态之中，特别是 2002 年之后的台海安全形势一直徘徊在危机的边缘，之所以没有达到 1996 年和 1999 年的程度，主要是祖国大陆没有采取类似 1995—1996 年的大规模的公开宣布的有针对性的军事演习，在一定程度上降低了台海紧张局势的现实危险性。从 1995 年以后的台海安全形势变化来看，已经连续三次每隔 3—4 年台海地区就出现一次危机或紧张局面，这种周期性的不稳定规律值得在预测今后台海安全形势时注意。此外，我们还可以从曲线图中发现，台海安全形势只有处于“改善”和“缓和”的范围内，才有可能保持一定时期的稳定；一旦台海安全形势趋向危机或紧张，则容易在短期内出现大起大落的不稳定局面。

第二，台海地区安全形势的好坏与“台独”分裂势力活动的程度有着密切的关系，大陆所进行的反“台独”反分裂有利于台海地区的安全与稳定。

如果将图表和上一节的内容进行对比分析，我们就可以看出，台海安全形势处于紧张或危机的年份往往都是台湾当局“台独”分裂活动特别猖獗的年份或接近台湾的“大选”年，1995 年—1996 年是李登辉到美国访问和“总统”选举、1999 年是李登辉抛出“两国论”、2002 年是陈水扁抛出“一边一国论”、2003 年前后是陈水扁鼓吹“公投制宪”，这些都直接导致了台海安全局势的恶化。对于台湾当局的这些“台独”分裂活动，祖国大陆不得不在军事、政治、外交等领域与之进行斗争，每次反分裂、反“台独”斗争之后，台海安全形势都会趋向好转。此外，我们还发现，在台湾当局进行背弃一个中国原则和“台独”分裂活动有所收敛的年份，台

海安全形势往往比较缓和。这些都表明，“台独”分裂活动是导致台海安全和稳定受到威胁的最根本原因，大陆所进行的反“台独”、反分裂斗争是有利于台海和平与稳定的维持的。

第三，从短期来看，台海安全形势由紧张、危机突然发展到缓和、改善或者冲突、战争的可能性不大，基本上在“危机”与“改善”之间运行，安全形势的变化尚在可控制的范围之内。

从曲线图中我们发现，过去 18 年里，台海安全形势变化一直控制在“危机”、“紧张”、“缓和”、“改善”四种范围之内，并没有达到取得“突破”或发展成为“冲突”、“战争”的范畴，这表明无论是台海安全形势的好转还是恶化都是有一定的限度，有很多因素制约着台海安全形势难以从根本上得到突破，也难以发展到兵戎相见的程度。从当前的情势来看，台海安全形势经历 2004 年的高度紧张之后开始出现缓和的迹象，只要台湾当局不再在“台独”问题上进行挑衅，滋生事端，台海安全形势就可能继续朝着缓和，甚至是改善的方向发展。

第三章　两岸对台海安全的认识落差

在对1987年以来的台海安全形势的发展变化进行判断和评估之后，本章我们将具体分析大陆和台湾在关系到台海安全的诸多问题上的认识落差。这些认识上的差异直接影响到两岸各自安全战略的制定，以及军事战略和“国防”政策的发展方向。两岸对台海安全的认识在很多方面都存在着落差，但最主要表现在三个方面，即台湾当局的“主权”定位和到底什么是台海两岸的“现状”，威胁台海安全的根源是什么，以及实现台海安全的途径有哪些。产生这些认识落差的原因是多方面的，既有历史的原因，也有现实的原因，有客观的因素，也有主观的考虑，像第二章中所分析整体安全环境、两岸综合实力对比、安全政策的解读、互动互信机制的建立等都会对两岸认识台海安全产生影响。笔者将在描述和分析两岸对台海安全认识落差的同时分析两岸产生这些认识分歧的理论根源、历史原因和现实影响。

第一节　对两岸“主权”与“现状”的解读

矛盾的观点是我们分析社会政治现象和解决问题的一个基本方法。50多年来，海峡两岸一直处于军事对峙和政治对立的状态，到目前为止僵局还没有出现从根本上缓解的迹象。在两岸关系的诸多矛盾之中，两岸对“主权”定位的认识差异和对两岸关系“现状”的不同解读涉及到双方的核心利益，是两岸之间的主要矛盾，也是关系到台海地区和平与稳定的最直接、最根本的问题。

一、两岸对“主权”定位的认识差异

对一个国家或政府来说，最核心的安全利益是维护国家领土和主权的完整。现代国际法上的国家是由主权、领土、人口、政府四个要素组成的，主权是其中最重要的要素，是判定是否构成国家的关键性因素。主权包括对内的最高统治权和对外独立自主权，它具有排他性、自主性和完整

性三大特征。两岸50多年来在主权问题一直存在着中国的“主权”归属、中国大陆是否对台湾拥有“主权”、台湾是否“主权独立”等涉及到“中国”和“台湾”的主权定位等问题的争议。特别是在台湾是否拥有“独立主权”和“中华民国”的“主权”是否消亡的问题上，两岸之间存在着尖锐的矛盾和对立。主权对大陆和台湾来说都是双方最根本的利益，涉及到双方政权合法性、国家的统一、台湾的前途以及包括台湾同胞在内的两岸人民的命运，双方妥协的余地很小，是影响两岸安全关系最关键的因素之一，在某些时候甚至对台海地区的和平与稳定有着决定性的影响。

1949年，国民党当局败逃台湾，中国共产党在北京建立中华人民共和国，废除“中华民国”的国号，宣布“中华民国”已经消亡。新政权在国内大力清剿国民党的残余势力，建立人民民主的新政权机构。在外交上，毛泽东提出“另起炉灶”和“先打扫干净屋子再请客”，不继承国民党政权与外国建立的外交关系。但按照一般的国际惯例，当一个国家政权发生更迭时，新政府应当继承旧政府的外交关系和国际义务。新政府在外交上的这两项政策在客观上为在台湾的国民党蒋氏政权留下了“国际承认空间”，使其可以利用原有大部分国家的国际承认继续宣示“国家”存在和“主权”地位提供了机会。这就造成了两岸在主观上互不承认对方“主权国家”地位，在客观上两个政权在国际上各自拥有自己的国际承认对象的状况。笔者认为，毛泽东之所以做出不继承旧政府外交关系的决策，除了与当时这种关系的屈辱性质和西方国家的敌视以外，一个重要原因就是认为台湾能够在短时间内得到解放，可以彻底解决国际上对“中华民国”的主权承认问题。1950年，朝鲜战争爆发后，解决台湾问题的难度加大，国民党政权继续在台湾存在，为两岸50多年的“主权”之争埋下伏笔。

两岸在主权问题上的矛盾经历了三个发展阶段，可以从三个层次上来分析，第一是在一个中国原则下的两岸“主权代表权”之争，第二是台湾当局背弃一个中国原则导致的“两岸主权分裂”论的出现，第三是台湾当局模糊和否定一个中国原则，抛出迈向“台独”的“台湾主权独立”论。

（一）两岸的“主权代表权”之争

从1949年到20世纪80年代末，中国共产党和政府同台湾当局斗争的核心是谁代表中国的“主权”正统之争，是内战的延续。此时矛盾冲突的实质是两岸对中国的“统治权”之争，对中国的领土和主权完整并不存在异议。在台湾，蒋氏父子多次反对美国制造分裂中国的图谋，这同当时中国政府的观点有相当的一致。在1958年由毛泽东主席起草的《再告台湾同胞书》中明确提到“世界上只有一个中国，没有两个中国。这一点我们是一致的”。在1979年《全国人大常委会告台湾同胞书》中也提到，“台湾当局一贯坚持一个中国的立场，反对台湾独立。这是我们共同的立场，合作的基础”。

但在“中华民国”和台湾当局的定位问题上，中国大陆一直强调，自从1949年10月1日，中华人民共和国中央人民政府宣告成立，取代中华民国政府成为全中国的唯一合法政府和在国际上的唯一合法代表，中华民国从此结束了它的历史地位。这是在同一国际法主体没有发生变化的情况下新政权取代旧政权，中国的主权和固有领土疆域并未由此而改变，中华人民共和国政府理所当然地完全享有和行使中国的主权，其中包括对台湾的主权。虽然在台湾的政权继续使用“中华民国”和“中华民国政府”的名称，但它早已完全无权代表中国行使国家主权，实际上始终只是中国领土上的一个地方当局①。台湾当局同样宣称其为“代表中国的唯一合法政府”，不仅在政治和军事上提出“反共复国”、“光复大陆”、“反攻大陆”，在国际上也排斥和压迫中华人民共和国政府。两岸在所有的国际活动中，都采取“有你无我、有我无你”，所谓“汉贼不两立”的外交方针，在国号、国旗、合法政府等法统问题上，完全没有任何妥协的余地。1988年李登辉上台之初，也表示“中华民国的国策，就是一个中国的政策”，“一个中国是最高原则”。因此，这一时期，两岸的主权矛盾是一个中国内部新旧两个政权之间的主权内涵和内容之争，不是主权性质之争。

（二）“两岸主权分裂”论

20世纪90年代以后，李登辉开始逐步背弃一个中国原则，1990年5月，台湾当局开始推行“宪政改革”，在两岸关系问题上开始宣言“两个政治实体”论，1991年2月制定的“国家统一纲领”中正式提出“互不否认对方为政治实体”。1992年8月，台“国统会”就一个中国涵义发表声明，提出“中国暂时处于分裂状态，由两个政治实体，分治海峡两岸”，即“两岸分裂分治”。此后，台湾当局又提出一系列诸如“中华民国在台湾”、“两个互不隶属的主权国家”、“一个中国为指向的两个中国”等说

---

① “一个中国的原则与台湾问题”白皮书，国务院台办网站，www.gwytb.gov.cn/bps/bps_yzyz.htm.

法。此时，台湾当局对中国主权的看法已经变为“主权分裂”，两岸已经各自成为“独立的国际法人”，甚至有人提出两岸“共享主权”的观点。从表面上看，台湾当局提出“两岸分裂分治”并没有排斥两岸的最终统一，但其目的是旨在通过承认中华人民共和国在大陆地区的治权合法性，以换取大陆承认“中华民国”在台湾地区的治权的合法性，其实质是想造成“两个中国”的政治效应，最终导致中国的“主权分裂”①。在中国政府看来，“主权分裂”就是要制造“两个中国”和“一中一台”，是要将台湾从中国永久分裂出去。

（三）“台湾主权独立”论

在背离一个中国原则的过程中，两岸“主权分裂论”逐渐发展成为“台湾主权独立论”。1991年9月，李登辉提出“台湾早已是一个主权独立的国家，国名就叫中华民国”。“特殊国与国关系”等分裂言论，都是以“台湾主权独立”为前提的。这些观点与向来主张“台独”的民进党的主张已经非常接近。1999年，民进党通过“台湾前途决议文”，其中就明确提到“台湾是一主权独立国家，其主权领域仅及于台澎金马与其附属岛屿，以及符合国际法规定之领海与邻接水域。台湾，固然依目前宪法称为中华民国，但与中华人民共和国互不隶属”。2000年，陈水扁上台后，在两岸政策上坚持“台湾是一个主权独立的国家”，公开否定一个中国原则和“九二共识”，并抛出“一边一国”论，声称“台湾跟对岸中国一边一国”，而且“主权对等”，将两岸关系定位为“两国关系”。除此之外，陈水扁当局还推动“公投制宪”，企图从法理上凸显台湾的“主权独立”。在2004年的“双十讲话”中，陈水扁声称台湾是一个人口2300万、“主权在民、享有充分自由与人权的国家”，而且将“领土范围”限定为“三万六千平方公里”。

“台湾主权独立论”的实质是要完全将台湾的“主权”从中国的主权中独立出去，成为一个新的“主权国家”。为了处理“中华民国”与中国在主权问题上的历史渊源和现实限制，陈水扁上台后不再提以前台湾当局官员经常提到的“中华民国自1912年就已经存在”或两岸“自1949年起就隔海分治”或“分裂国家”之类的话，“中华民国”被当成一个没有内

① 陈动：“也谈主权理论及在台湾问题上的应用”，《台湾研究集刊》，2003年 第1期，第29页。

涵、没有历史的空名词，成为他搞“台独”的遮羞布。[①] 2004 年底，在“台湾正名”遇到越来越大阻力的情况下，陈水扁提出“中华民国最好的简称就是台湾”，“台湾就是中华民国，中华民国就是台湾”，想用“中华民国”四个字来凸显“台湾主权独立”的实质。2005 年 2 月 24 日，陈水扁在“扁宋会”后提出“中华民国是一个主权独立的国家；中华民国的主权属于 2300 万台湾人民；台湾前途任何的改变，只有 2300 万台湾人民才有权利做最后的改变”。这一表述明确将“中华民国”的“主权”及于“全中国”缩小并等同于“台湾”的“主权”。对台湾当局在台湾主权归属问题上的扭曲行为，2005 年 3 月，中国国家主席胡锦涛对“中国”、“大陆”和“台湾”的概念进行了明确界定，“中国是包括 2300 万台湾同胞在内的 13 亿中国人民的中国，大陆是包括 2300 万台湾同胞在内的 13 亿中国人民的大陆，台湾也是包括 2300 万台湾同胞在内的 13 亿中国人民的台湾”[②]。

台湾当局在“主权”问题上从“代表权之争”发展到声称“台湾主权独立”的过程实际上是台湾当局一步步迈向“台独”分裂国家的过程。在主权问题上，中国政府的立场从来没有改变，即台湾作为中国的一部分，根本不能也从来没有拥有只有国家才能够拥有的主权，鼓吹“台湾主权独立”是赤裸裸的“台独”分裂活动。由此可见，两岸在“台湾主权独立”问题上没有交集，中国政府对谋求“台湾主权独立”的态度非常明确，不存在妥协的空间，即不惜一切代价坚决遏制“台独”分裂势力及其分裂活动。2002 年 8 月，钱其琛副总理针对“一边一国”论警告说，“任何形式的台独都是绝对不允许的，任何挑衅一个中国原则的图谋都必将以失败告终”。2004 年的“5 · 17 声明”更是指出，在中国人民面前，没有任何事情比捍卫自己国家的主权和领土完整更为重要、更加神圣。如果台湾当权者铤而走险，胆敢制造“台独”事变，中国人民将不惜一切代价，坚决彻底地粉碎“台独”分裂图谋[③]。

---

① 苏起：《危险边缘：从两国论到一边一国》，台湾天下远见出版股份有限公 司，2003 年 12 月版，第 269 页。

② “胡锦涛就新形势下发展两岸关系提出四点意见”，《人民日报》，2005 年 3 月 5 日。

③ “中台办、国台办受权就当前两岸关系发表声明”，国务院台办网站，www. gwytb. gov. cn/zyjh/。

二、两岸围绕台海“现状”不同解读

随着两岸在“主权”定位问题上矛盾的不断发展，台海地区的“现状”问题逐渐衍生出来，维持或破坏“现状”成为两岸之间以及与美国进行博弈的另一个焦点。对台海“现状”的解读与台海安全息息相关，中国大陆就曾警告台湾当局竭力挑衅大陆和台湾同属一个中国的现状，公然提出通过“制宪”走向“台独”的时间表，是将两岸关系推到了危险的边缘，破坏台海地区的和平与稳定。台湾当局也不断指责祖国大陆的某些政策行为是“破坏现状”，“危及台海和平与稳定”；美国也从维护台海地区和平稳定的考虑出发，对台湾当局“正名”、“公投”等被认为是可能“破坏现状”的行为提出警告。对于“现状”的定义，目前大陆、台湾和美国从自己的角度和立场出发做出了不同的诠释，这些诠释中有合理的地方，也有些对“现状”刻意扭曲的解释。

（一）中国政府对“现状”的解读及其依据

2005年1月28日，贾庆林在庆祝江泽民八项主张发表十周年的讲话中，首次对两岸关系的现状做出明确说明，即“尽管两岸迄今尚未统一，但大陆和台湾同属一个中国的事实从未改变，这就是两岸关系的现状”①。3月4日，胡锦涛主席在就新形势下发展两岸关系提出的四点意见中，再次重申了这一定义，并且强调“这不仅是我们的立场，也见之于台湾现有的规定和文件”②。这种解释实际上是中国政府的一贯立场，它包括两个方面的内容，第一它正视两岸尚处于分离状态，中国还没有实现统一；第二它强调世界上只有一个中国，大陆和台湾同属一个中国，中国的主权和领土没有分裂，台湾不是一个主权独立的国家。中国大陆对现状的解读不仅符合两岸关系的历史和现实，而且符合国际法和国际政治现实，有利于台海地区和平稳定局面的维持。

从历史上来看，台湾自古以来就属于中国，1895年日本通过甲午战争，强迫清政府签订了不平等的《马关条约》，将台湾割让给日本。但自从马关签约、台湾被割让的消息传到台湾的那一天起，台湾人民反抗日本殖民统治、争取回归祖国的斗争就从来没有停止过。1941年，中国政府废

① 《人民日报》，2005年1月29日。

② 《人民日报》，2005年3月5日。

除包括《马关条约》在内的一切中日不平等条约。1943年2月1日，中、美、英三国首脑签署的《开罗宣言》明确宣告："我三大盟国此次进行战争之目的，在于制止及惩罚日本之侵略……在使日本所窃取于中国之领土，例如满洲、台湾、澎湖列岛等归还中国"。1945年7月26日，中、美、英三国政府签署，后来又有苏联参加的《波茨坦公告》再次申明："开罗宣言之条件必将实施"。1945年10月25日，盟国中国战区台湾省受降仪式的举行，就是具体实施《开罗宣言》的步骤之一。而中国政府代表宣布"全权统一接收台湾、澎湖列岛之领土、人民、治权、军政设施及资产"，面交给驻台日军代表的命令，就是台湾重归中国的法律文件①。1945年以后，中国政府收回台湾并将其纳入中国版图，成为中国的一个省，这些历史和事实都清楚地表明台湾在法律上和事实上早已经是中国的领土。

1949年后，由于国共内战和外国势力干预的原因，台湾与祖国大陆暂时处于分离状态，中国未能实现统一，而不是已经分裂，从领土和主权意义上讲，台湾是中国一部分的地位从未改变，中国拥有对台湾的主权的事实也从未改变。两岸之间的分离是一种治理和治权的分离，台湾当局所拥有的只是治权而不是主权，这种治权只是一种"事实上"的治权，它并没有得到中国领土上全体所有权人（全体中国人民）的共同授权，只是通过一部分人的授权，因此也不是合法的治权件②。虽然台湾岛内的政治局势发生了很大的变化，民进党取代国民党成为台湾地区的"执政党"，但这仅仅只是一种台湾当局内部权力的更迭，并不意味着两岸关系的性质发生了根本上的改变，也没有改变台湾主权从来都是属于中国的国内和国际政治现实。依据国际法，国家的主权不可分割，领土是国家行使主权的空间，在一个国家的领土上，只能有一个代表国家行使主权的中央政府。中国中央政府的更迭是中国共产党通过革命来实现的，著名国际法学家凯尔逊提出，"按照国际法，革命和政变是造法事实"，"由于单纯的革命或政变，法律连续性虽然在国内法上中断了，而在国际法上却是没有中断的"。1949年以后，中华人民共和国政府已经取代中华民国政府享有和行使包括台湾在内的全中国的主权，在国际社会中成为唯一代表中国的国际人格

① 邓孔昭："纪念台湾光复59周年：台湾是中国领土不可分割的一部分"，《人民日报》，2004年10月26日，第四版。

② 陈动："也谈主权理论及在台湾问题上的应用"，《台湾研究集刊》，2003年 第1期，第31页。

者。台湾只是旧政府垮台后败逃据守的大陆沿海岛屿，是有待统一的中国国土，台湾当局也只是残余政权，根本不是什么“国家”。

从国际政治的现实来看，两岸的分离状态并不影响中国在国际上唯一和独立的国际人格。中华人民共和国成立以后，得到越来越多国家的承认，至今已经有160多个国家同中国建立外交关系，这些国家都恪守一个中国政策，承认世界上只有一个中国，台湾是中国的一部分，中华人民共和国政府是代表全中国的唯一合法政府。这是国际社会绝大多数成员所承认的现状。虽然台湾当局不断调整“外交政策”，但迄今为止同中国建交的国家中，没有国家能够谋求对两岸的“双重承认”。特别是1971年10月，第26届联合国大会通过第2758号决议，驱逐台湾当局的代表，恢复中华人民共和国在联合国的一切合法权利和台湾当局在联合国窃占的中国席位。中国在联合国的代表权问题已经在事实上、法律上和程序上得到彻底的解决。

由此可见，虽然海峡两岸尚未统一，但这种不正常状态的长期存在，并没有赋予台湾在国际法上的地位和权利，也不能改变台湾是中国一部分的法律地位，这是两岸关系的现状。中国政府认为，任何企图将台湾从中国分割或分裂出去，改变大陆和台湾同属一个中国的行为，都是改变两岸关系现状的行为，都可能严重影响到台海地区局势的和平稳定。

（二）台湾方面对“现状”的解读及其实质

台湾当局对“现状”的解读同他们对中国、“中华民国”和台湾的“国家定位”以及两岸关系性质的认知有着密切的联系。90年代以来，台湾当局对“现状”的解读出现了政策上和法理上的矛盾。这一矛盾不仅表现在台湾方面刻意模糊和扭曲“现状”的概念，将“台海现状”、“两岸关系现状”与“台湾的现状”混淆起来，还表现在不同的时期有着不同的解读，不同的政党有着不同的认知，甚至面对不同的对象也会进行不同的解释。这种对“现状”的解读混乱一方面反映出台湾岛内共识的缺乏和政策的凌乱，另一方面也被某些政治人物和“台独”分裂势力用来否定大陆和台湾同属一个中国，为想“独”而不敢“独”或不能“独”找借口，制造自欺欺人的理论依据。因此，无论从法理、历史，还是现实方面进行分析，我们会发现，台湾方面对“现状”的解释出现了自相矛盾、漏洞百出，无法自圆其说的情况。

从法理上说，台湾对“现状”的认知应该符合“中华民国宪法”及其增修条文的精神。“中华民国宪法”第四条规定，“中华民国领土，依其固有之疆域，非经国民大会之决议，不得变更之”。在两蒋时代，台湾当局一直将两岸视为“自由地区”和“大陆地区”，台湾省加上澎湖、金门、马祖等被称为“自由地区”，仍然是中国的一部分。李登辉当政期间，虽然历经六次“修宪”，但上述有关两岸关系定位的条款并没有被废除或修改，依然存在于“中华民国宪法”。因此，从法理上说，台湾是中国一部分的地位并没有因为两岸的分离状态而改变，依然在“中华民国宪法”中得到体现，这就是两岸关系的“现状”。但是，随着李登辉不断背离一个中国原则，陈水扁出于“台独”分裂的需要，台湾当局对“现状”政策上的解读逐渐与“一个中国”的法理相违背。

不管是李登辉还是陈水扁当局，他们对“现状”解释的核心是“台湾是主权独立国家”是“既成事实”。李登辉上台后不久，就想利用国际秩序重整的机会改变台湾在两岸关系中的政治定位，希望与祖国大陆以对等的“主权独立国家”身份参与国际社会。为了解决抵触一个中国原则的问题，台湾当局采取“釜底抽薪”的策略，从根本上否定一个中国的现实存在，认定两岸已经是两个互不隶属的主权独立国家，造成台湾已经是“主权独立国家”的既成事实①。在这一考虑下，李登辉先后提出“以一个中国为指向的阶段性两个中国”、“中华民国在台湾”、“两国论”等一系列以“台湾主权独立”为前提的论调。这些论调都认为“台湾主权独立”与“中华民国在台澎金马的客观存在”，以及两岸之间是“两个国家”，是“特殊的国与国关系”为台湾和两岸关系的基本现状。

陈水扁上台后，在“国家”和两岸关系定位问题上基本上坚持的是民进党 1999 年政策调整后立场。民进党成立后的很长一段时间，曾坚持“否定一个中国的现状、追求台湾独立”。但在一系列的选举受挫后，出于争夺政治权力、争取执政的考虑，在 1999 年的“台湾前途决议文”中，民进党进行了政策调整，提出“台湾是一主权独立国家，其主权领域仅及于台澎金马与其附属岛屿，以及符合国际法规定之领海与邻接水域。台湾，固然依目前宪法称为中华民国，但与中华人民共和国互不隶属，任何有关独立现状的更动，都必须经由台湾全体住民以公民投票的方式决定”。2002 年，“台湾前途决议文”成为民进党处理两岸问题的最高指导原则。

---

① 刘国深：《当代台湾政治分析》，九州出版社，2002 年 6 月版，第 248 页。

由此可见，民进党对“现状”的基本解读是台湾“已经独立”，因此台湾不会也没有必要宣布独立。在两岸关系“现状”问题上，陈水扁提出两岸是“一边一国”，祖国大陆与台湾的关系是“中华人民共和国与中华民国”或“中国与台湾”的关系。2005 年 3 月，在祖国大陆通过《反分裂国家法》后，台湾当局“陆委会”发表声明表示，“中华民国主权独立就是现状，中华民国是一个主权独立的国家，中华民国的主权属于两千三百万台湾人民，台湾前途任何的改变，只有两千三百万台湾人民有权作最后决定。台湾绝不隶属于中华人民共和国。中华民国与中华人民共和国共存于世且互不隶属，这就是台海长久以来的现状。①”为了替自己所定义的“现状”辩护，台湾当局表示，“不论国际社会承认与否，对于台湾作为主权独立的国家、中华民国作为主权独立的国家的事实毫无影响”②。

从李登辉和陈水扁当局对现状的解释可以看出，他们的实质是一样的，都声称“台湾已经是一个主权独立的国家，国名叫中华民国”，其目的是要以“台湾事实独立”来割裂两岸之间的关系，为最终实现“台独”创造条件和机会。但这一解释不仅与“中华民国宪法”相违背，也不符合国际法的基本原理，是台湾当局在想“独”而不敢“独”不能“独”的情况下的自欺欺人之举。这就使得台湾当局的解释不仅不能被祖国大陆和国际社会所接受，也遭到岛内多数民众的质疑，就连一些极端“台独”分子也无法认同。曾担任“台湾教授协会”召集人学者许庆雄从实现“真正台独”的角度提出，根据国际法，“中国一直拥有台湾的主权”，“中华民国体制基本上不是一个国家，而是一个中国的旧政府，是被新政府打败而逃到台湾继续对抗合法政府的叛乱团体。所以，中华民国在台湾已经是一个独立国家的说法，是矛盾、不合理、不实在的说法”；因此只有清楚地“指出台湾不是一个国家，台湾尚未独立，所以才要独立建国”③。

2003 年底，温家宝总理访问美国后，美国政府对陈水扁企图“改变现状”的图谋提出警告，为了自圆其说，迎合美国对“台海现状”的关注，台湾当局开始刻意泛化“现状”的概念，将维持台海地区和平稳定等都加入对“现状”的解读。2004 年 2 月，陈水扁针对“二二八牵手护台湾”

---

① 东森新闻网，gb. ettoday. com. tw：6060/politics，2005 年 3 月 14 日。

② 中新网 2004 年 11 月 12 日电。

③ 许庆雄：《中华民国如何成为国家》，台湾前卫出版社，2001 年 10 月版，第 145、156 页。

活动和“和平公投”表示，这些都是“希望台湾目前的现状不要被别人改变”，“避免台湾的主权、民主发展、经济发展及和平等现状受到改变”。台湾有学者也提出，不能以一种静态的形式来理解民进党所提的“维持现状”一词，反而应认知到“维持现状”的另一种更具动态的意涵，这种意涵涉及一些政策或策略承袭、因应、演化或调整。而陈水扁是否能够突破岛内在台湾前途和“国家定位”问题上的矛盾、突破台湾与大陆因为日益增加的经济相互依赖所形成的矛盾、突破后冷战时期新的国际体系结构和“9·11”后新的国家安全观念，并进一步将台湾带入更宽广且更具独立、自主的国际外交空间，从而使台湾成为一个“正常完整的国家”，关键其实在于对“维持现状”的“动态”定义的掌握上。因此，陈水扁必须采取“边走边看”，而不是“静观其变”的策略，以便在“复杂的美中台三角关系中，寻找非常有限的空间，取得更多在政治、外交及战略上的契机，才有可能在目前僵化的两岸关系中有所突破”①。简而言之，台湾当局可以根据形势的需要，对“维持现状”进行灵活的解释，甚至可以用“维持现状”之名，行“破坏现状”之实，最终目标依然是凸显“台湾主权独立国家”的地位，寻找机会进行“渐进式台独”、“法理台独”等“台独”分裂活动。

这里需要指出的是，台湾当局对“维持现状”的解读与台湾多数民众“维持现状”的民意在性质上并不一样。岛内多个机构多年来所进行民意调查数据显示，台湾民众中主张“维持现状”的人数一直在70%—80%，占绝大多数比例。从民调问题的设计来分析，以台湾政治大学选举研究中心1994年以来的历次民调为例，他们将台湾民众对两岸前途的立场划分为“尽快统一”、“偏向统一”、“维持现状再决定”、“永远维持现状”、“偏向独立”、“尽快独立”、“无反应”七类。其中除了“尽快统一”和“尽快独立”等有明确统“独”立场的表态以外，其余五项都可以归为广义的“维持现状”（见表3-1）。由此可见，台湾民众所期待的“维持现状”是相对于统一和“独立”而言的，并不像台湾当局对“维持现状”的解释那样涉及“国家定位”等复杂的政治问题，也并不见得认同台湾当局所认为的“台湾已经是一个主权独立”国家的解读。这从主张“维持现状”的台

① 宋学文：“阐述维持现状对台湾前途之意涵”，台湾《台湾民主季刊》，2004年6月，第一卷，第二期，第171—178页。

湾民众的不同的政党倾向中也可以看出，倾向民进党、国民党和亲民党的民众中都有大批主张“维持现状”者，而他们对“国家定位”、“台独”等问题的看法有时候却大相径庭。

图 3-1　台湾民众统“独”立场趋势分布表

年份	尽快统一	广义的维持现状					尽快独立
		尽快独立偏向	统一维持现状再决定	无反应	永远维持现状	偏向独立	
1994. 12	4. 4	15. 6	38. 5	20. 5	9. 8	8. 0	3. 1
1995. 12	2. 3	19. 7	26. 3	26. 3	15. 5	8. 1	3. 5
1996. 12	3. 3	22. 3	32. 2	13. 6	13. 6	9. 9	5. 1
1997. 06	3. 0	17. 7	31. 9	14. 0	16. 3	11. 7	5. 5
1998. 12	1. 7	15. 9	30. 8	16. 8	15. 9	12. 2	6. 7
1999. 12	1. 7	18. 7	31. 5	10. 9	17. 3	14. 2	5. 6
2000. 12	2. 8	18. 2	30. 3	21. 7	16. 8	6. 5	3. 8
2001. 12	2. 8	18. 0	34. 8	12. 7	16. 2	10. 4	5. 1
2002. 12	2. 9	15. 7	35. 6	13. 0	14. 7	14. 7	5. 2
2003. 12	1. 8	11. 4	34. 4	12. 9	18. 2	14. 8	6. 5
2004. 12	3. 0	10. 7	35. 1	11. 6	20. 8	15. 1	4. 8

资料来源：台湾政治大学选举研究中心。

如果对台湾民众“维持现状”的心态进行进一步分析，我们就会发现，台湾民众主张的“维持现状”并不是要将“台独”作为发展方向，“求和平、求安定、求发展”才是台湾社会的主流民意。台湾绝大多数民众之所以主张“维持现状”，就是不希望因为“台独”而引发两岸之间的军事冲突和战争，不希望因为“台独”而导致岛内政局混乱和政党恶斗，不希望“台独”导致台湾的经济下滑、社会和睦遭到破坏，影响到他们的正常生活。因此，他们希望透过维持现状来实现两岸关系的稳定，维护台海地区的和平，终止岛内的政治乱象，促进台湾经济社会的发展和繁荣。但是，台湾民众的“维持现状”并不意味着两岸永远处于分离状态，主张“永远维持现状”的民众也只有 15%—20%，多数民众依然希望通过两岸的交流和发展，实现台湾问题的最终解决。而台湾问题最终解决的最佳方式就是走向和平统一。

三、“主权”和“现状”争议对台海安全的影响

两岸在“主权”与“现状”问题上的解读矛盾对台海地区局势的和平与稳定有着重要的影响。虽然两岸当局都提出要维护台海地区的和平与稳定，但和平并不等于安全。台湾问题攸关中国的主权和领土完整，对中国政府来说，只有实现了国家统一，台海地区才能够有真正的安全，台海地区的和平稳定应该有利于争取祖国和平统一的前景。但台湾当局片面强调“台湾独立主权”，在“追求台海和平”的幌子下企图做实两岸的分离状态，最终将危害到台海安全。

首先，两岸关于“主权”问题的争议短期内难以解套，台海安全关系难以从根本上得到缓和。两岸在“主权”问题上的争议由来已久，近年随着台湾当局“台独”分裂活动的加剧，大陆所坚持的“一个中国”与台湾当局声称“台湾主权独立”之间的矛盾更加突出，这一矛盾很难在短时期内得到缓解。如果台湾当局从法理上、现实上彻底否定中国政府对台湾拥有主权，这就可能强化两岸“主权”争议的零和性质，不仅影响到两岸通过谈判结束敌对状态，更可能加剧两岸的不信任，使两岸关系紧张严峻的局面难以缓和。

其次，台湾当局对“现状”解读的歪曲会为今后台海冲突埋下伏笔。两岸对“现状”的解读来看存在着根本上的对立，说到底是现在是“一个中国”还是“台湾已经独立”之争。台湾当局虽然在政策上表示“台湾已经独立，不可能也没有必要宣布独立”，但实际上却没有停止可能最终导致“台独”的分裂活动。因此有学者认为，台湾当局的“维持现状”只是在面对政治现实无法突破时所采取的一种暂时性策略，它为“台独势力”的活动提供了时间和机会，实际上是想突破现状，推行“渐进式台独”①。如果台湾当局真的是借“维持现状”之名行“台独”之实，必将为台海地区的局势带来不稳定的因素，只要台湾当局不放弃“台独”分裂活动，两岸的现状就难以长期维持。著名台湾问题专家陈孔立认为，如果两岸不能

① 刘红：“维持现状是台湾的出路吗?”中华网，military. china. com/zh _cn/critical2/23/20020603.

走上和平统一的轨道，台湾的地位是不稳定的，想长期“维持现状”则是不可靠的、不稳定的，因为出现任何企图分裂领土主权的言行，都必然引发两岸之间的紧张局势，安全和安定就没有保障①。台湾学者也承认，两岸对于“现状”的定义不同，对于现状未来改变的方向也有不同的欲想，尤其当“现状”是动态改变的过程，任何一方想要“维持现状”的作为，在另一方看来，都有企图“改变”现状的后果，这很容易对台海安全带来潜在的危险因素②。

第三，美国等外国干涉势力在“现状”问题上的暧昧态度不利于台海“现状”的维持。从2003年底以来，美国一直非常关注台海地区“现状”的维持，但对“现状”如何界定，美国并没有非常清晰和明确的定义。新任美国国务卿赖斯表示，各方都不该试图单方面改变现状，这指的是中国大陆不应试图单方面改变现状，也意味台湾不应试图单方面改变现状。台湾有学者认为，美国对现状的理解持较为模糊的立场，美国主张其立场基于三个联合公报和《与台湾关系法》。因此，在法理上美国承认台湾是中国的一部分，但事实上认为台湾为一政治实体；对美国来说“维持现状”最重要的台海和平。③ 美国的暧昧立场为台湾当局利用“台海和平”做“台独”文章提供了空间，台湾当局因此片面强调“追求台海永久和平”，暗含即使“台独”大陆也不应该使用武力“破坏台海地区和平”的潜台词，从而谋求实现台湾“事实独立”。应该说，台海和平是当前台海地区“现状”的一部分，但这一“现状”是建立在两岸同属一个中国的基础上的，如果美国在这一点上依然不够明确，则明显不利于台海“现状”的维持。

第二节　两岸对台海安全威胁根源的看法

对安全威胁来源的判断是任何国家或地区制定安全战略和政策的一个重要因素。没有威胁，就谈不上安全或不安全。只有从不同的角度对威胁

---

① 陈孔立：“和平统一十大好处”，《人民日报》，2000年5月30日，第三版。

② 徐永明：“维持现状的迷思”，www. news100. com，tw/shews/specil _ coul/Hsu/Hsu _ index. htm.

③ 宋学文：“阐述维持现状对台湾前途之意涵”，台湾《台湾民主季刊》，2004年6月，第二期，第177页。

进行分析，才有可能找出威胁安全的根源，从而解决问题，实现安全。两岸之间从维护自身的政治、安全和经济利益出发，对威胁台海安全的根源做出了不同的解读。由于两岸存在着面积、人口、政治影响力、经济和军事实力等多方面的差距，双方对威胁领域、威胁性质、威胁程度、威胁途径等的判断存在着不对称性，这在很大程度上也影响到两岸的安全战略思考方向。

一、对安全威胁的判断

对安全威胁的判断在很大程度上是上一章所讲的安全形势判断的一部分，但它更具有针对性。威胁虽然从表面上看是一种主观上的感觉，但却离不开客观上威胁事实的存在，安全威胁从根本上说产生于国家或地区间利益的冲突。利益关系是人与人之间最基本的一种社会关系，在国家政治的实践中，利益是政治的精髓，而且不受时间和空间的影响，它是国家政府或执政当局制定和执行政策的基本前提和出发点。[①] 不同的利益主体之间必然会形成不同的利益关系，主要表现为共同利益和利益冲突的交织并存。利益冲突是指两个或两个以上的主体在目标上互不相容或互相排斥，从而产生政策或行为上的矛盾，它是伴随着利益关系而存在的。在现实中，每个利益主体都是“依据对自己的最佳战略和自我利益的理性推算而独立做出决定和采取行动”[②]，这就使得它们在追求自己利益的同时就不可避免地会侵犯到别人的利益，利益冲突由此而生。

从两岸来说，利益是海峡两岸政策行为的最基本动因，利益关系是影响两岸安全关系发展变化的最根本要素。如果两岸在台海安全问题上的利益一致，就容易形成某种共识或默契，从而有助于台海地区的和平稳定。但如果两岸所追求的安全利益相违背，就可能会发生利益冲突。利益冲突是产生威胁的基本前提和条件，它们之间的关系是，冲突越小，威胁程度就越轻；冲突越大，威胁程度也就越重，有些冲突甚至可能威胁到对方的生存和发展的核心利益。

在存在利益冲突的情况下，我们可以根据种种相对客观和可考察的依

---

① ①Hans Morgenthan, POLITICS AMONG NATIONS: The Struggle For Power and Peace, Sixth Edition, (New York: Alferd A. Knopf, 1985), p10.

② （美）卡尔·多伊奇：《国际关系分析》，世界知识出版社，1992 年版，第 183 页。

据对威胁进行判断。威胁判断的内容非常复杂，有学者总结出它的内容包括：（1）威胁的客观性，即威胁性质、威胁能力、威胁企图、威胁领域、威胁程度、威胁范围、威胁途径、威胁手段等；（2）威胁的综合性，即实施威胁者的联盟关系和复杂性判断；（3）威胁的趋向性，即威胁变化趋势的判断；（4）威胁的比较分析，即以不同方向的威胁加以衡量比较，进行排序。[①] 笔者认为，这些内容中最主要的有以下四个方面，即威胁的对象、威胁的性质、威胁的能力和决心，以及威胁的时限性。

（一）威胁的对象

任何一个国家或地区，无论是威胁别人还是被他人威胁，它在国际社会中都不可能只有唯一的交往对象，也不可能只与一个对象存在利益冲突关系。如何从众多的对象中找出对自己安全威胁最大的对象是判断安全威胁的首要任务。只有找准威胁对象，才可能评估对手的能力和决心，并针对不同的对象采取不同的防范措施。威胁的对象有时候是单一的某个国家或政府当局，有时候是军事或政治集团，有时候是某些特定的团队或个人，如恐怖组织和恐怖分子等。

安全威胁的对象并不是一成不变的，而是随着形势的变化而变化的。在新中国成立初期，由于世界划分为东西方两大阵营，对中国安全最大的威胁对象是以美国为首的西方敌对势力。但随着中苏关系的恶化和中美关系的靠近，60 年代至 70 年代，苏联开始成为威胁中国国家安全的对象，美国的威胁有所下降。80 年代以来，随着中国的改革开放和世界形势的发展变化，中国面临大规模外敌入侵的可能性大为降低，对中国构成直接安全威胁的对象也开始模糊起来。在美国的全球和地区安全战略中，寻找对美国构成安全威胁的对象是其首要考虑的问题，冷战结束后，由于苏联威胁的消失，美国不少人一度将中国作为对美国构成安全威胁的国家，散布“中国威胁论”，对中国进行遏制。但不久又将安全威胁的对象锁定伊拉克、伊朗、叙利亚、朝鲜等“邪恶轴心”国家，“9·11”事件发生后，恐怖主义又成为美国全球战略的重点防范对象。

（二）威胁的性质

威胁的性质往往与冲突利益的重要性和紧迫性有密切的关系。一般来说，利益有核心利益、重要利益、一般利益和边际利益之分。核心利益是

---

① 刘鸿基、罗海曦：《国防理论》，国防大学出版社，1996 年 5 月版，第 72 页。

关系到利益主体生存和发展最根本最重要的利益，也是最难以妥协的利益，重要利益次之。一般利益和边际利益相对于核心和重要利益而言，存在着一定妥协的空间，矛盾冲突也比较容易缓和。

两个利益主体如果在核心利益和重要利益上存在严重的矛盾和对立，那它们所面临威胁的性质就比较严重，难以在短时间内得到化解。特别是一旦威胁的性质涉及到核心利益，侵犯到领土和主权完整的时候，威胁的程度最深，任何国家或地区除了采取坚定消除威胁的断然措施外，很难有其他的选择。

（三）威胁的能力和决心

威胁的能力是构成威胁的实力基础，缺乏能力就构不成现实威胁。这里的能力往往指的是综合国力，它不仅包括地理条件、资源状况、军事力量、经济科技实力等硬实力，还包括政治稳定、历史文化、外交影响力等软实力。在这些能力当中，军事实力对安全威胁的程度具有相当重要的地位。从威胁与被威胁的角度比较来说，一般情况下，实力越强，越容易对别人构成威胁，实力越弱，越容易被别人威胁，在威胁的感觉上也越脆弱和敏感。

但在冷战后国际关系实践中，作为实力最强大的美国却经常感受到来自伊拉克、伊朗、朝鲜等小国的威胁，这说明威胁并不一定完全是以实力为基础的，在很大程度上来源于这些国家实施可能威胁的决心或企图。实施威胁的决心是一种主观的心理形态，它更易于隐蔽而且变化无常，难以进行辨别和评估。威胁的决心往往以利益冲突和威胁能力作为物资条件，并以敌对性政策、措施及军事部署、军事态势等有形现象为表现方式，从而让对手产生受到威胁的感觉。①

（四）威胁的时限性

安全威胁并不是一种静态的概念，它是动态的行为。有些威胁是潜在的，有些威胁是现实的，有些威胁不会恶化，有些威胁很可能会立即转化为冲突。国家在处理或应对不同时限威胁时采取的政策是不一样的，潜在的威胁虽然建立在一定的数学分析和计算的基础上，但在很大程度上依然带有主观推测的成分，而现实威胁往往是根据客观存在的事实而做出的判断。对潜在的威胁需要用长期的战略来思考如何消除，而对迫在眉睫的现

① 刘鸿基、罗海曦：《国防理论》，国防大学出版社，1996年5月版，第71页。

实威胁则需要立即采取应对的措施。从美国对安全威胁的判断中，我们就可以发现，美国虽然认为中国是对其霸权地位构成威胁的国家，但这种威胁不是现实的，而是潜在的威胁，因此美国对华采取着眼长远的接触和防范双重战略。美国认为目前面临的现实威胁是恐怖主义、大规模杀伤性武器的扩散和所谓“无赖国家”可能对和平的挑战，因此美国采取了发动阿富汗战争、伊拉克战争、对伊朗核问题紧盯不放、参与解决朝鲜核问题的“六方会谈”等政策措施，着眼于能够在短时期内解决这些安全威胁问题。

二、大陆认为“台独”分裂活动是安全威胁

中国作为一个大国，其面临的国家安全和地区安全问题是非常之多，而且性质复杂。但就台海安全而言，正如第一章所讲，它从本质上是包括大陆和台湾在内的中国国家安全的重要内容，但又对亚太地区安全有一定的外在影响。两岸关系形势的发展变化对台海安全有着重要甚至是直接的影响，我们可以从影响两岸关系的诸多因素中对台海安全构成威胁的对象、性质、程度、内容等进行判断。在历年发表的《中国的国防》白皮书、重要的对台政策文件中，中国政府对导致两岸关系和台海局势紧张的根源，破坏台海地区乃至亚太地区和平稳定的现实威胁做出了明确的判断。中国政府认为威胁来自于两个方面：台湾分裂势力和“台独”分裂活动是对台海地区和平与稳定的最大现实威胁；某些国家干涉中国内政，不断提升售台武器的数量和质量，也威胁到台海地区局势的稳定。

中国政府认为，目前对台海安全构成威胁的对象主要有两个，一是台湾的分裂势力及其进行的“台独”分裂活动，二是美国等极少数通过售台武器助长“台独”分裂势力气焰的国家。中国政府对威胁台海安全的对象进行了严格的区分，对象并不是2300万台湾同胞，而是所有坚持“台独”分裂立场，进行各种“台独”分裂活动的“台独势力”和“台独分子”。美国作为威胁台海安全的对象并不是指美国所有的外交或安全政策行为都对台海安全构成威胁，而主要是指售台武器、发展美台军事关系的行为，因为这是向台湾当局和“台独”势力发出错误信号，不利于台海局势的稳定。

就台湾当局而言，中国政府指出，李登辉上台后不断背离一个中国原则，在岛内和国际上进行“两个中国”、“一中一台”的分裂活动，而且默认和鼓励各种“台独”势力推行“台独”分裂路线，建构“台独”意识

形态，蓄意制造两岸对立，恶意丑化大陆，肆意鼓吹“台独有理”、“台独无害”的分裂思想，并在1999年抛出所谓“两国论”的分裂主张，直接造成了台湾海峡局势的紧张严峻，因此也是构成威胁的对象。陈水扁在台湾当权后，更是拒不接受一个中国原则，顽固坚持“台湾独立”立场，甚至抛出海峡两岸“一边一国”的分裂主张。他还大搞“文化台独”、“去中国化”，利用公投进行“台独”分裂活动，提出“公投制宪”，以渐进的手法进行各种分裂活动，煽动岛内民众仇视大陆，大规模购买进攻性武器装备“以武谋独”。只要陈水扁当局不承认体现一个中国原则的“九二共识”，停止“台独”分裂活动，它就是对台海安全构成威胁的对象。

从威胁的性质和程度来说，中国政府认定，“台独”分裂活动对台海安全构成的威胁性质非常严重，它不仅破坏中国主权和领土完整，而且危害台海两岸及亚太地区和平与稳定。这种威胁不是潜在的，也不是涉及到一般利益或边际利益，而是关涉到核心利益的最大现实威胁。对于美国对台湾当局的军事支持行为，中国认为其性质也是严重的，这主要表现在涉及主权和领土完整的问题上干涉中国的内政，损害了中国和平统一的进程。

中国政府对“台独”分裂活动的基本认知是，台湾当局分裂活动实质是图谋以各种形式把台湾从中国分割出去，严重破坏了海峡两岸和平统一的前提和基础，严重损害中华民族的根本利益。因此，坚决制止旨在分裂中国的“台独”活动，维护台海和平和两岸关系稳定发展，是两岸同胞当前最紧迫的共同任务。不坚决制止“台独”分裂活动，威胁台海和平的紧张根源就难以消除，两岸共同发展、共同繁荣的历史机遇就会遭到破坏，台湾同胞的利益和福祉就会被断送。当前，只有坚决遏制“台独”，才能维护两岸关系和平稳定，才能保证两岸经济社会发展的安宁环境，两岸同胞的切身利益才有可靠保障，中华民族的根本利益才能不受损害。中国政府特别强调，在中国人民面前，没有任何事情比捍卫自己国家的主权和领土完整更为重要、更加神圣。我们绝不容忍“台独”，绝不允许任何人以任何方式把台湾从中国分割出去。如果台湾当权者铤而走险，胆敢制造“台独”重大事变，中国人民将不惜一切代价，坚决彻底地粉碎“台独”分裂图谋，我们的这一立场是一贯的、坚定不移的。①

从威胁的企图来看，中国政府对台湾当局进行“台独”分裂活动的图

① 《人民日报》，2004年5月18日；2005年1月29日。

谋一直抱持高度的警惕。就当前而言，中国政府认为而在各种不断升级的“台独”分裂活动中，最具危险性和危害性的是，台湾当局谋图通过所谓“宪政改造”实现“台湾法理独立”，也就是妄图以所谓“宪法”和“法律”的形式，改变大陆和台湾同属于一个中国的现状，把台湾从中国分割出去。虽然台湾当局在“宪改”问题上承诺将“不涉及国家主权及领土、台海现况的改变”，但中国政府依然认为它并未放弃通过制定所谓“台湾新宪法”走向“台独”的企图，仍然伺机利用所谓“宪政改造”制造重大“台独”事变。除此之外，也有学者提出，台湾当局低估大陆在统一问题上的决心，过高估计大陆对战争后果的担心，过高估计美日等国际势力的支持介入的程度，这些误解也有可能导致“台独”势力在分裂祖国的道路上越走越远，直到铤而走险宣布“独立”，迫使大陆使用非和平的方式解决台湾问题，也会对台海安全构成重大威胁。①

在威胁的能力上，从目前来看，台湾当局无论在经济、军事及国际支持方面都不具备分裂祖国的能力，但出于政治斗争和为“台独”撑腰壮胆的需要，台湾当局存在刻意高估其能力的情况，同时美国等外国势力的支持也对台湾当局威胁台海安全的能力有一定的提升作用。但威胁能力并不是一个绝对的概念，而是一个相对概念，对台湾而言，其利用“台独”分裂活动威胁台海安全的能力是相对于祖国大陆和国际社会的制约能力而言的。虽然台湾当局不断进行“台独”挑衅活动，威胁到台海的和平与安全，但却没有改变两岸关系基本格局的发展对其“台独”分裂活动不利的趋势。

从综合实力的对比来看，台湾在人口、面积、经济、军事实力上同中国大陆和美国相比都有相当大的差异，中国虽然与美国的经济和军事实力上也存在不小的差距，但美国并非是对两岸关系有最直接影响的因素。因此在三方之中，大陆决定两岸关系格局的能力要大于美国和台湾地区。经过多年的经济社会发展和处理两岸关系经验的积累，中国大陆完全可以而且已经掌握了两岸关系的主导权。在两岸最关键的一个中国原则问题上，虽然台湾当局拒不承认一个中国原则，否认“九二共识”，直接影响到两岸的接触与谈判的基础，但两岸关系发展的大格局并没有因为台湾当局不接受一个中国原则而改变，岛内依然有不少党派和民众承认一个中国原

① 阎学通：《中国国家利益分析》，天津人民出版社，1997年8月版，第156页。

则，支持“台独”的还是少数。此外，虽然不时受到政治因素的干扰，但两岸的经贸交流和人员往来依然呈现持续热络的局面。由于中国经济发展的成就显著，融入国际社会的步伐加快和国际影响力不断扩大，台湾当局推展“务实外交”十几年都无法撼动一个中国的国际政治现实。这些都使得台湾当局不得不面对一个中国原则和两岸直接“三通”等问题，美国政府也反复重申坚持一个中国政策，反对“台湾独立”的立场。这些迫使陈水扁2005年3月不得不承认，“在我任期内要把国号中华民国改为台湾共和国，我做不到”，他强调“不能骗自己，也不能骗别人，我做不到，就是做不到”。

三、台湾认为“大陆武力犯台”是安全威胁

台湾当局一直将祖国大陆当作对“台湾安全”构成威胁的最主要对象，并将“使台湾免于中共的武力威胁”设定为“国家安全目标”。在2002年的“国防报告书”中，台湾当局明确指出，“中华民国的国家安全除受国际情势变化影响外，最明显而直接的威胁则来自中共政权；中共从未放弃以武力攻台作为解决台海问题的手段，并屡在国际上以‘一中原则’，压迫我国外交生存空间，使我国家安全及利益备受威胁”，而且随着大陆经济的迅速发展和综合国力的不断提升，“复以其积极扩建军力，对我国家安全威胁与日俱增，尤其在政治、军事、经济、心理及外交等方面，均已对我国的生存与发展构成严重威胁”①。

台湾有人认为，“只要大陆一日不放弃以武力解决台湾问题，大陆的威胁就一日不能解除”②。早在1993年的“国防报告书”中，台湾当局就对所谓大陆“犯台意图”、“犯台时机”、“犯台可能行动”、“犯台能力”、“国际间对中共犯台可能之反应”等进行了详细的描述和分析，并声称“中共犯台的意图并没有因为国际形势的变化而有所改变”。为了凸显祖国大陆对台湾构成威胁的动机和决心，台湾当局列举了大陆对台湾在“政治、经济、军事、心理和外交上”的种种威胁。台湾当局认为大陆在宪法中宣示“台湾是中国神圣领土的一部分，完成统一祖国的大业是包括台湾

① 台湾“国防部”主编:《中华民国九十一年国防报告书》，www. mod. gov. tw。

② 林子洋:《飞弹防御与国家安全》，台湾幼狮文化事业股份有限公司，2000年版，第101页。

同胞在内的全中国人民的神圣职责”；将“祖国统一”的目标与国家生存与发展、并列为国家利益；提出“三个如果”、坚持“一国两制”、在国际上维持“一个中国”的政策框架都当作是对台湾的威胁。他们歪曲大陆的意图为“取消中华民国国号，矮化台湾当局为地方政府，阻断台湾问题国际化、消灭台湾的国际人格，围堵封杀台湾的国际生存空间”。此外，台湾当局将大陆积极发展两岸经贸关系的政策说成是以“经贸”作为影响台湾的工具，借此“以民逼官、以商围政、以通促统”，以达成经济威胁的目的，对台湾“国家安全影响甚巨”。台湾当局还毫无根据地指责大陆对台湾进行心理威胁，从以往的“文攻武吓”、“文攻武备”，发展到“文统武压”，始终强调“解决台湾问题，最终难免一战”，是“企图造成台湾社会动荡、人心不安”，对民心士气产生严重威胁。

台湾当局认为大陆“不放弃武力犯台的思维”是两岸关系正常化的主要障碍，也是对台海地区和平安全的最大威胁。虽然台湾当局不得不承认，大陆出于经济发展和政治稳定的考虑，加上“受国际政治环境、内部政经情势及两岸依存关系等复杂因素所左右”，如果“短期内没有突发性因素，主动挑起台海战事的可能性不大”；但却担心大陆综合国力和军事实力的不断成长可能导致两岸军力失衡，有利于大陆“以武力解决台湾问题”[①]。台湾当局一直非常关注大陆的军事力量的发展，鼓吹大陆对“解决台湾问题的迫切性”，已经使其“作战方向已经将东南沿海列为首要优先”，加上不断更新传统战力所需先进武器装备，积极发展所谓的“不对称作战能力”，以用于对台战争中“绪战”和“第一击”的攻击能力，这些都使得大陆“武力犯台模式更具攻击性和多样化”，因此对台湾的安全威胁也日益严重。[②] 在这里，台湾当局刻意回避了可能导致大陆使用非和平方式解决台湾问题的根本原因，也没有明确表示何为“突发性因素”，却片面将大陆“对台动武”的可能性刻意放大，明显是倒因为果的行为。

除了凸显大陆对“台湾安全”所构成的威胁以外，台湾当局还引用美国的各种数据，在亚太地区制造“中国威胁论”，声称“为实现国防现代化，解放军不断投入大量国防预算，挹注科技强军，并向先进国家采购各式高新武器；其持续扩张军力的意图，使亚太国家认其为区域主要的军事

① 台湾“国防部”主编：《中华民国九十三年国防报告书》，www. mod. gov. tw。
② 台湾“国防部”主编：《中华民国九十一年国防报告书》，www. mod. gov. tw。

威胁来源”，而“亚太军事情势随着中共军力的提升，正逐渐改变区域内的军力平衡，直接影响美国在亚太地区的国家利益，致使亚太区域成为美国关注的焦点”。与此同时，台湾当局并不认为美日等国插手台湾问题，将台湾纳入“美日安保条约”所规定的“周边事态”范围是对台海和平稳定的威胁，反而将祖国大陆认为上述因素都是干涉中国内政的严正立场，并与美日等国协调反对“台独”的立场，说成是对台湾“国家生存与安全形成严重挑战”。

四、“不独不武”与“不武不独”的逻辑危险

中国大陆和台湾分别认为“台独”分裂活动和“武力解决台湾问题”是对台海和平与安全的最大威胁，因此有大陆学者指出，台海要维持和平局面，必须建立两岸“不独不武”的互信。祖国大陆也一直强调，我们将以最大的诚意、尽最大的努力争取和平统一前景，不承诺放弃使用武力是针对极少数“台独”分裂势力和台湾当局的“台独”分裂活动。只要台湾没有朝向“台独”发展的任何可能性，才能有效避免台海军事冲突。① 但台湾当局却将“不武不独”作为政策基调之一，在陈水扁 2000 年的就职演说中，“四不一没有”的前提就是“中共无意对台动武”，2005 年 2 月的“扁宋会”十点声明中，陈水扁再次强调“四不一没有”要建立在“两岸和平的前提下”。

“不独不武”与“不武不独”在客观上已经形成一种微妙的博弈关系，这种博弈能否真正维持台海地区的和平与稳定有赖于双方对“独”和“武”的共同理解。从目前来看，两岸在威胁台海安全的根源问题上针锋相对，很难达成共识或默契，大陆认定的“台独”言行可能被台湾当局解读为并非谋求“台湾独立”，大陆进行并非针对台湾的国防建设或军事活动也有可能被台湾当局解读为对台湾的“武力威胁”。这使得“不独不武”和“不武不独”之间存在着现实的逻辑危险性，如果处理不当将直接影响到台海安全。

台湾问题敏感而复杂，统与“独”的定义并不非常明确，和与战之间的界线也不甚清晰，外国干涉的方式和程度也不得而知，在统一与“独

---

① “中国共产党总书记胡锦涛与新民党主席宋楚瑜会谈公报”，《人民日报》2005 年 5 月 13 日。

立”之间还有各种“似统非统”、“似独非独”的边缘政策行为，对“三个如果”、“四不一没有”等政策宣示各方又都有不同的认识和诠释，这就使中国政府在判断和平统一的希望以及做出用何种手段解决台湾问题的政策选择时存在着不确定性。此外，我们不能排除台湾当局在外国势力的支持下误判形势而采取盲目行动，或者在完全丧失独立希望的情况下采取孤注一掷、不计后果的非理性策略。我们不能忽视由于长期的武力威慑和对峙而积累的军事冲突的风险，任何冒险激进的政策试探或擦枪走火的偶然事件，如果处理不善都有可能导致实际冲突的发生，从而对台海地区的安全、稳定与和平造成重大影响。

第三节　对实现台海安全途径的考虑

除了对两岸的“主权”、“现状”及威胁台海安全的根源有不同的认知以外，大陆和台湾在对如何实现台海安全问题上也有各自的理论依据和现实考虑。从理论上说，实现一个国家或地区的安全有三种做法，比较保守的是如何维持没有发生军事冲突的现状；其次是在冲突发生以后如何避免其进一步恶化，并停止冲突恢复和平；最后还有一个重要步骤是如何在冲突结束后降低和化解彼此的敌意，想办法建立和谐的安全关系。这三个方面有人总结为“维持和平”、“恢复和平”、“建构和平”的过程。[①] 就两岸目前而言，过去曾经发生过军事冲突，当前处于军事敌对状态，没有现实的军事冲突发生，因此更多的是处于“维持和平与安全”及“建构和平与安全”的阶段。

应该说，两岸都希望能够实现台海地区的和平与稳定，祖国大陆多次强调“没有人比我们更希望通过和平的方式解决台湾问题”，“只要对维护台海地区和平有利的事情，我们都会尽最大努力去做”。台湾当局则将“预防台海军事冲突、协助区域安全稳定”作为“国家安全目标”。但在通过什么途径实现台海地区和平稳定的问题上，两岸的政策行为上有着很大的差距。

---

① 施正峰：《和平学与台湾》，rmiL tku edu tw/dshih/def5－2－011013. htm。

一、不承诺放弃使用武力

既然中国大陆认为“台独”分裂活动是两岸关系发展的最大障碍，是对台海地区和平安全的最大现实威胁，那就必然存在如何有效地反对和遏制“台独”分裂活动，以维护国家主权和领土完整，维护台海地区和平的问题。除了在政治上坚持和平统一方针决不动摇、共同寻求接触交往的新途径、继续贯彻希望于台湾人民的方针以外，对“台独”势力进行适当的军事威慑也是重要方面之一。遏制“台独”、争取统一目标的不可动摇性决定了在手段选择上的多样性。在祖国统一的问题上，始终存在着和平与非和平这两种可供选择的方式，两种方式互为补充，都是为祖国统一这个根本目标服务的，二者都不可能排除。因此，中国政府在坚持“和平统一”方针的同时并不承诺放弃使用武力。“和平统一”包涵统一的目标与和平的手段两个方面，“不承诺放弃使用武力”则是对和平手段的补充。无论是使用和平还是武力的手段，祖国统一永远是我们的最终目的，决不能只讲统一的手段而忽视国家统一这个根本目标。

从安全理论上看，“不承诺放弃使用武力”在某种意义上说是一种威慑政策，是一种防御性的政策选择，而不是进攻性的战争威胁。“威慑”的含义是指通过使用力量让对方产生惧怕心理，从而达到阻止某些情况发生的目的。一般来说，要实施有效的威慑必须有两个条件：（1）威慑实施者与接受者之间存在着利益冲突；（2）如果威慑实施者想要阻止某种行为的最终发生，就必须让接受者感受到如果它采取某种行动，结果将是得不偿失。[①] 基辛格对威慑构成的要素进行了精辟的论述，“威慑要求把力量、使用力量的意志和潜在侵犯者对两者的估计结合为一体，威慑是上述因素的产物，而不是它们的总和；如果其中的一项等于零，威慑必然失败”[②]。由此可见，威慑并不同于进攻，它的根本目的在于维持现状，在于最终防范和避免军事冲突的发生。

祖国大陆“不承诺放弃使用武力”同样是基于上述考虑。大陆在坚持“和平统一决不动摇”的同时，也向岛内的“台独”分裂势力传递了非常

---

① 吴莼思：《威慑理论与导弹防御》，长征出版社，2001 年 11 月版，第 2—4 页。

② Herry A Kissinger, THE NECESSITY FOR CHOICE, Garden City (New York: Doubeday 1962), p. 12.

清晰的信息，即反对“台独”分裂活动决不妥协，在反对分裂国家这个重大原则问题上，我们决不会有丝毫犹豫、含糊和退让。[①] 中国政府认为，充分的军事斗争准备，是推动对台和平统一必不可少的重要条件之一；为了保证对台湾和平统一政策的顺利实施，或当和平统一政策难以实现而不得不采取武力方式足以奏效，在加强对台各项工作的同时，也必须抓紧进行必要的军事准备。[②] 和平的手段可以避免两岸同胞兵戎相见，是一种双赢的理想解决方式，自然成为中国政府最优先的考虑；采取非和平方式是在和平统一的努力完全无效的情况下，不得已做出的最后选择。只有当“台独”分裂势力造成台湾从中国分裂出去的事实，或者发生将会导致台湾从中国分裂出去的重大事变，或者和平统一的条件完全丧失，祖国大陆才会采取非和平方式及其他必要措施，捍卫国家主权和领土完整。[③] 美国政府和台湾当局在台湾问题上片面强调“用和平的手段解决两岸的歧见”、没有前提地“追求两岸的永久和平”，其实质是企图将统一的目标空洞化、和平的手段目标化，借限制中国政府在解决台湾问题上的政策手段来达到其维持两岸“不统不独”或者“和平独立”的目的。

此外，“不承诺放弃使用武力”宣示的是在特定情况下可能使用武力的权利，中国政府绝不会轻易使用武力。武力威慑政策并非针对台湾的民众，两岸同胞同属中国人，“中国人不打中国人”，威慑针对的是“台独”势力和外国的敌对势力。中国政府必须将武力威慑作为一种战略考虑，是为了能够维护大陆和台湾同属一个中国的现状，同时能够对突然出现的危险局势及时做出反应。从另一个角度来说，“不承诺放弃使用武力”本身就是为了避免战争，维持台海地区的和平稳定，同时也是为争取实现和平统一提供必要的军事保障。避战与备战并不矛盾，威慑成功的最高境界是能够在避免使用武力的基础上导致问题的解决。

如果“不承诺放弃使用武力”能够对“台独”势力和外国干涉势力起到威慑作用，使其放弃“台独”图谋，海峡两岸就不会兵戎相见，两岸就有可能通过谈判实现和平统一。相反，如果片面强调实现统一的和平手段，在没有武力威慑的压力下，台湾当局和“台独”势力铤而走险的概率

① 《人民日报》，2005 年 3 月 5 日。

② 刘精松、王祖训：《跨世纪的国防建设》，学习出版社，2000 年 12 月版，第 55—56 页。

③ “关于《反分裂国家法（草案）》的说明”，《人民日报》，2005 年 3 月 9 日。

就会大大增加，很难保证两岸不出现危险情况，从而使中国政府不得不采取两岸人民都不愿意见到的断然措施。目前台湾当局和“台独”势力之所以不敢公开正式宣布“独立”，在某种程度上也是因为中国政府武力威慑的存在。正如江泽民主席指出的，“我们坚持用和平的方式，通过谈判实现和平统一；同时我们不能承诺根本不使用武力，如果承诺了这一点，只能使和平统一成为不可能，只能导致最终武力解决问题”。

根据威慑理论，“和平统一”和“不承诺放弃使用武力”最终是否能够维护台海和平，实现国家统一，实力是最重要的前提条件。邓小平多次强调“台湾回归祖国，祖国统一的实现，归根到底还是要把我们自己的事情搞好”。经济的发展可以促进国防实力的增强，可以大大增强对“台独”的威慑能力和“确保打赢”的实战能力。江泽民指出，“我们的国防实力越强大，我国的安全和完成统一大业就越有保证”。军事斗争的准备越充分，威慑就越有强度，越能动摇台湾当局“以武谋独”的决心和能力，达到遏制“台独”、促进统一的预期效果。其次，要使“不承诺放弃使用武力”真正能够起到遏制“台独”的强制性效果，就必须摧毁台湾当局和分裂势力“以武拒统、以武谋独”的决心和意志，要让台湾当局和外国势力充分相信中国有“决不容忍、决不姑息、决不坐视”任何“台独”图谋得逞的坚定信念，以及为反对“台独”而不惜一切代价的决心、信心、能力和办法。此外，台湾问题的出现和发展有复杂的国际背景，台海地区的和平与安全同整个亚太地区的和平稳定息息相关。发展与有关国家的政治、安全关系，加强与他们的军事安全合作，有助于他们对我们政策的理解或支持，减少他们卷入台海冲突的动机，也在一定程度上有助于威慑政策产生维持台海和平的效果。

二、维持两岸军力平衡

维持两岸军事实力的均势平衡被台湾岛内和美国等西方国家认为是维护台海和平最为有效的手段之一。这里的平衡指的是两岸军事力量的一种动态均衡，由台湾“群策会”策划的《台湾21世纪国家总目标》一书中对此进行了解释，即“中国是东亚地区的军事强权，拥有客观的陆海空军战力。就绝对数量而言，台湾的军事力量原本无法与中国相抗衡，然而由于台湾海峡的天然屏障，再加上台湾面积狭小，战线宽度和纵深均有限，因此只要在有限的空间集中足够的防御能力，尤其是在军事科技上保持领先，依然可以与中国强大的军力维持平衡。由于这种平衡状态必须随时视中国的军事发展进行调整加强，因此称为动态平衡”。① 台湾当局由此认为，大陆近年来经济发展和国防力量的提升，“严重影响两岸军事平衡，对台湾‘国防’安全造成莫大威胁”，而台湾自我防卫能力的提升，是确保台海和平现状的首要条件，也是两岸能够平等对话的有力后盾。同时，以“两岸军事平衡”和“防御台湾”为由不断加大对台军售的力度，向台湾出售各种先进的武器装备是美国的一贯策略，也是美国推行“以台制华”战略的主要途径之一。虽然台湾当局和美国都声称维持“两岸军事平衡”可以吓阻大陆对台动武，维护台海地区的安全，但这种以冷战思维和“均势战略”为核心的“平衡政策”并不利于台海地区和平稳定的维持。

均势、均衡或平衡在社会科学和自然科学各个学科中都是使用得比较多的一个概念，它表示的是一种相对稳定的状态及构成这种稳定状态各因素之间的关系，这种因素可以是两个或两个以上的多个。均势也是国际关系理论中一个古老而经典的概念，其实际上是考察国家间力量的动态平衡，维持均势的目的是为了实现稳定。但作为一种有着广泛适用性的理论，除了国际领域之外，均衡或平衡概念也可以适用于国内的政府和政治领域，② 它也可以用来说明各种非国家政治力量之间的平衡关系。国际政治学大师汉斯·摩根索认为均势有两大主要类型：直接对抗型和竞争型的均势。直接对抗型的均势是指一种政治力量 A 试图使自己的强权和政策压倒另一政治势力 B 的政策，而 B 则需要加强自己的强权顶住这种压力，并达到挫败 A 的政策的目的；这样又会导致 A 加强强权来挫败 B 的努力。这种类型对抗的本质是不稳定和能动的。在竞争型的均势中，力量 A 和 B 为了争取控制第三种政治力量 C 或者捍卫其在 C 的利益，就要进行相互竞争和协调，平衡对方的强权，并在客观上起到保护 C 的作用。③

根据上述理论，结合台海安全关系的实际，笔者认为，大陆和台湾的均势平衡关系可以用对抗型均势来解释，而中美两国在台湾问题上的利益

① 群策会：《台湾 21 世纪国家总目标》，台湾玉山社出版事业股份有限公司，2003 年 11 月版，第 80—81 页。

② （美）汉斯·摩根索著，卢明华等译：《国际纵横策论》，上海译文出版社，1995 年版，第 225 页。

③ （美）汉斯·摩根索著，卢明华等译：《国际纵横策论》，上海译文出版社，1995 年版，第 228—233 页。

冲突则可以用竞争型均势来解释。两岸目前没有结束敌对状态，台湾一直将加强军事力量和争取外国势力的军事支持当作保护台湾“主权”与“安全”的重要筹码，认为“台海两岸军力悬殊，台湾除了以质克量外，只能尽力维持台湾海峡地区局部军力的平衡”，甚至提出“台湾应促使美国在亚太地区保持力量分配的均势，或乐见日本在军力上抗衡中共，不使中共在此地区独占均势优势”，“为保持力量平衡，决策者必须随时注意敌、我、第三者力量的消长，保持机动并有决心使用断然手段维持现状”①。台湾当局的基本考虑是，只要在台湾维持一定的军事吓阻和反制力量，使台湾海峡地区的军力达到相对平衡，使大陆认为一旦对台使用武力将会付出巨大的代价，才可能吓阻大陆不会轻易对台使用武力。鼓吹“台独无害论”者甚至认为，即便台湾宣布“独立”，只要台湾有一定的军事能力和外国势力的支持，大陆也不会针对“台独”势力使用武力。

台湾当局对两岸军事平衡的设想对台海和平的维护是极其有害的。由于敌对性质安全关系的存在，两岸互不信任，又缺乏必要的沟通渠道，使一方军事力量的增长很容易引起对方的疑虑，导致对方对军事力量的相应加强。中国政府国防预算的增加和在东南地区军事部署的调动和例行军事演习行动都被台湾当局视为“安全威胁”。在这种“威胁”的认识下，台湾当局也必然通过各种途径加强其军事力量，包括向国外采购先进的武器装备来强化自我安全保护。这又使大陆方面认为台湾当局试图通过加强军事力量来对抗大陆统一的政策，必定导致对大陆的国防力量作相应调整。循环往复，虽然没有发生战争，但双方的军事实力都在不断增强。根据汉斯·摩根索的理论，这种双方军事力量的循环增长一般要到双方或者其中一方对自己的政策目标做出相应的调整，或者有一方取得决定性优势之后才可能停止。其结果不是弱方屈从与强者，就是以战争来解决问题。② 按照这种均势类型的解释，大陆和台湾安全关系的现状是一种不稳定中的稳定，不安全中的安全。由于目前双方的敌对与冲突处于一种可控制的状态，无论双方的军事力量的平衡达到多大的程度，都能在客观上维持不战的稳定安全状态，但在主观上却只能加剧双方不安全的心理。况且随着两

① 谢淑媛：《台海安全情报》，台湾玉山社出版事业股份有限公司，1996 年版，第 52 页。

② （美）汉斯·摩根索著，卢明华等译：《国际纵横策论》，上海译文出版社，1995 年版，第 230 页。

岸实力对比的发展变化不断朝向有利于大陆的方向发展，台湾当局想要维持“两岸军事平衡”客观上已经没有可能性，如果发展到与大陆进行“军备竞赛”，反而可能会拖垮台湾的经济。

美国是维持两岸军事平衡中扮演着特殊而重要的角色。“台独”势力单独并不具备分裂中国的能量，但危险在于它在某种程度上得到了美国的支持。美国的基本逻辑与台湾当局一致，但在具体做法上，美国有着更深层次的战略考虑。在台湾问题上，中美之间就存在着一种竞争型的均势。美国为了维护美国在台利益，保持台海两岸“不统不独”、“不和不战”的现状，在两岸之间实行一种“双轨”和平衡政策，在发展对华关系的同时，也不忘“保护台湾”免受大陆的“威胁”。中美两国在台湾问题上的争议，特别是围绕美国对台军售问题的争议，在客观上对台湾当局对抗大陆起到了鼓励作用。近年来，随着两岸政治经济形势的发展，美国维持军事平衡的政策也进行了一定程度的调整，从准备为台湾提供直接的军事保护转变为要求台湾加大对美军购，深化美台军事合作来加强台湾的“自我防卫能力”，实际上为台湾当局“以武拒统、以武谋独”提供更多的支持。

从上面的分析我们可以看出，均势作为一种动态平衡，无论是对抗型还是竞争型的均势，其本质是不稳定的。均势策略下的台海和平只可能是一种消极的和平，台湾当局的分裂路线和美国的支持是两岸构筑真正积极的和平与安全关系的障碍。中、美、台三方出于实力和策略的考虑，目前能够维持一种相对稳定的均势格局，但这种稳定只是在偶然或者在相对的一段时间内和在特定的条件下是稳定的。均势政策是对台海安全的一种消极维护，其主要目的在于防止冲突的发生，并不能从本质上解决两岸敌对的安全关系问题，从主观上消除人们对台海安全的疑虑。从长远来看，均势战略只是解决台海安全问题的一种缓冲手段，它不可能在根本上解决台海安全问题，在一定的时候甚至存在激化矛盾的可能，反而会危及到台海地区的和平稳定。

三、军事互信机制的建立

军事互信机制或“信任建立措施”最近在两岸政策中被越来越多地讨论和提及。军事互信机制（Confidence - building Measures）的概念是从欧洲安全与合作会议发展而来的。初次提出是在 1973 年于赫尔辛基召开的欧安会筹备议程的预备会议上。1992 年，欧安会各成员国达成维也纳文件，标志着军事互信机制走向成熟，其具体内容包括：军事信息的交换、军事行动或危险事件的报告与澄清、军事接触与交流、部分军事行动先通知其他国家、部分军事行动开放各国参观、每年军事行动时间表交换、军事行动限制措施及查证、军事热线的设置等等。“军事互信机制”从一出现就被认为是处理国家间政治安全关系的重要保障并开始在许多地区得到运用，欧洲、中东、中亚、东南亚等地区都有建立军事互信机制的实践。冷战后，随着国际冲突国内化和一些国家部族派别矛盾冲突的激化，建立军事互信也被某些国家用作保证停火、结束国内敌对状态和实现和平的重要手段之一。从20世纪90年代开始，中国政府开始接受并在国际实践中积极推动建立军事互信机制，认为这是维护安全的有效途径。迄今为止，中国已经同俄罗斯、印度、东盟、中亚等国家建立了军事互信机制。

建立军事互信机制的基本思想是透过交流和沟通来避免军事冲突或误判，以建立互信来达成目标，它是否能够运用于两岸关系之间，其基本的假设前提是两岸之间由于信任的缺乏，有发生军事误判的可能性，而这些误判将对台海地区的和平与安全构成威胁。应该说，两岸都有建立军事互信机制的意愿和需要。2004年以前，祖国大陆在两岸关系和台海安全的实践中，虽然没有明确表示建立军事互信机制，但一直强调沟通、交往和相互信任在两岸关系发展中的重要性，而且多次呼吁两岸可以先就结束敌对状态进行谈判，并欢迎两岸领导人互访。2004年以后，中国政府在建立军事互信机制问题上的立场更加明确。在2002年和2004年的台湾“国防报告书”中，“建立两岸军事互信机制”成为台“国防政策”的重要内容。祖国大陆在两岸关系中首次提出“建立军事互信机制”是在2004年的“5·17声明”中，此后2004年国防白皮书和胡锦涛总书记提出的新形势下发展两岸关系的四点意见中，都提到只要台湾当局承认体现一个中国原则的“九二共识”，就可以谈正式结束敌对状态、建立军事互信机制等问题。

台湾方面对推动两岸建立军事互信机制更加积极。根据台湾军方的内部资料，早在罗本立担任“参谋总长”时期，台军“参谋本部”就曾经进行过“信任建立措施”的研究，李登辉主政时期，军方、学者和反对党都有不少两岸“建立信任措施”构想的提出。在1996年12月举行的“国家发展会议”的研究报告中就已经提出，两岸架设“热线”并互派代表，是结束敌对状态并签署和平协议的要件之一。1998年4月，“行政院长”萧万长在“立法院”质询时表示，从两岸整体关系之现状和未来发展而言，他赞成与北京交换军事演习信息，“建立军事互信机制以避免因误判而引发战争”，并强调，“希望能和中共交换演习讯息，如果演习可以透明化，不但可以降低敌意，更可以维持两岸与亚太地区的和平稳定”。这被认为是台湾当局对“军事互信机制”的首次正式表态。① 陈水扁在1999年竞选期间公布的“国防政策白皮书”中，也提到要“在国家安全的前提下，逐步展开两岸主动式的信心建立措施，增强台、中‘两国’的互信基础，以降低台海情势紧张情势”。陈水扁2000年上台之后，逐步提出了“建构台湾军事安全互信咨询机制”、“台海中线划定和平区”、“建立两岸军事缓冲区”、“同步检讨两岸军备政策”、“共同研议形成‘海峡行为准则’”等建议。

两岸希望建立军事互信机制的主观意愿并不表明两岸当前就一定能够建立起军事互信。目前两岸在建立军事互信机制的前提上存在着巨大分歧。一般来说，建立军事互信有两种途径，一种是从政治领域的信任建立开始，然后再推展到军事领域；另一种则单纯建立军事领域的信任，这往往是发生在军事冲突的过程中，为了暂停军事行动而采取的措施。就目前两岸而言，虽然没有结束敌对状态，但并没有现实的军事冲突发生。在这种情况下，政治领域先建立信任有助于从根本上解决台海安全问题，如果仅仅只追求建立军事领域的互信而忽略政治互信，这种互信机制很难建立，即使勉强建立也是脆弱的。政治互信是军事互信的基础，两岸尚未结束敌对状态，如果没有相互信任的政治基础，建立军事互信机制就等于空中楼阁，没有实质性的意义；军事是政治的延续，建立军事互信机制从本质上讲是一个政治问题。祖国大陆多次主张，两岸的任何政治谈判和协商都必须在一个中国原则下进行，并多次明确表示，“在一个中国原则下，什么问题都可以谈”，当然也包括建立军事互信的问题。因此，建立军事互信是在一个中国原则基础上的，是两岸政治谈判的结果，是两岸关系进入和平发展阶段的表现。②

但是，台湾当局在建立军事互信机制问题上是另外一种考虑。在2004年“国防报告书”中，台湾当局列举了军事互信机制的具体步骤和做法，将军事互信机制分为近程、中程、远程三个阶段。近程阶段是要“互通善

① 王振轩：“建立信任措施——两岸建立军事互信机制之研究”，www. cafa. edu. tw/emmy。

② 刘红：“军事互信机制不意味大陆放弃武力统一”，中新网2004年5月18日电。

意、存异求同”，包括“续释善意并争取国际舆论支持，借由民间推动军事学术交流，透过区域及国际‘第二轨道’机制扩大沟通，推动两岸国防人员互访与观摩”等。中程阶段是要“建立规范、稳固互信”，包括“共同签署‘防止危险军事活动协议’、‘军机空中遭遇行为准则’、‘军舰海上遭遇行为准则’、‘台海中线东西区域军事信任协议’，划设‘军机禁、限航区’或‘军事缓冲区’、双方协议部分地区非军事化、撤除针对性武器系统的部署”等。远程阶段是要“终止敌对，确保和平”，包括“配合双方政府和平协议之签订，结束两岸军事敌对，进一步发展两岸安全合作关系，确保台海和平稳定”①。如果仔细分析这些内容，我们就会发现，台湾当局主张的“军事互信机制”中有非常明显地要将台海安全问题“国际化”、将台海分离状态固定化、永久化的意图。

台湾当局刻意回避通过一个中国原则建立两岸政治互信的问题，在一个中国原则问题上采取模糊、回避和不接受的立场，将重点放在两岸在军事领域建立互信机制，其主要目的是想借此迫使大陆放弃“不承诺放弃使用武力”的威慑政策。过去几年，陈水扁当局将体现一个中国原则的“九二共识”说成是“九二精神”、“没有共识的共识”，并在2002年5月提出“愿意在民主、对等、和平的原则下，随时随地与对岸展开协商和对话，不论什么议题都可以谈”。2004年，他又提出两岸可以“九二香港会谈为基础”，寻求“虽不完美，但可接受”的方案，作为进一步推动协商谈判的准备。陈水扁当局此举是想将“一个中国”作为议题放在“民主、对等、和平”的原则下谈，并以“九二香港会谈的基础”来虚化和回避一个中国原则、彰显“台湾是一个主权独立国家”。台湾当局这种对一个中国原则的态度对两岸建立军事互信机制的努力是极为不利的，只要它不接受一个中国原则，两岸能够建立军事互信机制的可能性就非常小，即使在某些领域有零星的避免军事冲突的措施出现，也不能从根本上维护台海安全。

四、构建集体安全保障机制

虽然台湾一直谋求实现两岸军事上的平衡，但两岸实力的巨大差距使台湾当局觉得单独依靠自身力量难以维护其安全，构建集体安全保障体系

① 台湾“国防部”主编：《中华民国九十三年国防报告书》，www.mod.gov.tw。

因此成为台湾的战略选择之一：所谓集体安全是国际社会设想的以集体力量威慑或制止其内部出现的侵略者或侵略行为的办法来保护每一个国家安全的一种安全保障体系。① “一国为大家、大家为一国（One for all，and all for one）”、“所有国家保证所有国家，所有国家对付一个国家”（All for all，all against one）是集体安全的口号，它是一种安全共享，风险共担的安全保障模式。集体安全的指导原则是参与国家之间基于共同的安全利益而加强协商，共同采取措施维护安全。在国际政治的运作过程中，集体安全往往成为“结盟”的同义语，不少国家在集体安全的名义下最终形成了军事政治同盟组织，这些组织不仅针对成员国开展维持安全的行动，而且还以非成员国的第三方为构成安全威胁的假想敌。目前的西欧联盟、北大西洋公约组织、美日安保同盟都属于集体安全模式。

台湾当局希望利用集体安全体系来保障安全的考虑由来已久。台湾曾经在1954年通过与美国签订“共同防御条约”而加入美国在太平洋地区的反共军事同盟，1979年中美建交之后，美台之间断交、废约，美台军事同盟瓦解。之后台湾当局建构集体安全的努力从两个方面展开，一是在亚太集体安全体系中扮演一定的角色，另外就是与美国构建事实上军事同盟关系的努力。台湾当局曾经考虑过通过参与APEC（亚太经合组织）、ARF（东盟地区论坛）和CSCAP（亚太安全合作理事会）等组织来建构增进台湾安全的亚太集体安全体系。台湾当局强调台湾作为亚太地区潜在冲突地区之一，毫无疑问应该被纳入其中一个安全架构之内，将台湾排除在外不符合维持区域稳定的原则。② 在与美国建构实质性集体安全方面，台湾当局也是不遗余力，特别是20世纪90年代美国提出“战区导弹防御系统”计划之后，李登辉立即指示台湾军方开展可行性研究，并一再通过各种渠道，请美方评估台湾参与该系统的可能和所需要的经费。台湾当局企图通过加入战区导弹防御系统使台湾纳入美日韩组成的“西太平洋安全体系”，从而达到既可以促使美日对台湾安全做出具体承诺，将美台关系提升到准军事同盟，又可以扩充军备与大陆对抗的目的。③

---

① 倪世雄：《当代西方国际关系理论》，复旦大学出版社，2001年7月版，第376页。

② 詹满容：《亚太集体安全体系之建构与我国扮演之角色》，台湾“行政院研究发展考核委员会”，1996年6月版，第125—126页。

③ 侯小河、张晖主编：《美国弹道导弹防御计划透视》，中国民航出版社，2001年8月版，第230页。

陈水扁上台后，台湾当局对与美日建立同盟关系的期待更加急迫和直接。2001 年 7 月陈水扁接受美国记者采访时提出三点希望，希望美、日、台三家合作，共同对付中国大陆的“导弹威胁”；希望能够加入美国的战区导弹防御系统；希望与美军联合进行军事演习。他还抛出所谓的“共同利益论”，称美、日、台军事合作“有利于维护台湾海峡的和平与亚太地区的稳定”，“对台湾有利，也符合美国和日本的共同利益”。在 2004 年连任后的就职演说中，他毫不掩饰地鼓吹，“台湾与美、日及许多国际友邦的友谊基础，不仅在于维护共同的利益，更重要的是建立在自由、民主、人权与和平的价值同盟关系”，并盼望国际社会继续关注并协助维护台海的和平与亚太地区的稳定。2005 年 1 月 28 日，他在接受日本记者采访时再度声称，大陆近来极力扩充军备，这不只是针对台湾，也对美国、日本是一种威胁。日美台之间除了要建立民主自由同盟关系外，更应该建立安保同盟关系。在美日将“鼓励通过对话和平解决台湾问题”列入两国在亚太地区的共同战略目标后，陈水扁表示“台湾应与美日等友邦有共同的战略利益和深化合作，对于‘我国’的生存和安全将有更大的保障”。

台湾如此急迫地想将自己纳入亚太地区或美日等国的集体安全体系之中，一个很重要的考虑就是把两岸可能的争论提升为区域性的问题，利用区域内其他国家的集体力量制衡大陆，以扭转台湾与大陆单独对峙的不利形势。[①] 台湾当局认为台湾的地理位置“位于西太平洋前缘中央位置，扼控亚太地区海空交通枢纽”，“台海的安全是亚太地区和平与稳定的保障，也是美国及亚太地区国家的重要和共同的战略利益所在”，因此台湾有资本可以“结合区域友盟力量，建构共同防卫体系”。为了达到这一目的，台湾当局除了在军事上向美、日等国靠拢外，还将“外交”作为“预防性国防”的一环和“第一线的国防”，通过各种途径“持续争取各国对台海安全的重视与承诺”，并与“相关重要国家及区域安全协作机制共同努力”，使台湾能够参与多边的区域安全论坛与机制，或同意与台湾进行双边的军事交流与对话，从而为台湾建构另一道“安全网”。

台湾当局构建集体安全保障体系的努力从一开始就面临着难以突破的困境。亚太地区集体安全体系的建立本身就面临着一系列的问题，由于亚

---

① 林子洋：《飞弹防御与国家安全》，台湾幼狮文化事业股份有限公司，2000 年 10 月版，第 103 页。

洲各国在政治、经济、历史、社会、文化等方面的巨大差异，加上受到民族主义、历史恩怨、边界领土争端等问题的影响，在短期内还看不到能够建立起集体安全体系的可能性。即使建立起这样的体系，中国必定会在其中扮演相当重要的角色，台湾当局很难扮演主导的角色，因此近年来台湾当局不得不在推动亚太集体安全体系的建构上采取低姿态。在美日集体安保体系方面，台湾也根本不可能成为美、日等亚太地区国家公开结盟的对象。任何结盟都必须有清晰的针对对象，有共同的危险和敌人是同盟建立和存在的前提条件，没有目标的结盟是不存在的，也是不能持久的。美日等国家都奉行“一个中国”政策，承认台湾是中国的一部分，根本不可能单独同台湾当局建立任何形式的同盟关系，因为这样将从根本上破坏中美、中日关系的政治基础。虽然美、日有利用台湾问题来防范和制约中国崛起的战略考虑，但在台湾问题上中国还不构成他们共同的危险和敌人。美日希望台海地区能够实现和平，而当前对台海和平构成最大威胁的是“台独”分裂活动，美国不可能同一个进行“台独”分裂活动威胁台海和平稳定的当局结盟，因为这将最终损害到美国的战略利益。此外，虽然在美日安保同盟中一直想直接或间接将台湾问题纳入其中，但美日安保同盟毕竟只是一个双边的军事同盟组织，它的范围只能严格限定在双边的范畴内，任何超出双边范畴势必引起亚洲国家的不安，给亚太地区的安全带来复杂的因素。从上述意义上说，台湾当局企图借集体安全体系来保障安全只能是一厢情愿。

五、发展两岸功能性交流合作

无论是武力威慑、均势平衡，还是建立军事互信机制、构建集体安全保障机制，都是直接针对政治、军事、安全等问题，来寻找解决两岸安全利益冲突的办法。而通过政治谈判结束敌对状态则是一种功能主义的方法，它强调在条件不成熟的时候，不直接触及政治、军事等敏感议题，而是先将焦点放在经济、文化、社会、教育等非敏感领域，为政治和安全问题的解决创造条件。功能主义认为，和平的真谛除了要降低国家或地区间的冲突以外，更要求社会经济等基本需求的满足，以及公共福利的创造，为了要提高治理冲突的效能，技术官僚有必要进行功能上的合作。也就是说，两个有核心利益冲突的主体如果要想化解利益冲突，就必须先避开政治、军事议题，优先从有共同利益的领域入手，在社会、文化、经济、技术等专业性问题上进行功能性合作或“统合”，然后将合作积累的经验转移或外溢到棘手的政治、安全问题上；功能主义的精髓就在社会、经济和政治、军事议题有分开性和优先性的特点。

台湾有学者认为，功能主义是以促进两岸民众福祉的积极做法，取代高压且具有破坏性的军事手段，来处理安全的威胁，两岸可以在不接触的前提下，经由台海两岸社会、文化、经济交流，来满足人道需求、增进相互了解，并建立互补互利的关系。这种由小处、近处培养两岸互信的共识，以“文化交流优先、次为经贸交流、最后再谈政治接触”的主张，就是具体的功能主义途径。① 前民进党主席许信良就曾经主张“大胆西进”，期待透过两岸之间的经贸合作，来降低彼此潜在的政治冲突。两岸之间曾经进行过一些功能性的合作，1992 年，海基会和海协会在香港达成体现一个中国原则的“九二共识”后，次年在新加坡举行的“汪辜会谈”就是针对两岸“民间性、经济性、事务性和功能性”的议题展开商谈，并取得了一定的成果，对当时台海局势的缓和起到了很大的作用。中国政府也一再强调，要大力发展两岸经济交流与合作，主张不以政治分歧去影响、干扰两岸经济合作。

在能否和如何通过经济、文化等功能性合作交流来解决两岸政治僵局和缓解台海紧张局势的问题上，两岸的理解存在着一定的差异。2001 年，陈水扁在元旦讲话中提出“统合论”，表示海峡两岸要“超越目前的争执和僵局，从两岸经贸与文化的统合开始着手，逐步建立两岸之间的信任，进而共同寻求两岸永久和平、政治统合的新架构”。“统合论”明显采用了功能主义的思考模式，两岸要通过统合实现“永久和平”，就必须在某些问题上建立保障统合顺利进行的机制。主张“两岸统合”的台湾学者张亚中表示，在统合之初，两岸可以尝试在一些不涉及“高政治”的层面建立共同体，共同推动统合进程，如规范两岸农业交流的“农业共同体”，杜绝走私、打击犯罪、维护两岸社会安定的“台湾社会安全共同体”，以及维护南海权益和开发南海资源的“南海共同体”等。张亚中认为，两岸的这些功能性统合机制的建立有助于双方人民的共同认同和归属感，对两岸

① 谢淑媛：《台海安全情报》，台湾玉山社出版实业股份有限公司，1996 年 1 月版，第 57 页。

的未来走向有正面作用。[1]

从功能上分析，加强两岸经贸和文化领域的交流和往来确实有利于两岸关系的良性互动以及整体台海局势的缓和，但这种功能性的合作并不必然导致政治和军事问题的解决。越来越多的学者认为，政治问题必须以政治性手段来解决。[2] 功能主义的一个重要考虑是透过功能性的合作，在渐近与没有痛苦的情况下将国家主权逐渐掏空，从而达到建立超越国家主权的超国家组织的目的，这是在两岸实践中不可能实现的。台湾当局的“统合论”并非只限于经济社会领域的合作，它的本质是政治性的。从过去十几年两岸交流的情况来看，台湾当局并没有将这些功能性的问题单纯化，更多地还是想借此达到其政治目的。如果台湾当局意图借加强经济文化交流来继续回避一个中国原则和无限期拖延政治谈判，为“台独”分裂活动赢得时间和空间，则最终会对两岸关系和台海安全产生不利的影响。祖国大陆主张，要排除人为的政治干扰，尽快实现两岸直接“三通”，使两岸经济合作可以直接、双向进行；要发挥两岸各自优势，建立有效的两岸经济合作机制；但最根本的还是台湾当局要承认一个中国原则和“九二共识”，以恢复两岸间的协商与对话，为两岸经济合作创造稳定的大环境。[3]只有在这样的大环境下，台海地区的和平与安全才能够从根本上得到保障。

---

① 张亚中：“参考欧洲统合，创造第三主体”，台湾《联合报》，2001 年 1 月 18 日。

② （法）Charles Zorgbie 著，胡祖庆译，《国际关系》，台湾五南图书出版公司，1995 年版，第 114 页。

③ “国台办副主任李炳才与台商座谈呼吁实现两岸经济直接双向台作”，《人民日报》海外版，2002 年 4 月 10 日。

第四章　两岸的军事安全战略比较

由于两岸安全关系的敌对性质没有改变，加上大陆和台湾在两岸的“主权现状”、威胁台海安全的根源以及实现台海安全的途径等问题上的认知不同，使得两岸在制定军事安全战略时的出发点有着根本的不同，从而直接导致军事安全战略的目标、方针、理念、任务、政策都存在明显的矛盾和对立。“军事安全战略”，也有人称为“国防发展战略”，它是对未来一定时间的军事建设和军事力量发展所进行的总体上的谋划和指导；军事战略是一个国家或地区整体发展战略的重要组成部分，并对该国家或地区的发展有重要影响。[①] 本章将选用公开出版的资料，就两岸军事安全战略的异同进行全面的比较分析。

第一节　两岸的军事战略方针或构想

军事战略一般包括战略指导方针、战略目标和根本任务、为实现目标而确定的军事政策等方面的内容。军事战略方针在整个国家军事战略中处于核心地位，它是一定历史时期国家或地区在军事上的总政策和总方略，是指导一定历史时期军事工作的基本依据。[②] 战略方针或构想主要来自于对主要问题的认识，对经验教训的分析，对未来趋势的预测和对战略依据的评估。[③]

军事战略在一定时期内具有相对稳定性和连续性的特点，但也应该根据形势的变化进行一定的调整。在当前形势下，国际战略格局的变化和走向、国家或地区周边安全环境、未来在各个战略方向上可能发生的战争及规律、高技术局部战争的战略指导等都是影响军事战略指导方针的形成、调整和变化的重要因素。[④] 中国政府和台湾当局各自军事战略方针和构想

① 刘鸿基、罗海曦：《国防理论》，国防大学出版社，1996 年 5 月版，第 238 页。
② 秋石：“从治国之道的高度思考军事战略问题”，《求是》，2003 年第 11 期，第 7 页。
③ 刘鸿基、罗海曦：《国防理论》，国防大学出版社，1996 年 5 月版，第 241 页。
④ 张东辉：《新方略·军事方略》，江西人民出版社，2001 年 6 月版，第 46 页。

的确定也基本上是以这些方面为依据的。由于国际形势、两岸内部局势、两岸之间的政治、经济、安全关系在过去的20多年中发生了巨大的变化，大陆和台湾的军事战略指导思想、目标、任务和方针也有一些新的调整。

一、中国大陆的军事战略方针

从中华人民共和国成立以来，中国的军事战略方针就是积极防御，即在战略上坚持防御、自卫和后发制人的原则。在不同的历史时期和战略阶段，积极防御军事战略有着不同的内容和表现形式。在中华人民共和国成立后的30多年时间里，中国的军队和国防建设指导思想一直是"立足于早打、大打、打核战争"，这与当时的国际国内形势、对战争预期和规模的判断有关。1956年，中央军委制定了新中国成立后的第一个"保卫祖国"的积极防御的军事战略方针，20世纪60年代至70年代，由于美国和苏联两个超级大国在世界各地的激烈对抗和争夺，加上以美国为首的西方国家和苏联先后对中国进行的政治、经济封锁和军事威胁，都让中国政府产生强烈的不安全感，认为安全环境已经急剧恶化，使中国政府对是否会引发世界大战保持高度警惕，对战争爆发的危险有过于严重的估计，形成了"战争不可避免，而且迫在眉睫"的观点。因此采取了积极防御、诱敌深入的方针，立足于应付最困难的情况，准备敌人早打、大打、打核战争。这一战略指导思想反映在台湾问题上就是将武力解放台湾作为对台政策的基本方针，同时对蒋介石企图反攻大陆、美台共同防御的军事同盟关系和美国军事干涉台湾的图谋保持着军事上的警惕和准备。

70年代末80年代初，随着国际战略格局出现新的变化、中国开始实行改革开放政策以后，中国的军事战略指导思想开始发生转变。针对未来全面反侵略战争的特点，中央军委确立了积极防御战略方针，提出坚持后发制人、坚持人民战争、坚持持久作战、立足于以劣势装备战胜敌人、立足于最复杂最困难情况下作战的战略指导原则。[①] 1985年，邓小平在中央军委扩大会议上指出，"这几年我们仔细地观察了形势，认为就打世界大战来说，只有两个超级大国有资格，一个苏联，一个美国，而这两家都不

① "中国的军事战略"，千龙军事网摘自《当代世界军事与中国国防》，http://mil.qianlong.com。

敢打”，“我们改变了原来认为战争的危险很迫近的看法”①。在对战争和威胁的担忧有所减弱后，中国政府开始将发展的重心转移到经济建设上来，经济建设成为全国党政军民都要服从、照顾和配合的大局，邓小平甚至号召“军队有自己的责任，不能妨碍这个大局，要紧密地配合这个大局，而且要在这个大局下面行动”②。对形势的判断和工作重点的转移也使得军事战略指导思想从原来的立足于早打、大打、打核战争的临战状态转变为进入和平时期建设的轨道。在军事战略指导思想转变为进行和平建设后，中国政府并没有排除爆发局部战争的危险性和可能性。与和平建设的指导的思想相适应，中国政府的对台政策也开始转向以“和平统一、一国两制”为主的基本方针，并提出通过两岸的商谈来结束军事对峙状态。

冷战结束以来，由于国际战略形势、中国的国家安全环境、国家发展战略、军事斗争任务都发生了重大变化，特别是随着世界战略格局走向多极化、世界军事领域的新军事变革蓬勃发展，世界大国及中国周边国家纷纷调整军事战略方针。除此之外，世界上一些被冷战掩盖的矛盾不断爆发甚至激化，某些西方大国借机进行武力干涉，各类武装冲突和局部战争明显增多，爆发的频率也大为加快，而科学技术的进步已经使冷战后的冲突与战争明显带有高技术的特征。中国政府于是对局势做出了世界“总体和平、局部战争，总体缓和、局部紧张，总体稳定、局部动荡”、“影响国际和平与安全的不确定因素还在增加”的新判断。中国政府认识到，局部战争已经成为当今世界的主要战争形态，军队还是要随时准备打仗，而现代条件下的局部战争，是广泛运用现代技术特别是高技术所进行的激烈对抗，高技术兵器已经成为夺取战争胜利的不可忽视的重要因素。③

为了适应形势和任务变化，在1993年1月的中央军委扩大会议上，江泽民同志指出，“我们在战略指导上早已从立足于早打、大打、打核战争，转到了重点准备应付局部战争和突发事件上来；现在根据国际形势的发展变化，我们要重点准备应付现代技术特别是高技术条件下的局部战争，这是我军战略指导思想的进一步发展和完善”④。进入新世纪以来，面对新阶

---

① 《邓小平文选》第3卷，人民出版社，1993年10月版，第127页。

② 《邓小平文选》第3卷，人民出版社，1998年10月版，第99页。

③ 侯树栋等著：《新时期军队和国防建设理论》，经济科学出版社，1998年12月版，第37、90页。

④ 《江泽民论有中国特色社会主义》，中央文献出版社，2002年8月版，第451页。

段的新形势新任务，中国政府进一步认识到，高技术是以信息化为特征的，因而提出把军事斗争准备的基点转变到“打赢信息化条件下的局部战争”上，并用这一方针统揽军队建设和改革的全局。这是积极防御的战略思想在新时期的重大发展，也是中国军队建设指导思想战略性转变的深化。

在2002年和2004年《中国的国防》白皮书中，中国政府对新时期积极防御的军事战略方针进行了详细的说明。首先，这一方针立足于打赢现代技术特别是高技术和信息化条件下的局部战争。中国积极防御的军事战略，立足点和着眼点一向都是准备应付战争并打赢战争，也就是从最坏的可能性去准备争取最好的结果，以敢战、能战而达到不战而屈人之兵的效果。中国人民解放军将围绕建设信息化军队、打赢信息化战争，实施科技强军战略，综合考虑威胁国家安全的各种因素，着眼于最困难、最复杂的情况做好防卫作战准备。

其次，这一方针注重遏制战争的爆发。遏制战争与打赢战争是军事斗争互为前提、互为目的的两个方面，遏制战争是打赢战争的必要条件，打赢战争是遏制战争的重要基础。人民解放军根据国家发展战略的需要，灵活运用各种军事手段，同政治、经济、外交等斗争密切配合，改善中国的战略环境，减少不安全、不稳定因素，努力遏制局部战争和武装冲突的爆发，使国家建设免遭战争的冲击。

第三，这一方针坚持人民战争思想，发展人民战争的战略战术。面对现代战争的新变化，中国坚持依靠人民群众加强国防建设，适应一体化联合作战的要求，建立能够充分发挥武装力量整体效能和国家战争潜力的现代作战体系。增强全民国防观念，实行精干的常备军与强大的后备力量相结合的武装力量体制；坚持平战结合、军民结合、寓兵于民的方针，完善动员体制和机制，拓宽动员领域和范围，建立适应现代战争要求的国防动员体系；坚持灵活机动的战略战术，创造现代条件下适合人民群众参战的新战法，发挥人民战争的整体威力。[①]

---

① “2002年中国的国防”，《人民日报》，2002年12月10日；“2004年中国的国防”，《人民日报》，2004年12月28日。

二、台湾问题在中国安全战略中的地位

中国的军事战略指导方针是因应国际国内整体形势的发展变化制定，是针对所有可能发生的将中国卷入其中的局部战争和所有可能对中国的国家安全构成的威胁。台湾问题涉及到中国的核心利益，是中国当前所面临的国家安全问题之一。有台湾学者认识到，台湾问题的解决是大陆议程中的重中之重，它既是国家统一问题，又是周边稳定问题，同时也是大国关系中的核心敏感问题，因此，归根究底，如果解决的统一问题，就比较能够达成大陆所设定的战略目标；一旦台湾独立，必然破坏大陆的整体战略格局①。有大陆学者也认为，在当前形势下台湾问题是可能使中国卷入军事冲突的危险之一，当台湾岛内局势发展到台湾当局铤而走险进行重大“台独”事变时，中国将被迫采取武力的方法统一台湾。② 中国政府也多次明确表示，如果台湾当局搞“台独”，外国势力又插手干涉，必将引起台湾海峡局势大乱，我们绝不会坐视不管。③

这表明中国的军事战略方针同样适用于台海地区的局势，虽然中国政府一直希望避免两岸兵戎相见，“中国人不打中国人”，希望维持台海地区的和平与稳定，由于台湾当局低估了大陆在遏制“台独”、争取统一问题上的决心，低估了大陆维护国家统一的经济和军事能力，高估了大陆对战争后果的担心，高估了美国对台湾当局进行“台独”分裂活动的支持和卷入台海冲突的现实可能性，近年来，民进党当局持续不断、变本加厉地进行“台独”挑衅活动，已经导致两岸关系的持续紧张和恶化，这种误判和赌博心理很可能导致台海地区发生各方都不愿见的军事冲突。为了防止台湾发生重大的“台独”事变，以及外国势力插手其中，中国政府不得不为此做好军事斗争的准备。台湾当局近年来不断引进高科技技术装备，并积极研发和筹获精准、远攻型武器系统及建置电子反制部队，将“信息电子战”、“建立台海电磁屏障，掌握电磁优势”等作为战争准备的重点之一。这表明一旦台海地区因为“台独”分裂活动而导致军事冲突的发生，特别是外国势力介入，就很可能是一场高技术和信息化条件下的局部战争。

---

① 薛钊；《战略性的思考；台湾的安全与抉择》，台湾时英出版社，2001 年 4 月版，第 327 页。

② 阎学通：《中国国家利益分析》，天津人民出版社，1997 年 8 月版，第 155—156 页。

③ 《江泽民论有中国特色社会主义》，中央文献出版社，2002 年 8 月版，第 498 页。

但是必须指出的是，中国政府的国家安全战略和国防建设并非也不可能只针对台湾问题，中国政府所进行的军事斗争准备也并非只为了解决台湾问题，对台军事政策依然要服从于整体国家安全和发展大局的需要。反制“台独”和外国势力干涉的军事斗争准备同样是中国积极防御军事战略方针的一个组成部分，它的着眼点依然是最大限度地遏制战争的发生。

三、台湾当局军事战略构想的演变

从1949年国民党当局败退台湾，海峡两岸开始军事对峙以来，台湾当局的军事战略构想一直随着国际形势、两岸关系和岛内局势的变化而进行调整，总体来说经历了“攻势作战”、“攻守一体”、“守势防卫”等阶段，2000年6月16日，陈水扁在台“陆军军官学校”提出“决战境外”的战略构想，也值得关注。总的来说，台湾的战略构想的特点是来源于中国古代军事思想和现代西方特别是美国军事战略理论的结合，并且理论联系实际，具有很强的针对性。[①]

（一）“攻势作战”时期（1949—1967）

在1949年败退台湾后的相当一段时期，国民党当局并不甘心在大陆所遭受的失败，一直将“以台湾为基地”，“反攻大陆、雪耻复国”和“依美求存”作为军事战略的主要指导思想。20世纪50—60年代，台湾当局在这一思想指导下进行了多次军事冒险行动，这实际上是国民党统治集团在大陆期间的军事战略思想在退踞台湾后的延续，在一定程度上带有“攻势作战”的特点。

1950年6月，朝鲜战争爆发后，蒋介石就幻想由此引发第三次世界大战来达到“光复大陆”的目的，但美国却立即以“协防台湾”、“台湾海峡中立化”为借口，派出第七舰队进入台湾海峡，阻止中国人民解放军解放台湾，防止两岸之间发生军事冲突。同年10月，蒋介石正式提出“建设台湾，反攻大陆”的号召，奠定了台湾“攻势战略”的基调；1952年10月，蒋介石在国民党第七次代表大会上要求“制定反攻大陆方案”，使“反攻大陆”成为“基本国策”[②]；1953年元旦，蒋介石提出“军事第一、

---

① 库桂生主编：《台湾军事力量透析》，国防大学出版社，2000年4月版，第6页。

② 库桂生主编：《台湾军事力量透析》，国防大学出版社，2000年4月版，第14页。

反攻第一”，“一年准备、两年反攻、三年扫荡、五年成功”的口号①。蒋介石“反攻大陆”的构想当时并没有得到美国的完全支持，1951年2月913，台湾当局与美国签订“中美军援协定”，美国声明军援台湾的武器装备以自卫为限，但蒋介石并没有因此放弃军事反攻大陆的目标。1953年7月16日，蒋介石派“金门防卫司令”胡琏率1万多士兵，13艘舰艇和30多艘机帆船偷袭福建东山岛，最终国民党军队是伤亡惨重，落败而归。

虽然东山岛一战后，蒋介石再也未能派出成编制的部队反攻大陆，但其军队的建设依然是围绕着“反攻大陆”而全面展开的。为了维持足够的反攻兵力，1965年以前台湾当局的总兵力一直保持在70万以上；在兵力结构上，台湾的陆军部队达到30个师，还有两个师的海军陆战队，这种“大陆军主义”的兵力结构被认为要凸显“攻势”特征②。为了随时准备伺机“反攻大陆”，台军的训练也非常具有针对性，1958年，台军组建重装和轻装步兵师，频繁模拟进行针对大陆军事地理特点的军事演习，以增强独立作战和山地作战的能力。在大陆出现自然灾害、中苏关系恶化和“文化大革命”期间，都曾经被蒋介石认为是“反攻大陆”的机会。1960年，台“国防部”以任务编组的方式，成立专门策划反攻大陆的“国光作业室”，一边在大陆发生动乱时由华南挥师反攻，但最终还是因为顾忌大陆充分的军事准备和遭到美国反对而未能得逞。

这一时期台湾当局的“攻势作战”的军事战略构想实际上是一种名不副实的“攻势”，在很大程度上是“以攻为守”的战略。当时的国际环境、两岸的实力对比、美国的反对态度都使“攻势作战”成为不可能。特别是1954年美台签订“共同防御条约”和“八·二三炮战”以后，国民党当局受到来自美国方面的限制和阻止，已经不可能对大陆采取任何的军事反攻行动，台湾的军事战略不得不放弃军事反攻大陆的构想，而采用“攻守一体”的战略。

（二）“攻守一体”时期（1968—1978）

20世纪60年代末70年代初，随着国际社会对中华人民共和国的承认越来越多，特别是美国总统尼克松访华和联合国恢复中国的合法席位后，

---

① 陈孔立编著：《简明台湾史》，九洲图书出版社，1998年1月版，第220页。

② 谢淑媛编著：《台海安全情报》，台湾玉山社出版事业股份有限公司，1996年版，第76—77页。

台湾当局所面临的外部环境压力进一步加大。此时，跟随蒋介石到台湾的大批军官、士官面临退伍，台军从数量和结构上都经历了很大的变化，虽然台湾当局声称要实行“精兵政策”，但却依然定下“60万大军”的兵力目标。在力不从心、内外交困的情况下，台湾当局的军事战略思想被迫进行调整，开始由“以攻为主”转向“以防为主”、“独立固守”，战略立足点也由“依美协防”转向“独立防御”，提出了“攻守兼备、攻防一体”的战略构想，但这一构想也反映出此时的台湾当局并没有放弃“反攻大陆”、“反共复国”的幻想。①

为了贯彻“攻守一体”的战略构想，1970年，台湾当局拟定了旨在独立防守台湾的“固安”作战计划，将台澎金马地区分为5个相对独立的作战区，强调“分区固守、独立作战”，基本上确立了整体防御的作战态势。1973年，台湾当局正式提出“攻防部署上以强化台湾防卫为第一优先，确保台湾安全；同时加强攻势作战准备，相机策应反攻”的防御作战总构想，声称要“独立作战、自力更生、死里求生、坚持到底”。②

“攻守一体”的战略要求台军把战争准备的重点转向增强台岛防御和战争能力的储备上来，为了能够使部队更加熟悉本作战区域的地形和预案，台军取消了定期换防的制度。在兵力部署上，台军对地面部队编组进行重大调整，将师改为有利于岛屿防御的联兵旅；大幅裁减了用于登陆作战的海军陆战队；削减了驻金门、马祖外岛的驻军，增强了澎湖的守备力量，海空军力量向台湾东部疏散配置，以扩大防卫作战的纵深，并在本岛和离岛大规模修筑防御工事。在兵力建设方面，台军加强了后备役的建设，到80年代末，台湾后备役兵员达327万多人，在战争爆发后的48小时内可动员25万人参战。此外，台湾当局还加强了武器系统的更新和自我研发能力。但台湾当局研发攻击性武器和核武器的企图受到了美国的强力阻止，1969年，台湾当局成立以发展核武器为目的的“中山科学研究院”，却受到美国的严密监督。1974年，台湾研制射程1000公里可攻击上海、武汉的中程导弹“天马飞弹”，遭到美国的制止。70年代末期，在美国的压力下，台湾也被迫停止发展核武器的计划。

---

① 中共中央台办、国务院台办：《中国台湾问题》，九洲图书出版社，1998年9月版，第37—38页。

② 库桂生主编：《台湾军事力量透析》，国防大学出版社，2000年4月版，第16页。

（三）“守势防卫”时期（1979—今）

70年代末80年代初，随着中美建交、美台《共同防御条约》的废止，大陆改革开放政策的实行，以及和平统一方针的提出。台湾当局的军事战略面临进一步调整的压力，从政治上看，1981年国民党在十二全大会上，提出“三民主义统一中国”取代了过去的反共复国；从军事上看，中美建交后，美台之间的军售受到一定的限制，以美国为主的有限度的军购武器不能满足台军的需求，在军购时经常“饥不择食”，或为“外交”需要采购不适用的军品①。台湾当局不得不放弃“兵多即强”的观念，转而强调重质不重量的“精兵政策”。1980年起，台湾当局开始实行“五项国防现代化计划”，即佳山计划、IDF战斗机研究生产计划、二代舰采购计划、M48H勇虎号战车生产计划和天弓号导弹研发计划。这标志着台湾开始迈向防御性军事战略的发展时期。

1982年3月，台“国防部长”宋长志在“立法院”答询时表示，“当前我国的国防政策是精兵政策和攻守一体，在战略指导上，现阶段是战略守势。就守势战略而言，防守台湾海峡，首先要注重防空，能制空，海军才能制海。在战略守势之下，随时也要作攻势的准备”②。虽然台湾当局在很长一段时间不断表示“攻守一体”依然是当时的“国防政策”，但在战略上已经明显出现了向“守势防卫”转变的迹象。1992年2月，“国防部”公布第一部“国防报告书”，首次提出“空中防卫、海上防卫、陆上防卫”的战略理念，取代了多年来被奉为指导方针的“制空、制海、反登陆”提法。1994年3月，台“国防部”公布第二份“国防报告书”，提出台军建军构想已从“攻守一体”改为“守势防卫”。

80年代末90年代初，台湾的内外形势都发生了巨大变化。台湾当局1987年开放了民众赴大陆探亲，两岸隔绝状态被打破，1988年李登辉上台后，开始在岛内推行“宪政改革”，将“中华民国”体制“台湾化”，在大陆政策上不断背弃一个中国原则。而在国际上，东欧剧变、苏联解体和冷战的结束让台湾当局觉得有机可乘，提出要抓住时机，谋求“独立政治实体”的地位，争取国际认同。为了与上述政策相适应，台湾当局更加明确了台湾军队的任务就是“确保台澎金马地区的安全”的军事战略思想，

① 苏进强等著：《国军兵力结构与台海安全》，台湾业强出版社，1996年版，第9页。

② 台湾《中央日报》，1982年3月17日，第1版。

不再提“反攻大陆”。1990年6月，台“行政院长”郝柏村在“立法院”质询时公开表示，“当前我国的国防目标以防卫台澎金马为主，而非军事反攻大陆”。在这一战略思想的变化是台湾当局的岛内、两岸和对外政策在军事上的体现，也表明其完全放弃了蒋氏父子时代长期坚持的“光复大陆”的战略目标。

冷战结束后，国际政治安全形势继续朝着不确定的方向发展，台湾当局对此十分关注，认为“就大局而言，对抗的温度下降，大规模之冲突不易发生，但地域性有限战争，随时有爆发之虞”，这是一个“希望与危机共存、战争与和平同处”的时代，国际情势仍然充满变数，因此，“维持适当自卫的军力，以保障国家安全，反而益为重要”①。至于台湾可能卷入的有限战争，台湾当局明确提出“中共武力侵犯的行动”是“危害（台湾）国家生存最直接、最严重之威胁”，并将“抗拒此种威胁而保障国家安全”作为“国防最重要之课题”。在军力准备上，台湾当局提出要依“攻守一体”及“战略持久、战术速决”的战略指导，结合“精简常备、广储后备”的精兵政策，来进行动员战备整备，以达到“立即动员、立即成军、立即作战”的“国防目标”。②

除了“排除和抗拒中共武力威胁”以外，台湾当局还提出要“预防”和“吓阻”战争的发生，维持台海的和平稳定，这是在两岸实力对比不断发生变化的情势下台湾当局军事战略思想的又一微妙变化。进入新世纪以后，台湾当局对国际战略环境和所谓“中共军事威胁”再次进行评估后，将“预防战争”、“维持台海稳定”、“保卫国土安全”定为现阶段“国防战略”的基本理念，即“国防整备的目的，在建立足够防卫能力，以防止冲突、预防战争”；“透过建立安全对话与交流的多元管道，逐步建构两岸军事互信机制，促进台海安全稳定化，以达成预防战争之目的”；“秉持‘止战而不惧战、备战而不求战’之理念，建构‘有效吓阻、防卫固守’的基本武力”；“若敌强行进犯，将倾全力保卫国土安全”。③

对于新形势下的战争形态，台湾当局认为，“国家安全已从狭义的军事安全观进入到广义的多元安全观，亦即涵盖国防、外交、两岸、财经、

① 台湾“国防部”主编：《中华民国八十一年国防报告书》，第10页。

② 台湾“国防部”主编：《中华民国八十一年国防报告书》，第41页。

③ 台湾“国防部”主编：《中华民国九十一年国防报告书》，www. mod. gov. tw。

科技、心理、环境及危机管理等综合性的范畴”；因此现代战争不是单纯的军事和纯武力的战争，是包括政治、经济、文化军事的总体战争，随科技发展，战争预警时间缩短及战场范围扩大，战争已无平时、战时、前方、后方之分。因此，台湾当局认为“国防”是“以军事为核心的国力总和，是吓阻外来武力威胁，稳定社会、人心，推动国家政治、经济、文化建设的首要工作”。与之相适应，台湾当局提出“国防建设”必须着眼于全盘，政、经、心、军密切配合，以政治建设为基础，坚定“国家意识”；以经济建设为后盾，充实“国防”实力；以心理建设为动力，凝聚全民意志；以军事建设为核心，吓阻武力威胁。①

三、当前台湾当局的军事战略构想

从 1991 年台湾当局宣布终止“动员戡乱时期”，确立“不以武力作为国家统一的手段”以后，一直将“防卫固守、有效吓阻”作为“国防建军的最高指导原则”，它也是台军“守势防卫”的核心思想。1999 年，台湾当局将“防卫固守、有效吓阻”战略调整为“有效吓阻、防卫固守”，并沿用至今。2000 年 6 月 16 日，陈水扁在出席台湾陆军军官学校校庆时首度提出“决战境外”的军事战略构想。虽然“决战境外”最终因为种种考虑并没有写入台湾当局正式的“国防政策”文件，但其思想实质已经开始影响到台湾的军事战略构想。

（一）“有效吓阻、防卫固守”的内涵

在台湾的军事战略构想中，“防卫固守”与“有效吓阻”是相辅相成和不可分割的，防卫固守是目的，有效吓阻是手段。1999 年以前的台湾军事战略构想是首先立足于防御，其次是强调吓阻，提出本着“不挑衅、不回避”的态度，处理任何可能突发的军事危机，并随时保持“紧急应变”、“快速反应”的战略应变能力及庞大的后备战力，“有效吓阻敌之蠢动”。②1999 年以后，台湾当局开始强调防卫的主动性，提出“必须防卫中有攻击，攻击中有防卫，才可以击退敌人”，前提要做到“有效吓阻”，才能“防卫固守”。2002 年，台湾当局进一步提出“有效吓阻、防卫固守”就

① 台湾“国防部”主编：《中华民国八十七年国防报告书》，台湾黎明文化事业股份有限公司，1998 年 3 月版，第 48 页。

② 台湾“国防部”主编：《中华民国八十七年国防报告书》，台湾黎明文化事业股份有限公司，1998 年 3 月版，第 52 页。

是要在战争伊始即“以海空优势作为，选择有利海、空域，逐次阻歼来犯敌军，确保国土安全”；“作战全程配合信息、电子、特种作战，袭扰、破坏敌军战役组织与打乱其作战计划，并持续攻击敌之“指管通资情监侦”关键节点，局限、消耗敌军统合战力”①。

台湾当局历年的“国防报告书”中对“有效吓阻”和“防卫固守”下了明确的定义。1998 年的“国防报告书”中指出，所谓“有效吓阻”为“守势吓阻”的一种，其设计是希望以最小的军力，达到让对方了解，使用武力必得不偿失，但是否放弃使用武力，仍取决于对方的认知（敌人的反应），因此在对方放弃使用武力之前，必须不断加强防御力量。“防卫固守”则是指“若敌不计牺牲代价，强行突击登（着）陆，则依‘战略持久’与‘战术速决’之指导，统合运用三军兵力、火力、依滩岸战斗、要点固守及强力之连续机动打击，逐次歼敌于滩头或阵地内，并动员全民力量遂行总体战，困陷消耗敌军，争取最后胜利”。

2002 年台湾的“国防报告书”列举了“有效吓阻”的一些具体作为，包括建立早期战争预警系统；建立高效率联合作战机制与战力；提升信息、电子战攻防能量；保持海、空优势，整建地面决胜兵力；强化紧急应变、快速反应、立即作战能力；坚实庞大后备动员战力；迫敌面临“胜算不确定”、“伤亡很惨重”之抉择，而不敢轻易犯台。“防卫固守”的具体作为包括，防护御敌、软硬兼施、关键打击、资电作战；主动、被动防御、C4ISR 战略持久战；严密监侦、联合防空、适时决战的制空作战；反制封锁、机动截击、空岸配合的制海作战；遏制超限、快反机动、分区击灭、连续反击的地面作战：建构“全方位、全民参与、总体防卫、民众信赖”的全民国防。

2004 年台湾的“国防报告书”将“有效吓阻”定义为“建立具备吓阻效果的反制及防御战力，并部署可以有效瓦解或迟滞敌攻势的兵力，使敌在理性的战损评估下，放弃任何采取军事行动的企图”；而“防卫固守”是指“一旦吓阻失效，敌军对我国发动军事入侵时，则以全民总体防卫力量及三军联合战力，坚决实施国土防卫，以达成拒敌、退敌与歼敌的目标”。

同 1998 年的定义相比，2002 年和 2004 年台军的“有效吓阻”更加强

---

① 台湾“国防部”主编：《中华民国九十一年国防报告书》，www. mod. gov. tw。

调建立“具有吓阻效果的反制战力”，而不是“希望以最小的军力”来进行吓阻。这表明台军“吓阻”的概念已经不是传统意义上的威慑，而是越来越明显地包含了“以战止战”、“实战威慑”及“进攻性威慑”等带有主动性、积极性、攻击性的吓阻内涵。台湾军事学者谭传毅就认为，“在现代战争中，部分的、有限的使用武力，有时甚至抢先使用武力，以高强度的小战震慑对手，从而屈人之兵，也可称之为实战威慑”。因此，台军虽然将“有效吓阻”定性为“守势吓阻”，但未来将更加强调“先制”、“反制”作战，强调“主动反制”、“先发制人”、“先机制敌”，试图以有限的战略和战术进攻态势达成制止战争爆发或阻止战争升级的目的，但这种“攻势”思维与“台独”分裂势力的“台独”图谋相结合，很可能会导致他们误判形势，自我膨胀，反而导致战争的发生和战争烈度的加强，从而对台海安全构成更大的威胁，陈水扁上台不久即提出“决战境外”就是典型实例。

（二）“决战境外”的提出

2000年6月，台湾地区领导人陈水扁上台还不到一个月，就迫不及待地提出“决战境外”的军事战略构想，主张未来台湾应以制空、制海、反登陆程序，提升早期预警，以决战境外的观念，构建威慑大陆的军事力量，作为建军备战的方向。虽然陈水扁当时并没有就这一理念作详细的阐述，但在其竞选期间发表的“国防政策白皮书”中，已经对“决战境外”进行了清晰的说明。按照陈水扁“决战境外”的构想，一旦台海两岸发生战争，台湾将把战场向海峡中线以西乃至向大陆境内转移，甚至对大陆的目标实施“先发制人”的攻击性打击，从而做到“拒敌于彼岸、击敌于海上、毁敌于水际、决战于滩头”。

陈水扁在其“国防政策白皮书”中对为什么要提出“决战境外”进行了说明，即“由于台湾属于海岛型国家，与中国间隔的台湾海峡平均宽度约为两百公里，基于此一有利屏障，台湾应采取海岛国家防御战略，以制空、制海为兵力优先建构之指导原则，致力提升海空军现代化与科技化，求取装备及人员素质的领先，并将决战场域设定在台湾海峡及其上空，乃至敌人领土之上，而非本岛西岸滩头”。对台湾而言，“由于相对国防资源较为有限，对敌人遂行源头攻击，将是争取战场主动权，掌握战略优势的重要关键”。因此，台军在军备整备方面必须“依据决战境外的战争指导原则，国军应积极筹建源头打击力量，优先强化海空军力，建立三军联合作战能力，积极发展电子信息作战能量，健全 C4ISR 系统整合，确保我方台海信息优势；同时，引进民间科技研发与产能，扩大民间参与空间，健全军备发展与整备制度”。

陈水扁还对“决战境外”的具体做法进行了描述，即“一旦潜在威胁来源，采取敌对的武装行动或威胁，且大规模军事冲突已无可避免时，台湾将断然使用武装力量，采行快速而积极的军事行动，将敌军击毁于境外，摧毁于战场纵深之后方基地，瘫痪其本土军事目标”；“为有效防卫国家安全，国军必须掌握先机，对于敌人一切具有威胁性的军事目标与设施，都可能成为我方之攻击选单，并采取立即而有效的反制措施，这些措施将包括采取先制性攻击行动在内，以有效摧毁、瘫痪敌人的战争机器”；“台湾防卫作战之最优先考量，乃是于战时压制、干扰敌军之指管通情系统，歼灭击退进犯之敌机与敌舰，瘫痪敌军之海空基地，争取台海上空之制电磁权与制空权，进而确保制海权之行使，以将中国庞大的地面部队牵制于彼岸，避免将战火带入领土而使家园沦为战场”。

“决战境外”提出以后，在台湾军方和岛内民众中都引起了很大的争议和质疑，有人表示支持，更多的人认为是自不量力。台湾军方立即出面解释说，“国防部”对“决战境外”早有观念和构想上的改变，陈水扁定义的“决战境外”与台军“参谋本部”的认知没有差别。“决战境外”是指决战要在“作战地境之外”，“选择台海有利的海空域”，“以空海战力为优先的三军联合作战”，“积极争取战略主动权，避免将战争带入本土”，其实还是“积极防御、守势决战”，实现“吓阻”与“固守”的战略构想。台“参谋本部”作战次长室执行官程士瑜则表示，“决战境外”战略是对原先“被动防御”战略的修改，今后台湾武装力量的首要任务将是对大陆实施“有效威慑”，“固守防卫”已成次要。2001 年 12 月 7 日，台“国防部长”伍世文在接受香港媒体采访时首度透露，台湾正积极部署，一旦开战，台湾会在距台湾本岛外 80 公里的海峡中线附近“以先进武器”与解放军决战，“以免造成台湾严重的伤亡和经济损失”，台湾军方的目标是在海峡中线就“把解放军击退”。①

为了配合陈水扁的“决战境外”战略构想，台湾“行政院”还打算编列“万剑计划”预算，用来研发可以将战火延伸到“境外”的武器系统。

---

① 中新网，www.china.org.cn，2001 年 12 月 7 日。

这项预算最终因为遭到各方的反对而被删除，“决战境外”也并没有被正式列入台军的建军构想，但其精神实质已经在台军的军事战略中开始得到贯彻。2002年的“国防报告书”中，台湾当局首次将台军长期坚持的军事战略由“制空、制海、反登陆”调整为“制空、制海、地面防卫”，提出“凭借台海有利天堑，续本战略持久之指导，按制空、制海、地面防卫作战，发挥三军联合作战战力，力求歼敌于有利海、空域”。2004年“国防报告书”也提出“于敌发动犯台之初始，即适时展开战术性反制攻击，以求制敌机先”，并“藉制空、制海飞弹部署，扩展战略纵深”，“以提升纵深打击力量”。这里的“有利海、空域”、实施“纵深打击”实际上指的就是所谓的“决战境外”。

自从陈水扁提出“决战境外”以来，台湾军方和政治人物就不断围绕这一构想做文章。2000年12月，台湾军方通过“行政院”提出了所谓的“瘫痪战”的新战术，即当台军方认为北京有可能对台采取军事行动时，台军就先下手，对大陆沿海和纵深内的重要军事目标实施打击，妄图使北京丧失对台动武的能力。2003年6月，台“国防部长”汤曜明声称，若台湾遭到大陆攻击，必会反击，而且台军已经具备反击大陆的能力，甚至包括三峡大坝在内“都是反击能力可及之处”。据台湾《新新闻》杂志披露，台“国防部”还制定了“毒蝎作战计划”，以“先发制人要打到大陆的痛处”，已锁定广州、深圳、香港、北京、上海、大连、厦门、青岛、天津等十大城市作为打击目标。2004年9月，台“行政院长”游锡堃声称，台湾要达成“有效遏阻、防卫固守”战略目标，必须拥有足够的反制能力，与对岸保持“武力平衡”，如同过去美苏冷战时代，“如果你打我100颗飞弹（即导弹），我也能打你100颗飞弹，而就算我不要打你100颗飞弹，至少也打50颗好了；又或者你打台北、高雄，我至少也可以打上海。如果今天我们有这样反制能力的话，台湾就会很安全了”。①

无论是“有效吓阻、防卫固守”还是“决战境外”，台湾当局都将所谓的“吓阻”放在军事战略的首位，企图通过吓阻来实现“以武拒统”和“以武谋独”的目标。实际上，“吓阻”从军事理论上讲是强者对弱者的战略，以台军自身的实力，根本无法达到真正吓阻大陆的目的，也没有实现“决战境外”的资本。台湾当局过去50年的军事战略从“攻势战略”转向

① 中新社2004年9月26日电。

“守势战略”的过程本身就是台湾军事能力欠缺的表现，况且随着大陆经济军事实力的增长，两岸的实力对比继续朝着有利于祖国大陆的方向发展，台湾的军事地理位置也决定了台军始终必须面临防御作战的局面。因此，有军事专家指出，台湾当局提出“有效吓阻”、“决战境外”的真正目的，除了为自身打气壮胆，愚弄台湾民众以外，很难有实际的效果，更不可能指望因此避免因“台独”而引发的战争。

第二节　中国大陆的国防军事战略目标与台湾的“国防”军事战略目标

国防军事战略目标通常是指在一个较长的时期内，运用各方面的条件和力量，在发展军事和国防力量上所要达到的结果和所要承担的总任务，它是制定军事战略方针或构想的核心问题和关键所在，在一定意义上说，研究和制定军事战略的各项活动，主要都是围绕着如何确定和实现战略目标而进行的。[①] 国防战略目标按照不同分类有长期目标和短期目标之分，有永久性目标和暂时性目标之分，有核心目标、重要目标和一般目标之分。一般来说，维护国家的安全和利益是任何国家或地区国防和军事战略的根本目标和首要任务，它是永久性的总目标；但由于不同阶段对国家安全和利益的重要性和迫切性的理解和要求往往并不相同，军事战略目标和任务也是可以根据形势的变化而修正和调整的。

一、中国大陆的国防战略目标

国防的根本目的是维护国家利益。2002 年和 2004 年《中国的国防》白皮书明确地指出，中国的国家利益是制定国防政策的根本依据和出发点，国防政策应该服从和服务于国家的发展战略和安全战略。这里的国家利益不仅仅是指国家安全利益，还包括其他方面的利益。有学者将国家利益定义为“一切满足民族国家全体人民物资与精神需要的东西”[②]；也有学者认为国家利益是指一个国家的人民与政府认为值得追求的共同需要，其

---

① 刘鸿基、罗海曦：《国防理论》，国防大学出版社，1996 年 5 月版，第 241、264 页。
② 阎学通：《中国国家利益分析》，天津人民出版社，1997 年 8 月版，第 10 页。

中包括国家领土完整、政治独立以及经济繁荣等主权和目的有关的一切事项[①]。一般来说，维护国家的安全与发展是国家利益中最核心和最关键的因素。在国际或地区政治中，军事手段在维护和实现国家利益中有着重要的地位，国防斗争在很大程度上就是围绕着国家的安全和发展利益展开的，是否符合国家利益也是衡量国防政策的重要标准之一。国家利益的内容不是一成不变的，随着中国政治、经济的发展和国内外形势的变化，中国的国家利益也在不断的变化和扩展之中，明确一定时期内国家利益的具体内容就成为制定国防和军事战略目标和任务的前提。

（一）中国的国家利益内容

中国的国家利益主要体现在安全和发展两个方面，安全与发展是互为前提，互相促进的。国家主权与领土安全是国家安全利益中的核心内容，经济繁荣、科技进步和社会发展则关系到国家力量的增长和民族的复兴。一个国家的安全如果遭到破坏，就会失去和平稳定的发展状态，就难以实现发展的目标；同样，如果没有国家的发展，就没有足够的力量、无法有效地维护国家的安全利益。但是，中国的安全和发展利益是否得以维护，不仅同中国所拥有的实力和政府所作的战略决策有关，也同国家所受到的威胁种类与程度有关。

从中国所面临的现实或潜在威胁来看，21世纪中国所面临的安全问题依然严峻，虽然目前中国面临的直接外敌入侵的概率很小，但世界并不太平，一些潜在的不安全因素依然存在，中国安全保障系数并不能说是高枕无忧，中国被迫卷入战争的可能性并非不存在，不仅周边地区的冲突威胁没有完全消除，一些领土和海洋权益的争端也没有解决，亚太地区安全形势中的复杂因素也在增加，恐怖主义、分裂主义、极端主义活动的隐患更加凸显，我国在国家主权与领土安全领域面临的挑战越来越引起人们的关注。从发展方面来看，当前中国社会主义发展和建设的总目标是全面建设小康社会，到本世纪中叶，基本实现现代化，把中国建设成为富强、民主、文明的社会主义国家。在这个过程中，维护经济资源不受侵犯、争取一个和平稳定的国际环境和周边环境、建立良好的国际经济新秩序、保障对外经济发展的安全都是我们所面临的现实国家利益所在。

当前中国的国家发展与安全战略就是：紧紧抓住并充分利用本世纪头

① 刘鸿基、罗海曦：《国防理论》，国防大学出版社，1996年5月版，第56页。

20年的重要战略机遇期，坚持发展与安全的统一，努力提高国家战略能力在实现国家安全与发展战略的过程中，强大的国防力量是必要的保障，即使在实现小康社会之后，中国的，运用多元化的安全手段，应对传统和非传统安全威胁，谋求国家政治、经济、军事和社会的综合安全。① 国防建设亦应与那时中国的强国地位相适应。江泽民早在1993年12月就在中央军委扩大会议上表示，“在新的历史时期，军队的地位和作用更加重要，只有建设一支强大的现代化、正规化革命军队，才能震慑国内外敌对势力，有效地应付危害我国安全和稳定的各种突发事件，保证改革开放和现代化建设的顺利进行”。② 在中共十六大报告和2002年中国的国防白皮书中也都明确指出，建立巩固的国防是中国现代化建设的战略任务，是维护国家安全统一和全面建设小康社会的重要保障；要坚持国防建设与经济建设协调发展的方针，在经济发展的基础上推进国防和军队现代化。

在明确国家发展和安全战略之后，就需要确定和判断中国国家利益的具体内容。有学者将中国的国家利益分成经济利益、安全利益、政治利益三个方面，也有学者提出发展利益、主权利益和责任利益的概念。③ 还有人将今后20年战略机遇期内中国的国家利益表述为：“在改革开放中推进和完成现代化进程；维护领土、领空、领海安全，防止分裂，促进统一；确保和维护和平，特别是中国周边的稳定环境；审慎且量力而行地做国际社会负责任的大国”④。中国在2002年的国防白皮书中明确地概括出中国国家利益的内容主要包括：维护国家主权、统一、领土完整和安全；坚持以经济建设为中心，不断提高综合国力；坚持和完善社会主义制度；保持和促进社会的安定团结；争取一个长期和平的国际环境和良好的周边环境。中国采取一切必要手段维护国家利益，同时也尊重别国的利益，主张通过协商和平解决国与国之间的纠纷和争端。⑤ 这是中国首次提出中国制定国防政策的依据是中国的国家利益，并列举国家利益的具体内容。

（二）中国国防政策目标与任务

中国的国防战略目标的确定不仅来源于对国家利益的判断，也是在对

---

① 《2004年中国的国防》，《人民日报》，2004年12月10日。

② 转引自张东辉：《新方略：军事战略》，江西人民出版社，2001年6月版，第60页。

③ 王逸舟：“中国国家利益再思考”，《中国社会科学》，2002年第2期。

④ 范建中、周海生：“中美国家利益之比较”，sei. sdx：js. cn/ACCESS/Article。

⑤ 《2002年中国的国防》，《人民日报》，2002年12月10日。

历史的经验教训进行总结反思，根据当前国家安全与发展的整体战略要求，并对国内和国际形势发展变化进行判断后制定的。由于中国特殊的国情，历史的记忆对中国国防战略的制定有重要影响。毛泽东在总结历史经验教训时曾指出，中华民族素有重视国防的传统，但是自近代以来，由于清政府无能，军备废弛，国力日衰，致使全世界几乎一切大中小帝国主义都侵略过我们，铸成了近代百年有国无防的历史①。在1998年《中国的国防》白皮书中也提到，“1840年鸦片战争以后，中国逐渐变成半殖民地半封建国家，中华民族屡遭帝国主义列强的侵略、压迫和欺凌。中国人民经过长期前赴后继的英勇奋斗才取得国家独立和民族解放，因而极为珍惜来之不易的独立自主权利”②。因此，中国向来都将保卫祖国，抵抗侵略，维护统一，反对分裂确定为国防政策的出发点和立足点；并始终把维护国家的主权、统一、领土完整和安全放在第一位，作为首要的目标和任务，并致力于为社会主义现代化建设争取一个良好的国际和平环境和周边环境。

中国国防战略目标的制定不仅考虑到历史的因素、现实的因素，还建立在对未来国家安全和发展的趋势、世界军事变革发展方向进行科学预测的基础之上。中国国防发展的长远目标是与国家发展的长远规划相联系的。我国长期的经济发展目标是到本世纪中叶，接近世界中等发达国家水平，成为世界强国，实现中华民族的伟大复兴。中国的国防发展理应与此目标相适应，实现国防现代化，其主要内容包括：国防综合实力居于世界前列，实现防御手段的现代化和信息化，军用高技术项目接近世界一流水平，能够确保国家主权领土完整和安全，能够在维护地区和世界和平中发挥重要作用，在人类开发海洋和外太空的竞争中有维护中国合法权利的手段与能力等。③

就当前而言，为了维护20年战略机遇期内的国家安全和国家利益，中国确定了国防政策有五个方面的目标和任务：（1）制止分裂，促进统一，防备和抵抗侵略，捍卫国家主权、领土完整和海洋权益。（2）维护国家发展利益，促进经济社会全面、协调、可持续发展，不断增强综合国力。（3）坚持国防建设与经济建设协调发展的方针，建立符合中国国情和适应

① 刘精松、王祖训主编：《跨世纪的国防建设》，学习出版社，2000年12月版，第8页。

② 《1998年中国的国防》，www. peopledaily. com. cn。

③ 刘鸿基、罗海曦：《国防理论》，国防大学出版社，1996年5月版，第271页。

世界军事发展趋势的现代化国防，提高信息化条件下的防卫作战能力。（4）保障人民群众的政治、经济、文化权益，严厉打击各种犯罪活动，保持正常社会秩序和社会稳定。（5）奉行独立自主的和平外交政策，坚持互信、互利、平等、协作的新安全观，争取较长时期的良好国际环境和周边环境。①

二、中国国防目标中的台湾问题

制止“台独”分裂国家，实现祖国统一是中国国防战略目标和任务中的一项重要内容，也是中国武装力量的神圣职责，是一项长期的斗争。1998年至2004年的中国四次发表的国防白皮书中，对此都有非常明确的表述。中国国防目标中对台湾问题的政策充分体现了国防与政治的统一，即战略必须服从政略的思想。中国政府将解决台湾问题作为国防和任务目标之一，并没有只强调军事的一面，而是将军事与政治相结合起来考虑，总结起来有以下几个方面的内容：

第一，中国政府继续坚持“和平统一、一国两制”的基本方针和现阶段发展两岸关系、推进祖国和平统一进程的八项主张，促进两岸关系和平稳定发展，同台湾同胞共谋祖国和平统一的前景。和平统一最符合中国的国家利益，也符合两岸同胞的共同利益，在某种程度上也兼顾到美国等国际社会的利益，是最理想、最合理解决台湾问题的方式，因此中国政府提出将以最大的诚意、尽最大的努力争取和平统一的前景。

第二，“台独”分裂活动日益成为破坏中国主权和领土完整，危害台海两岸及亚太地区和平与稳定的最大现实威胁。中国政府提出，“台独”必然破坏和平，分裂必然破坏稳定，中国政府不承诺放弃使用武力，坚决反对任何形式的“台独”分裂活动。虽然中国需要维护重要的战略机遇期，全面建设小康社会，但“台独”分裂活动将严重损害中国的安全和发展利益，如果不坚决制止“台独”分裂活动，威胁台海和平的紧张根源就难以消除，两岸共同发展、共同繁荣的历史机遇就会遭到破坏，两岸同胞的利益和福祉就会被断送，还可能危及到中国的周边和国际安全形势。中国政府绝不可能容忍“台独”分裂势力以任何名义任何方式把台湾从中国分割出去，如果台湾当局铤而走险，制造重大“台独”事变，中国政府、

① 《2004年中国的国防》，《人民日报》，2004年12月28日。

军队和人民将不惜一切代价，只能被迫采取一切可能的断然措施，包括使用武力，来维护中国的主权和领土完整，实现国家的统一大业。

第三，中国政府希望维持台海地区和平稳定的局面，愿意与台湾同胞一道，努力推动两岸关系和平稳定发展、实现互利双赢。只要台湾当局接受一个中国原则、停止“台独”分裂活动，两岸双方随时可以就正式谈判结束敌对状态，包括就建立军事互信机制进行谈判，共同构造两岸关系和平稳定发展的框架。建立军事互信机制是实现两岸关系正常化、避免两岸军事冲突的重要途径，但这一机制能否实现首先要看两岸能否结束敌对状态，能否结束敌对状态要看两岸能否启动政治谈判，而两岸政治谈判能否开展，就要看台湾当局能否回到一个中国原则立场上来。如果没有一个中国原则，就不可能有结束敌对状态和建立军事互信机制的问题。

第四，什么时候以何种方式解决台湾问题完全是中国内政，坚决反对任何形式的外来干涉，坚决反对任何国家向台湾出售武器或与台湾进行任何形式的军事结盟，决不允许任何人以任何方式把台湾从中国分割出去；无论是直接还是间接把台湾海峡划入任何国家或军事同盟的安全合作范围，都是对中国主权的侵犯和干涉。这主要是针对美国、日本等国家在台湾问题上干涉中国内政、不断向台湾出售先进武器，提升售台武器的数量和质量，加强与台湾军事上的“实质关系”，在亚太地区继续加强可能针对台湾问题的军事部署，强化军事同盟而提出的，中国政府认为，美日等国家的举动向台湾当局发出错误信号，助长了台湾分裂势力的气焰，损害了中国的和平统一进程，不利于台海局势的和平与稳定。

三、台湾的“国防”战略目标

台湾当局的“国防”战略目标与军事战略构想之间既有联系，又有区别。台湾有学者将台湾“国家安全”分为三个层次，即“国家安全战略”（大战略）；“国防战略”（“国防政策”）；军事战略（核战略、常规战略和低强度冲突战略），最高层次为“国家安全战略”，而大陆、“外交”、“国防”、经贸政策是执行“国家安全战略”的四种手段，交替使用，相辅相成①。在台湾当局历年所发表的“国防报告书”中，将军事安全战略目标分成“国家目标”、“国家安全战略目标”、“国家安全政策目的”、“国防

① 杨志恒等著：《台湾的国防安全》，台湾业强出版社，1995年6月版，第34页。

目的”和“国防政策基本目标”等多个方面来表述，并在概念上进行了一定的区分。台湾当局将“国家目标”定义为“一个国家所欲获致的特定目标，可区分为永久性及阶段性的目标，必以促进、支持或捍卫其国家利益为依归”；认为“国家安全战略”是“藉由汇集政治、经济、军事、心理、科技与外交等手段，达成国家目标的全盘途径或主要计划”；而“国家利益是一个国家最重要的需求，也是维护国家安全的核心价值”。此外，台湾当局提出，“国家安全政策”为广义的“国防政策”，区分为政治、经济、军事、心理、科技与外交等政策，“国防政策”为狭义的“国家安全政策”，也就是军事政策，为“国家安全政策”中的主要部分，由“国防部”负责制定执行。①

台湾当局将其“国家目标”分成永久性“国家目标”和现阶段“国家目标”。“建立民有、民治、民享、以民为本之现代化国家”是“永久性的国家目标”；而各阶段的“国家目标”是“基于各阶段国家利益”来制定的。在不同时期，台湾当局的“国家利益”有着不同的内容，往往随着形势和政策的变化而变化。在1993年的“国防报告书”中，“在中华民国宪法规范下，维护国家统一之一切权益”是首要的“国家利益”，而“国土分裂”是台湾当局所面临的威胁之一。但在李登辉走上背离一个中国原则的分裂道路，具有“台独”倾向的民进党当局上台后，“维护国家统一”不再被列入台湾的“国家利益”。在2002年和2004年的“国防报告书”中，台湾当局将“国家利益”确定为“确保国家生存与发展；维护百姓安全与福祉；保障自由民主与人权”。依此，台湾当局确立其现阶段“国家目标”为：（1）确保“国家主权”的独立与完整。（2）维持两岸关系稳定，促进亚太地区的和平与安定。（3）维持经济繁荣与成长，确保国家的持续生存与发展。（4）深根台湾、布局竞逐全球。

在“国家目标”之下，台湾当局制定了现阶段“国家安全目标”，包括维护“国家主权”完整；保障“国家”永续发展；预防台海军事冲突；协助区域安全稳定。同时，台湾当局认为在全球化、信息化的时代里，其“国家安全政策”的目的在于“维护国家的综合性安全，以确保国家永续生存与发展，创造人民的最大福祉”。为了“维护国家利益、达成国家安全目标、因应国际战略情势之全般考量”，台湾当局又对“国防政策”的

① 台湾“国防部”主编：《中华民国九十一年国防报告书》，www. mod. gov. tw。

目的和基本目标进行了界定。

台湾当局的“中华民国宪法”与“国防法”中对“国防目的”有明确的规定，即“中华民国之国防，以保卫国家安全，维护世界和平为目的”；“中华民国之国防，以发挥整体国力，建立国防武力，达成保卫国家安全，维护世界和平为目的”。为了实现所谓的“国防目的”，台湾当局将“预防战争、国土防卫、反恐制变”作为现阶段“国防”的基本目标。

“预防战争”和“国土防卫”都是直接针对祖国大陆而提出，“反恐制变”则是为了顺应国际社会反恐的大趋势，其中也有针对大陆的意味。为了防患于未然，避免战争的发生，台湾当局提出必须采取“接触”与“吓阻”相辅相成的双重策略，其中“接触”包括民进党当局提出的建立“两岸和平稳定互动架构”，建立两岸间的安全对话与交流管道，共同协商“海峡行为准则”，推动“两岸军事互信机制”；同时，结合区域安全保障机制，拓展与亚太国家建制化的战略对话与安全合作平台，透过区域与国际合作，避免冲突和危机的发生，共同维持台海的安全与稳定。“吓阻”指的是台军必须建立和强化自我防卫能力，积极持续推动台军的建军备战工作，不断购买引进先进的高科技武器装备，以组建优质战力，并发展防御性的反制武力，“积极研发与筹获精准、远攻型武器系统及建置电子反制部队”等，避免两岸军力的失衡，以“吓阻敌人轻启战端”，“达成预防战争、防止冲突之目标”。

台湾当局将“战力”与“部署”作为当前“防卫国土安全”的战略思考重心，为此，台军将根据“十年建军构想”和“精进案”进行体制转型，力图“建立一支规模适当、效能高、反应快的可恃战力，并藉由防卫部署的调整，增大作战用兵弹性”，“一旦战争无法避免，则以迅速、灵活、高效的三军联合战力及全民防卫力量，达成国土防卫任务，确保国家安全”。按理说，台湾受到国际恐怖主义的威胁有限，台湾当局在国际反恐斗争中的地位和作用也非常有限，但为了同美国等国际社会的反恐大战略保持一致，台湾当局于是将“反恐”列为“国防政策”目标之一。与此同时，台湾当局将反恐的矛头指向祖国大陆，2002 年 9 月，陈水扁在台北县三芝乡召开会议，诋毁中国大陆“加速发展类似于恐怖主义攻击手段的超限战方式”，已严重威胁台湾的“国家安全及人民福祉”。2002 年和 2004 年台湾的“国防报告书”都将大陆“可能实施的超限战、不对称战”与恐怖主义相提并论，并将此作为建立“预警”与“制变”机制的理由。

第三节　两岸军事建设的发展趋势

制定军事安全战略方针和构想、确定国防军事战略目标的根本目的是用来指导进行具体的“国防”和军事建设。军事建设在很大程度上是一种增强军事力量的行为，它包括武装力量的建设、武器系统的建设、国防动员能力建设、国防教育建设、战场建设、战略物资储备等方面。军事力量的强弱是国家实力强弱的重要体现，军事建设的优劣不仅在战时直接关系到战争的成败，也关系到国家围绕国家利益所进行的政治、外交斗争的成败。当前，两岸的军事建设都在围绕着各自的军事战略方针和构想，以及“国防”军事目标和任务而开展，同时，国际政治经济环境、两岸关系的形势、世界军事领域的新变化，也对两岸军事建设的发展方向产生了重要影响。

一、中国大陆的国防建设方向

为了贯彻新时期军事战略方针，更好地完成国防政策的目标和任务，实现建设信息化军队、打赢信息化战争的目标，中国提出了要积极推进以信息化为核心的中国特色军事变革，这也是今后大陆国防建设的主要方向。这是中国对世界各国调整军事战略、世界新军事变革趋势所做出的反应。中国人民解放军目前正处在机械化尚未完成，又需要努力实现信息化的阶段，如何从国情和军情出发，积极推进解放军由机械化半机械化向信息化转型，在新的起点上谋划和推动军队现代化建设，努力完成机械化、信息化双重历史任务，实现军队现代化跨越式发展，建设一支能够打赢未来信息化战争的强大的现代化正规化革命军队，是中国特色军事变革所要解决的根本问题。它包含以下几个方面的主要内容：

（一）信息化是中国特色军事变革的本质和核心。随着世界新军事革命的深入发展，军队战争准备的形态和样式已经发生方向性的转变，是军事变革的根本要求和标志。信息化已经成为中国军队进行现代化建设的根本方向和战略重点，是进行军事斗争准备的基点。中国政府认识到当前的战争形态已经由工业时代的局部战争向信息时代的局部战争转变，具有明显的质变性质，信息化已经成为由机械化时代迈向信息化时代的重要标志。因此，中国军队必须走复合式、跨越式发展道路，实现从机械化半机械化向信息化的转型。坚持以机械化为基础，以信息化为主导，以信息化带动机械化，以机械化促进信息化。推动火力、机动力和信息能力的协调发展，全面提高军队的威慑和实战能力。

中国政府提出，解放军必须致力于全面推进以军事信息系统和信息化主战武器系统建设为主体、以信息化基础设施建设为支撑和保障的军队信息化建设。在信息化建设中，坚持战斗力标准，坚持一体化发展方向，加强集中领导和统筹规划，创新军事理论和作战思想，优化管理体制和部队编制，完善法规和标准体系，重视培养信息化人才。加强军事信息系统建设，加快主战武器装备的信息化改造，充分开发利用各类信息资源，注重提高系统互联互通和信息共享能力。利用国家和社会信息化发展的有利条件，建立军民结合的科研生产体制和信息动员机制，实现军队信息化建设与国家信息化建设的相互促进。①

（二）中国特色军事变革将推动解放军由数量规模型向质量效能型、由人力密集型向科技密集型转变，走“少而精”、“现代化”的精兵之路。军事变革最终体现为军队结构的转型和军队模式的确立，信息化战争对军队模式的要求则是精兵、合成，战争以“信息决胜”为主要特征，科技水平和质量水平决定着军队的战斗力。② 在2004年国防白皮书中，中国提出坚定不移地走中国特色的精兵之路，按照精兵、合成、高效的原则，以组织结构调整和指挥体制改革为重点，建立和完善规模适度、结构合理、机构精干、指挥灵便的军队体制编制。中国政府决定在2005年左右将军队总规模保持在230万人，同时实施军队人才战略工程，力争经过一二十年的努力，拥有一支懂得信息化战争指挥和信息化军队建设的指挥军官队伍，一支善于对军队建设和作战问题出谋划策的参谋队伍，一支能够组织谋划武器装备创新发展和关键技术攻关的科学家队伍，一支精通高新武器装备性能的技术专家队伍，一支能够熟练掌握手中武器装备的士官队伍。此外，中国政府还提出进一步调整和规范军人与国家、军人与社会以及军队内部的关系，形成有利于调动官兵积极性的政策制度。

在建设质量效能型和科技密集型军队方面，中国将武器装备作为加速推进中国特色军事变革的重要物质技术基础，依托国家经济发展和科技进

① 《2004年中国的国防》，《人民日报》，2004年12月28日。
② 孙科佳：“中国特色军事变革迈进步伐加快”，《中国国防报》，2003年9月18日。

步，适应国家安全需要，不断加快武器装备现代化进程，提高科学管理水平和军费使用的整体效益，走投入较少、效益较高的军队现代化建设道路。为增强打赢信息化条件下局部战争的能力，中国军队的武器装备建设注重顶层设计，坚持走以信息化为主导、机械化信息化复合发展的道路，努力建设规模适度、结构合理、精干高效、整体优化的现代化武器装备体系。中国政府将优先发展高新技术武器装备，加快改造老旧装备，不断提高装备综合保障水平。包括研发新型信息化作战平台和精确制导弹药，研制新型电子对抗装备，着力增强精确打击能力和信息作战能力；研制新型弹药，整合指挥控制系统，恢复或提高了现役武器装备的战术技术性能等。

（三）中国特色军事变革要求创新和改进训练体制、方式和手段，推动军事训练向更高层次发展。为了提高诸军兵种的联合作战能力，中国政府提出优化军兵种结构，加强诸军兵种联合训练，以适应现代战争的主要特点和样式。包括强化作战问题的研究演练，加强作战理论、训练法规和网络系统等基本建设，探索联合战役的作战指导、作战指挥和训练方法，提高各级指挥员组织指挥联合作战的能力；深化军兵种之间的联合战役训练，开展联合战术训练，改进联合训练手段，培养联合作战指挥人才等。①

除此之外，中国政府还有针对性地提出在精简陆军，减少装备技术落后的一般部队的同时，加强海军、空军和第二炮兵建设，以谋求作战力量结构协调发展，提高夺取制海权、制空权以及战略反击能力。海军将扩大近海防御作战空间和防御纵深，加强、完善海战场建设，增强在近海遂行海上战役的综合作战能力和核反击能力。空军为适应信息化空中作战要求，将逐步实现由国土防空型向攻防兼备型转变。第二炮兵将通过加强导弹武器的改进和研发，提高导弹武器和指挥、通信、侦察等配套装备的信息化水平，初步形成核常兼备、射程衔接、威力和效能明显增强的武器装备体系。

做好军事斗争准备和推进中国特色军事变革，是新世纪中国军队建设的两大战略任务，二者之间是辩证统一，互动联系的。军事斗争准备主要着眼近期的、现实的、紧迫的安全需求，要求武装力量必须具备随时能够应付突发的战事，随时能够“拉得出”、“上得去”、“打得赢”。而军事变

① 《2004年中国的国防》，《人民日报》，2004年12月28日。

革的目标实现是一个长期渐变的过程，它主要着眼于长远的、未来的安全需要，确保打赢未来的战争，确保国家的长治久安。① 尽管二者的着眼点和侧重点不同，但总体上是一致的：在前进方向上，都瞄准未来信息化条件下的战争，把提高信息化条件下的整体作战能力作为重中之重，将打赢战争作为基本目标。

二、台湾当局的“国防”施政方向

按照台湾当局对“国家安全”战略和政策的分类方式，“国防”政策和施政方针是属于军事层面的问题。当前台湾当局的“国防”施政主要是“在透过强化全民国防体系、整合传统战力及精良部队训练等途径务实推展各项国防事务，并积极调整施政的优先级，置重点于‘强化全民总体防卫理念’、‘健全危机处理应变机制’及‘整建质精效高现代军队’等方面”。②

（一）扩大全民对“国防”事务的参与，强化“全民国防”和“全民总体防卫”理念，推动“国防民生合一”的政策

“全民国防”是台湾当局一直鼓吹的“国防”理念。台湾当局认为，“国防”是以军事为核心的“国力”总和，是吓阻外来武力威胁、稳定社会、人心，推动“国家”政治、经济、文化建设的首要工作。为了确保台湾当前的“国家安全”和“国防”战略目标的实现，人人都必须视“国防安全为己任”，不分党派、族群、职业，都必须坚定“国家认同”、支持当局的施政，以“排除中共武力威胁为重”，全力支持和参与“国防建设”③。为此，台湾当局提出要“以宪政建设为基础、以军事建设为核心、以经济建设为后盾、以心理建设为动力”，建构“全方位”、“全民参与”、“总体防卫”、“民众信赖”的“国防”。

在具体落实“全民国防”理念的具体做法上，台湾当局制定了“全民防卫动员准备法”，目前正从教育、精神、人力、物力、财力、交通、卫生、科技、军事等方面进行动员准备，以提高整体的战斗力，防范各种紧急事故可能造成的社会恐慌和经济危机，从而影响“国土安全”。台湾当

① “协调好军事斗争准备与军事变革的关系”，《解放军报》，2004 年 9 月 28 日。

② 台湾“国防部”主编：《中华民国九十三年国防报告书》，www. mod. gov. tw。

③ 台湾“国防部”主编：《中华民国八十七年国防报告书》，第 50 页。

局还透过各种官方和民间机构进行联合演习，将储备战时动员能量与平时的灾害防救、传染病防治、核事故防范、反恐怖行动等紧急应变机制相结合，以发挥全民总体力量，强化以全民防卫动员体系为备援主轴的“国土安全网”机制功能，战时适时支持军事作战，达成“国土防卫”任务。为了促进普通民众对“国防事务”的了解，台军不断透过“国防信息”的透明化与公开化，建立多元的信息渠道，加强宣导相关的“国防政令”，使社会各个层面都能够参与到“国防事务”的研究和讨论中来，以建立全民共识，增进全民信心；深化民众对“国防”的认知，提升民众的忧患意识，争取民众支持和参与“国防”。

除此之外，在台湾近年经济发展遭遇困境的情况下，台湾当局还积极推动“国防与民生合一”的政策。台湾当局认为现代战争已无平时、战时、前方、后方之分，只有在平时有效整合军方和民间资源，才能够在战时使政、经、心、军、民密切配合，交织并进。目前台湾正在结合军队“精进案”的部署，希望在保障“国防”最低需求的前提下，全面检讨台军土地整体运用的效益，期使民生与“国防”建设能紧密结合，以配合台湾整体的经济发展。在“国防预算”有限的情况下，台湾当局设置了“国防科技发展跨部会协调机制”，整合产、官、学、研各界能量，以“提升国防科技工业研制水准及维修能量”，同时促进经济成长与社会繁荣，达到军民双赢的目标。

（二）建立和健全危机处理应变机制

台湾当局视军队为“国家整体危机处理机制”中的重要一环，要求台军配合“国家危机预防与处理机制运作”，本着“全方位安全”的理念，以“军事危机”的处理为主轴，严密掌控一切动态和静态危及安全的因素，按照“预防危机、掌握状况、紧急应变、快速处理、避免扩大”的要求，建立和健全台军风险管理与危机处理机制，着眼于“掌握先机、设想周全”，置重点于“情资监控、危机预判、预拟腹案、先期演练与储备能量”，以最大限度地维护台湾的“国家安全”，同时因应全球反恐行动，支持当局“善尽国际成员责任”。

台湾当局认为可能的危机来源主要有：来自大陆的“军事危机”，台湾内部遭受的“恐怖攻击”和各类重大意外灾难。其中来自大陆类似“超限战”的“军事危机”是台军危机处理机制需要防范的重中之重，台湾当局将“超限战”等同于“恐怖行动”，认为它们的破坏和攻击行动，其程度已经危及到台湾民众生命财产安全和严重影响“国家利益”和“国家安全”。按照“危及处理应变”的要求，一旦台湾遭受到“超限战”或恐怖行动的突然攻击，台军必须首先辩明攻击的性质，然后有专责应变部队，支持主管机关和地方政府，实施“反恐行动支持”，以最快速度降低危害；如果危机情势持续升高，则由台军“联合作战指挥中心”激活整体应变机制，“国家”整体危机处理机制指示，按照进行应变制变或防卫作战任务。除“超限战”以外，台湾当局还将大陆的军用飞机、舰艇、机动渔船等“逾越双方应有之行动规范，或肇生意外事件”也列入危机处理应变范畴之内。

(三) 加强“国防”科技武器的研发，坚实联合作战指挥机制，精进联合作战训练效能，整建质精效高现代军队，实现现代化“国防”

根据台湾当局的研判，在未来台湾所面临的战争中，大陆很可能采用高科技的武器系统，是一种“正规与非正规并用”、“线性与非线性交错”、“对称与非对称互倚”的多元作战方式，以“猝然突袭”的模式“对台湾发动进攻”，因此台湾面临的防卫作战将是联合作战形态。为了“应未来战略环境改变、有效维持台海军事优势及建构高素质现代化的国防武力”，台湾当局提出将建立优质现代化战力，致力于兵力结构合理，强化科技先导、资电优势及精进三军武器系统战力整合与三军联合作战效能，着力于“国防科技自主”，同时结合台军战力转型，继续实施旨在对台军组织与兵力结构进行调整的“精进案”。

在武器研发方面，台湾当局在继续向美国购买先进的武器装备以外，更加强调“国防自主”，表示要依照信息电子战、防御性反制武器、联合防空、联合制海及地面防卫作战的优先顺序，着重系统性及重点武器的研发，同时建立后勤体系及购买武器关键性零组件的自制能力，掌握和突破关键性技术的瓶颈，并加速军民合作的“国防科技”开发研究计划。在作战训练方面，台湾当局提出要提升台军的联合作战效能，按照“常备、后备分立”进行兵力部署，将对三军联合作战演训课目及实施方式进行检讨，排除无效训练项目，灵活运用训练方法。并且对部队的训练场地设施进行整建，除满足部队基础训练场地与特种作战训练需求，集中整建“通用化、现代化、标准化、制式化”的三军通用的大型综合训练场外，并持续增购仿真训练仪器，引用网络及多媒体辅助教学，虚拟战场实况，结合实兵演训验证战术训练，增加训练频次密度，积累军人的战场经验。最终目的是要建立一支“质精、效高、战斗力强的现代化军队”。

（四）推动和拓展区域军事安全合作

台湾当局一向认为，“外交”和“国防”是密不可分的，在中国大陆强大的“武力威胁”下，“国防安全”不能依恃外力，但也不能单纯只靠自己，必须与“友邦”共同合作达成。台湾位于西太平洋前缘中央位置，扼控亚太地区海空交通枢纽，台海地区的稳定，对美国及亚太地区等国具有重要战略利益。因此，台军必须配合当局拓展“国际生存空间”的“务实外交”，通过官方或非官方的渠道，加强与美国、日本等亚太地区国家的政治、经贸关系，积极开拓与周边国家的军事交流与合作，结合区域盟友的力量争取组成对抗大陆的“策略联盟”，或建构共同防御体系，来确保台湾的“国家生存与发展”。

虽然不断遭受失败，但台湾当局依然将扩大参与国际活动，提高国际能见度，争取同亚太地区国家建立双边直接沟通的渠道，企图加入多边安全对华机制，强化区域军事合作与互动等作为努力的方向之一。台湾当局的具体做法包括加强同美国、日本等准“盟友”的军事交流，争取进行军事战略合作的空间，同时在军事情报、军事预警、冲突预防等方面进行拓展，以争取国际社会对“台海安全”的关注和对台湾的支持。此外，台湾当局还将两岸之间应实现军事透明化，通过安全对话与交流，建立两岸军事互信机制，以“追求台海永久和平”，作为推动区域安全合作的一部分。

（五）贯彻军队“国家化”和“法制化”，落实“国防二法”

台湾当局将军队坚守“国家化”的理念视为军事建设的重要内容，强调台军“是中华民国的军队，也是全民的军队”，必须服从“中华民国宪法”有关“军队国家化”的规范，在“为中华民国国家生存发展及百姓安全福祉而战”的中心思想下，“严守分际，超出个人、地域及党派之外”，确保“行政中立”的立场，以维护台湾的“国家安全”、社会安定和“民主发展”。与“军队国家化”相联系的就是“军队法制化”，2000 年台湾“立法院”通过了“国防法”和“国防部组织发”（也称“国防二法”），2001 年又通过“参谋本部组织条例”。这些都是台湾当局为推动“军队国家化”、“文人领军”、“军政军令一元化”、“军政、军令、军备专业分工”，使台军同西方军事体制接轨所采取的重要步骤。

2000 年陈水扁上台后，台湾当局明显加快了军队“国家化”和“法制化”的步伐。早在 1996 年，陈水扁便在其出版的《跨世纪兵法：陈水扁看国防政策与管理》一书中提出，军队是合法的武力部队，必须受到适当且节制的指挥，为避免军人干政，身为三军统帅的“总统”多由文人出任，使军队领袖因为文人政府民选而改变，是透过政治，而不是透过武力；台湾的“国防”必须先打通“军政军令一元管理”和“文人领军”的任督二脉，才能够结束台军体制与实务上的紊乱。[①] 民进党当局加速对军队“国家化”和“法制化”的强调和改造在很大程度上有稳定和掌控军队、巩固权力和执政地位的考虑，同时也是为了向军队灌输当局的施政和军事理念，要求军人“恪遵宪法，服从元首”，使台湾军队彻底成为民进党谋求实现“台独”、分裂祖国的御用工具。

2002 年 3 月 1 日，随着“国防二法”的正式实施，台军实现“军政军令一元化”，“国防部”取代“参谋本部”成为军队最高领导机构，“参谋总长”成为“国防部长”的幕僚长，军队重要人事权、预算、建军权由“国防部长”负责，军事会谈议题，也由“参谋本部”改为“国防部”负责；“参谋本部”为三军联合作战指挥机构，负责军令幕僚作业、指挥三军部队执行战备任务，并执行作战指挥。当前台湾当局正在伺机落实由文人担任“国防部长”，实现“文人领军”的目标。

（六）积极推动“精进案”，调降台军总员额目标，落实募征并行兵役制度，使部队组织结构更趋精实完备

台军目前正在“精简常备，广储后备”的政策指导下，持续精简常备部队员额，强化后备动员能力，以“保持台军之整体战力常数”。为了确保后备动员战力的可恃性，台军提出了“科技先导、常备打击、后备守土”的理念，重点精实后备部队的编组、训练与装备整备，以强化动员能力，及时支持军事作战。[②] 实际上，从 20 世纪 90 年代中期开始，台湾当局就感受到在资源有限的情况下提升军队质量和保持兵力总量之间的矛盾，于是提出以实现“精简高层，充实基层”为目标，“减少人力，增加火力、机动力”为基本原则的整军计划。

从 1997 年 7 月开始，台军分阶段逐步调整三军的兵力结构，实施所谓“国军军事组织及兵力调整规划”，即“精实案”，以使部队编制更加合理。

---

① 陈水扁、周婉清：《跨世纪兵法：陈水扁看国防政策与管理》，台湾时报文化出版企业股份有限公司，1996 年 9 月版，第 5、13 页。

② 台湾“中华民国 91 年国防报告书”，www. mod. gov. tw。

2001年6月，实施“精实案”后的台军总兵力精简至35.8万人。“精实案”完成后，台前任“国防部长”伍世文曾一度暂停第二阶段“精进案”的进行。2002年2月，汤曜明担任“国防部长”后，“精进案”被重新激活。“精进案”的第一阶段从2003年到2007年实施，以“精进组织、强化联战战力”为主轴，精简4.5万人，达成常备军总员额34万人目标。第二阶段从2008年到2010年实施，以“军事转型、提升吓阻能力”为主轴，精简员额4万人，达成总员额30万人目标。除常备部队外，2004年，台湾当局重新规划后备部队，将其编成“海岸守备、城乡守备、要地防护及扩编动员”四种类型，以逐步完成后备部队动员战备整备以达成“及时动员、及时作战”的目标，提升后备部队的战斗力。

台湾现行兵役制度虽是以征、募并行制，但基本上还是“全民兵役制”。按照台“兵役法”的规定，“中华民国男子依法皆有服兵役之义务”，凡是年龄在18至40岁的男性都在服兵役的范围之内。2005年1月，台湾“行政院”院会通过“现行兵役制度检讨改进方案”，预定从2008年起，募兵与征兵的比例为6比4，同时配合募兵制实施，2005年7月1日起，兵役将由1年10个月，缩短为1年6个月。退役的年龄也将由40岁提前到35岁。2003年“总统”选举期间，国民党候选人连战提出推动“募兵制”的主张，在台湾社会引起很大反响。为了因应现代作战形态朝“信息化、科技化”的转变及武器装备性能日新月异，台湾当局成立了“兵役制度全面检讨改进推动小组”，继续加速缩减义务役服役期，最终达到以“募兵为主”的目标。

第五章　影响台海安全的外部因素

台湾问题从本质上说是中国的内部事务，是1949年国共内战的延续，虽然台湾岛内的政治生态发生了变化，但在台海安全问题上，中国大陆和台湾地区仍然是两个最直接、最主要的行为体。同时，由于历史、地缘和现实政治的原因，台海安全不仅仅只是涉及到中国的国家安全和“台湾安全”，在一定程度上还会影响到亚太地区甚至世界的和平与稳定，一些外部因素也会对台海安全格局和安全形势的走向产生影响。美国是被公认为会对台海安全有最重要影响的外部势力，中国政府一直强调，台湾问题是中美关系中最敏感、最核心的问题。除此之外，日本、俄罗斯、东南亚等周边国家或地区出于各种考虑对台海安全也表达了不同程度的关注。国际形势的发展变化会对台海安全产生怎样的影响，美国和日本对台海安全的战略考虑和做法、周边其他国家或地区如何看待台海安全问题，都是本章要讨论的主要内容。

第一节　国际形势与台海安全

任何国家或地区的生存与发展，都离不开一定的国际环境，国际形势的发展变化，影响和制约着一个国家的安全和发展战略。只有对国际形势基本特点和发展趋势进行判断和预测，对国际社会中各种政治力量、经济力量、军事力量的性质、相互关系和力量对比做出准确的估计，才能够真正保卫国家的主权、统一和领土完整，维护国家的安全利益。[①] 解决台湾问题和维护台海安全同样需要了解国际形势。近年来，岛内的“台独”分裂势力极力要将台湾问题国际化，陈水扁在2004年“就职演说”中公开表示“盼望国际社会继续关注并协助维护台海的和平与亚太地区的稳

① 吴温暖、苏国成主编：《国际环境与国防建设》，高等教育出版社，1999年10月版，第15—16页。

定”[①]。台湾当局还经常利用国际形势变化中的某些因素，推行“务实外交”，对大陆进行“台独”挑衅，企图借助国际反华势力来实现自己的“台独”图谋。同时，某些国际势力也出于不希望中国统一的考虑，公开或私下支持台湾当局和分裂势力同中国大陆对抗，但由于受限于国际政治现实，有时又不得不制约“台独”势力的言行。因此，我们必须客观准确地认识国际形势的发展变化，评估它对台海安全所产生的积极或消极影响。

一、国际战略格局和大国关系

认清国际战略格局是判断国际形势的基础和前提。国际战略格局是指国际关系中的主要战略力量在一定历史时期内相互联系、相互作用而形成的具有全球性的、相对稳定的结构及基本态势。[②] 决定国际战略格局构成和走向的一般是一些有重要影响的大国或国家集团，它们之间的关系和实力对比决定了国际关系的表现形态是单极格局、两极格局、多极格局还是其他形态。国际战略格局和大国关系在保持相对稳定的同时，也处于动态演变的过程之中，这种变化既是大国之间矛盾斗争的结果，同时又为某些国家或地区战略的调整提供了机会和挑战。

台湾问题形成于东西两大阵营冷战对立的两极格局期间，从 1949 年到 20 世纪 80 年代末 90 年代初，台海两岸的安全关系被深深地打上了冷战的烙印。无论是 1950 年美国趁着朝鲜战争的爆发派第七舰队进入台湾海峡，1958 年中国人民解放军开始炮击金门、马祖；还是 1972 年美国尼克松总统访华，1979 年中美建立外交关系，背后都或多或少有美苏两大阵营冷战的背景和考虑。

随着东欧剧变、苏联解体和冷战的结束，美国成为世界上唯一的超级大国，国际关系也呈现“一超多强”的格局，中国、欧盟、日本、俄罗斯等也是重要的力量中心。但一超多强是一种不平衡的力量结果，“多强”在政治、经济、军事等方面的影响力依然同美国相去甚远。[③] 2001 年“9·11”事件以前，美国的全球战略一度出现失焦的状况，一

---

① 陈水扁 2004 年 5 月 20 日“就职演说”，www. president. gov. tw。

② 吴温暖、苏国成主编：《国际环境与国防建设》，高等教育出版社，1999 年 10 月版，第 27 页。

③ 顾关福：《战后国际关系》，时事出版社，1998 年 10 月版，第 50—51 页。

方面美国的霸权心态空前高涨，开始奉行强硬的单边主义政策，推行“新干涉主义”，希望建立一个在美国掌控下、以“经济、安全、民主”为目标的“世界新秩序”；另一方面，由于缺少统一而明确的战略对手，美国在进行军事干涉时经常遇到是否应当或以何种方式进行干涉的问题，对安全威胁来源的判断也出现了一些不同的声音，大规模毁灭性武器的扩散、伊斯兰原教旨主义者的激进言行、文明的冲突、中国的崛起都被列为对美国安全的可能威胁，美国只好处处设防，时时出击。美国政府的强权政策使得国际政治中的现实主义和实用主义色彩更加浓厚，使以联合国为核心的国际机制面临危机和挑战，其他主要战略力量的运作空间也受到不同程度的影响。①

面对国际形势的变化和混沌，台湾当局认为国际大环境对其有利，提出要抓住时机，建立台湾“独立政治实体”地位，争取国际认同。②1989 年祖国大陆发生政治风波后，台湾当局更是配合某些西方国家的反华动作，挑拨中国与其他国家的关系，在 1989—1990 年间趁机同 9 个国家建立了“邦交关系”③。台湾当局还呼应某些国家散布“中国威胁论”，破坏中国在周边国家心目中的形象。而西方某些国家和势力在这一段时期也不断利用台湾当局防范和牵制中国的发展，为台湾当局制造分裂活动提供了机会和空间。1992 年，美国布什政府向台湾出售 150 架 F—16 战斗机，法国向台湾出售 60 架幻影 2000 型战斗机；1995 年，美国允许李登辉到美国访问，导致台海地区出现紧张局势；1996 年，美国在中国进行军事演习期间派两艘航空母舰进入台湾附近海域，新修订的美日安保体制也要将台湾列入“周边事态”；2001 年 4 月，美国总统布什宣称要尽一切可能协防台湾。这些都直接或间接纵容了“台独”势力，对台海安全构成了潜在威胁。

在美国想独霸世界的过程中，国际上其他主要战略力量并没有放弃制衡美国的努力。2001 年“9·11”事件的发生和 2003 年美国入侵伊拉克使

---

① 杨毅主编：《2001—2002 国际战略形势分析》，国防大学出版社，2002 年 8 月版，第 5—9 页。

② 中共中央台办、国务院台办：《中国台湾问题》，九洲图书出版社，1998 年 9 月版，第 189 页。

③ 蔡东杰：《两岸外交策略与对外关系》，台湾高立图书有限公司，2001 年 12 月版，第 217 页。

国际安全格局再次面临改变的机会，各个大国在战略格局的重新洗牌中开始了新一轮的磨合和互动，力图在新的格局中占据有利的位置。恐怖主义的现实威胁使美国改变了其国家安全战略议程的内涵和顺序，美国的全球战略目标开始趋向明晰，反恐的国际合作需求、陷入泥沼的伊拉克战争也使美国不得不考虑淡化单边主义的色彩，调整与其他大国的关系，并借助联合国等国际组织的力量来帮助自己分担反恐的风险和成本，摆脱不义战争的困境。这在客观上有利于世界不再朝着美国一心想主导的“单极”方向发展，为多极化的进程注入了新的动力，世界多极化的趋势开始在曲折中发展。

在如何认识和利用国际格局和大国关系问题上，台海两岸既有共同点，也存在冲突的地方。大陆和台湾对当前国际局势的判断基本一致，中国政府认为，当前“国际力量对比正在发生新的变化，主要力量重新分化组合和利益重新分配的进程加快。大国关系出现新的深刻调整，既相互借重、合作又相互制约、竞争的局面不断发展”，“大国关系协调与合作的一面上升”，“恐怖主义已对国际和地区安全构成现实威胁”。①台湾当局也看到“世界局势由两极对峙转为一超多强，竞争与合作关系常相交替，难以明确划分”，“大规模毁灭性武器的扩散，仍是未来全球安全的最严重课题。美国“先制攻击”战略，已成为其国防安全战略上的指导原则，必然引发全球军备的竞逐。由于各国对国家安全的认知差异，其干预程度与处理模式不同，可能引发的冲突，对国际安全将构成相当程度的威胁”②。

国际格局的新变化对维护台海地区的安全与稳定既是机遇，也存在挑战。一方面，中国的大国地位、与其他国家的良好关系决定了台湾当局的“务实外交”无法突破国际社会普遍承认的一个中国政策，中美在反恐和防扩散问题上的合作拓展了中美共同利益的基础，能够在某种程度上防止中美在台湾问题上矛盾的激化，在某种程度上可以制约台湾当局危害台海安全的举动。另一方面，台湾当局也看到“反恐系国际社会持续关注之焦点”，提出将“协调‘政府相关部会’共同配合国际打击恐怖主义之行动，

---

① 《2004 年中国的国防》，《人民日报》，2004 年 12 月 27 日；《2002 年中国的国防》，《人民日报》，2002 年 12 月 10 日。

② 2003 年 3 月 10 日台“外交部长”简又新在“立法院”所作“当前外交施政”报告，www. mofa gov. tw；《中华民国九十三年国防报告书》，www. mnd. gov. tw。

并适时提出运行反恐措施进展，以争取国际支持，提升国际协作之机会”①。如果台湾当局借反恐或其他事件在国际上寻求“国际空间”、从事“台独”分裂活动，也势必会对台海安全造成负面的影响。

二、亚太安全形势的变化

亚太地区是对台海安全有直接和重要影响的地区，亚太安全形势的好坏不仅受到台海安全形势的影响，而且亚太地区各个国家或地区的安全战略走向及其互动关系也会对台海安全情势产生影响。冷战期间，美苏两超在亚太地区对峙，亚太地区很多国家或地区都不得不分属两大阵营，或同其中的一个保持战略同盟关系，美苏战略关系的任何风吹草动都牵动着亚太安全形势的变化。冷战结束后不久，世界战略格局的多极化发展趋势促使亚太地区出现了中国、俄罗斯、美国、日本、东盟等为主要力量的地缘安全战略态势，但这些战略力量之间并不是简单的联盟或对抗的零和关系，而是一种既对立又合作的关系，焦点是希望建立起有利于自己的亚太安全秩序。② 由于当前亚太地区依然残存着冷战时期的安全结构阴影，各种双边或多边军事同盟不仅没有解散，反而有加强的迹象；加上亚太地区的中小国家对大国主导亚太安全秩序的猜疑，以及中小国家之间的相互不信任，都使得亚太地区的国家在安全领域的互信不足，成为它们之间进行安全对话与建立安全合作机制的障碍。

“9·11”事件发生后，国际恐怖活动成为亚太地区面临的主要威胁之一，反对恐怖主义是各国共同安全利益之所在，也成为各国进行安全合作的新基础。美国在亚太地区的反恐战略目标主要包括三个方面：首要目标是打击基地组织在亚太地区（尤其是东南亚地区）的活动网络；其次是希望亚太地区的盟国如（包括日本、澳大利亚和新西兰）协助和支援反恐战争，借此增强盟国协助美国处理全球安全或区域安全议题的能力；第三是将反恐战争作为巩固其亚太战略利益的基石，展现美国在此地区的安全承诺。③ 为了因应美国的战略调整，亚太地区主要国家如俄罗斯、中国、东

---

① 2003年3月10日台“外交部长”简又新在“立法院”所作“当前外交施政”报告，www. mofa. gov. tw。

② 阎学通等著：《中国与亚太安全》，时事出版社，1999年1月版，第9—10页。

③ 莫大华：“九一一事件后美国在亚太地区的反恐战略”，苏进强主编：《9·11事件后全球泛蓝评估》，台湾英文新闻股份有限公司，2002年9月版，第85—86页。

盟等也都调整了安全战略，地区安全出现了新的合作基础，反恐成为亚太地区安全合作的重要内容。

就亚太地区的安全战略格局而言，“9·11”事件并没有从根本上改变亚太地区的战略格局和实力对比，各个国家或地区在亚太战略格局中的地位、角色和作用并没有发生大的变化。美国依然在亚太地区居主导地位，但由于受到恐怖主义威胁和美阿、美伊战争的困扰，力量和注意力有所分散，亚太地区在美国全球战略中的重要性依旧，但紧迫性有所下降。日本虽然在阿富汗和伊拉克战争中出钱、出兵，积极配合美国的反恐战略，但其在亚太地区发挥作用依然受到多种因素的制约，难以成为政治和军事大国。俄罗斯的国力虽然开始恢复，但其传统影响还是在欧洲和中亚地区。与上述国家相比，中国的综合国力在不断上升之中，但与美国依然有相当的差距，并不具有改变格局的实力，但随着中国经济的持续发展，中国的对外政策更加趋于务实，并提出了“和平崛起”、“和平发展”的理论，这些都为亚太地区各国同中国开展战略合作创造了条件，各国对中国的战略需求有所上升。

冷战结束以来，亚太地区的安全形势从整体上保持了和平稳定的局面，本地区的大国关系保持着改善和发展的势头，和平协商成为解决争端的基本途径，不同形式的安全对话与合作日趋活跃。① 但在形势基本稳定的背后，依然存在一些不确定、不稳定的因素，地区安全依然具有不少变数。美国在亚太地区军事力量的重新部署，不断强化与相关国家的军事同盟关系，加紧部署战区导弹防御系统的步伐；日本加紧推动修改和平宪法的进程，调整军事安全政策，透过各种机会向海外派兵；东北亚地区的朝核问题尚未解决，六方会谈遇到困难；东南亚地区各国间的领土、海域纠纷依然存在等等都是亚太安全所面临的问题。

朝鲜半岛核问题和台湾海峡的局势是目前亚太地区甚至世界关注的热点问题之一，这两个问题都牵涉到中国和美国两个大国的战略利益，任何一个问题出现危机都会对亚太地区的安全形势产生影响。台湾当局对亚太地区的安全形势也非常关注，企图借热点问题向东北亚进行渗入，参与亚太地区安全事务，台前任“外交部长”简又新提出亚太地区特别是东北亚安全不能将台湾排除在外，“北朝鲜、台海及南海问题”为台湾的“对外

① 《2004年中国的国防》，《人民日报》，2004年12月27日。

关系带来机会与挑战，允宜密切注意观察其发展并妥为因应”，公开表示台湾“欢迎也愿意参与国际社会，营造两韩和平对话之环境”，并将朝核问题同台海联系起来，“同时亦呼吁各国正视中共不断增加对台飞弹部署，进行具有针对性之军事演练，已对台湾造成极大威胁，要求中共尽速撤除飞弹，放弃武力犯台”。① 但是，由于中国在亚太地区的强势地位和重要影响，台湾当局参与亚太安全事务的空间非常有限。

三、经济全球化

21世纪的经济问题越来越受到国际社会的关注，对各个国家或地区整体安全战略的影响也越来越大。国际安全和国家安全的概念已经超越了传统的政治或军事安全层面，扩展到经济、科技、能源、环保等各个领域，经济安全越来越多地受到重视。在诸多经济议题中，经济全球化是当前国际经济的最主要特征，也代表了未来的发展趋势。经济全球化指的是当代人类社会经济活动跨越国家和地区界限，在全球范围内展现的全方位的沟通、联系及相互影响的客观历史进程与趋势；它作为一种客观的历史进程与趋势，经济全球化首先表现为人类社会的经济发展冲破了传统民族国家的藩篱，在全球范围内不断走向一体化、整合化的过程。由于经济本身的渗透性作用及其在社会发展中所处的基础性地位，经济全球化的发展也必然会蔓延和外溢到国际政治、军事及安全等各个领域，从而对人类社会整体产生深远的影响。②

经济全球化使传统的安全观念遭受严峻挑战，如何在全球化的大潮中重新审视安全的概念、制定安全战略和政策，是摆在世界各个国家或地区面前的一件大事。对发展中国家来说，经济全球化是一把“双刃剑”，它一方面促进了全球生产力和世界多数国家经济的发展，使各国间的经济相互依赖加深，全球和区域性经济合作组织的作用加强。各国间相互依存和制约的加深，使得更多国家愿意选择以非战争的手段来解决争端，战争决策受到约束。但另一方面由于世界经济发展的不平衡，以及不公正、不合理的国际经济秩序没有从根本上得到改变，使不少发展中国家在经济全球

① 2003年3月10 11台“外交部长”简又新在“立法院”所作“当前外交施政”报告，www. mofa. gov. tw。

② 李强：“国际法与当代国际安全——经济全球化时代的视角”，《舰船知识》网络版，2004年10月28日，http：//jczs. sina. com. cn。

化的进程中获益较少，有的甚至面临边缘化的危险，很可能给国际安全形势带来负面的影响，甚至可能引发新的对抗和冲突。这主要是因为西方发达国家垄断资本的全球性扩展，凭借着技术和金融优势，主导经济全球化的发展方向和进程，同时在经济合作中附带各种政治条件，向发展中国家输送西方的价值观和经济模式，非常容易引起这些国家内部的政治动乱和民族冲突，从而引发新的战争热点。

中国政府和台湾当局也注意到经济全球化对国际和地区安全形势可能带来的影响。中国政府认为，“世界多极化、经济全球化趋势在曲折中深入发展。经济全球化和科技进步带来新的发展机遇，全球产业结构调整步伐加快，区域经济合作持续发展，世界经济出现新的增长，各国相互依存加深，共同利益增加。但是，公正、合理的国际政治经济新秩序尚未建立。”① 台湾当局进一步对各国争相加入全球经济体系可能“造成经济体间相互竞逐资源，使全球经济陷入另一种困顿局面”，以及反全球化、重视本土化可能造成的对抗和冲突、经济金融危机卷土重来、泡沫经济发酵可能引发的连锁反应等提出了值得忧虑和需要防范的地方②。实际上，两岸在相继加入世界贸易组织后，两岸经济已经与世界经济密不可分，全球化的趋势使两岸经济获益的同时，也使之具有更大的脆弱性，受到外部经济冲击与连锁震荡的影响越来越大，增加了维护经济安全的风险。此外，为了实现经济发展，台湾当局不得不从经济全球化的角度思考两岸经贸合作的问题，也对台海安全形势产生了一定的影响。

四、世界新军事变革

冷战结束之初，有人一度认为随着经济科技在国际关系中的地位上升，军事因素在维护国际安全中的作用下降。但随着国际安全形势以及世界新军事变革的迅猛发展，越来越多的国家或地区认识到，军事因素依然是维护国家安全和国际安全的重要力量，在不断变化的国际安全环境中，世界多数国家在注重运用政治、经济和外交等手段解决争端的同时，仍把军事手段以及加强军事力量作为维护自身安全和国家利益的重要途径。海峡两岸对此保持类似的看法，中国政府认识到，虽然冷战已

---

① 《2004 年中国的国防》，《人民日报》，2004 年 12 月 27 日。

② 台湾《中华民国九十一年国防报告书》，www. mnd. gov. tw。

经结束多年，但军事因素对国际格局和国家安全的影响上升，军事力量对保障国家安全的作用进一步凸显。[①] 台湾当局也看到，美国遭受“9·11”恐怖攻击事件后，国际社会已深刻体认，军事力量是确保国家安全的重要保障。[②]

从海湾战争到科索沃战争，从阿富汗战争到伊拉克战争的实践都表明，当前世界战争的主要形态已经转变为高技术条件下的局部战争。虽然尚不能完全排除爆发世界大战的可能性，但冷战后的战争已经更多地被限制在局部的、有限的范围内。而主导局部有限战争的是高新技术和信息技术，它渗透到军队战斗力构成的各个要素和战斗力发挥的各个环节之中，已经成为新的制胜要素，甚至是决定性要素。[③] 现代科技对军事领域的影响，就其深度和广度来说，是历史上任何时期都无法比拟的，以信息高技术为核心的世界新军事变革已经使当今战争的武器装备、组织体制、作战方式、交战空间、战争节奏等都发生了很大的变化，这场新军事革命并没有结束，依然在蓬勃发展之中。

海峡两岸都已经敏锐地察觉到世界新军事变革的气息，并在“国防”战略与政策中开始加以关注。1993 年，中国政府在制定军事战略方针时就考虑到世界新军事变革的影响，提出“把军事斗争准备的基点放在打赢现代技术特别是高技术条件下的局部战争上”[④]，这是解放军军事战略思想的重大发展和转变。在 1998 年中国首次发表的国防白皮书中，中国政府指出，一场以发展高技术武器为先导的军事领域的深刻变革正在世界范围内兴起。这场变革发展迅猛，对军队的武器装备、体制编制、作战训练及军事理论等方面将产生重大而深远的影响。为适应新的形势并争取自身优势，许多国家纷纷调整国防政策和军事战略，普遍压缩军备规模，更加注重质量建军。[⑤] 到了 2004 年，中国政府的国防白皮书更加明确，世界新军事变革加速发展，战争形态正由机械化向信息化转变，信息化成为提高军队战斗力的关键因素，体系对抗成为战场对抗的主要特征，非对称、非接

---

① 《2004 年中国的国防》，《人民日报》，2004 年 12 月 27 日。

② 台湾《中华民国九十一年国防报告书》，www. mnd. gov. tw。

③ 刘精松、王祖训主编：《跨世纪的国防建设》，学习出版社，2000 年 12 月版，第 35、40 页。

④ 江泽民：《论科学技术》，中央文献出版社，2001 年版，第 83 页。

⑤ 《1998 年中国的国防》，www. xinhuanet. com。

触、非线性作战成为重要作战方式。世界主要国家调整安全战略和军事战略，发展高新技术武器装备，创新军事理论，加快军队转型。以信息化对机械化半机械化的军事技术时代差仍在拉大，世界军事力量对比进一步失衡。为此，中国政府提出，人民解放军按照建设信息化军队、打赢信息化战争的目标，深化改革，锐意创新，加强质量建设，积极推进以信息化为核心的中国特色军事变革。①

台湾在2002年的“国防报告书”中也提到，科技快速发展带动军事技术的进步，如计算机、电子通信装备、核能、生物科技、化学、航空等的综合运用；量小、质精、大规模杀伤性核子与生物武器，具体运用于军事领域；均使战争形态迥异以往传统战争。另外“星球大战”概念的延续、战区导弹防御系统的发展等，亦都可能将战场延伸至太空。这些都“使战争的概念、形态与手段”，已产生实质变化，“超限战”、“信息战”、“不对称作战”、“全民国防”等观念对传统的战争战法产生相当大的影响；而且科技进步所造成战争形态的改变，“已成全球未来趋势，尤其缩短国际社会的距离，更降低了战争前后方的分野，让未来战争形态的发展，更为不可捉摸”。②

对于大陆提出“打赢现代技术特别是高技术条件下的局部战争”、“建设信息化军队、打赢信息化战争的目标”，台湾当局尤为关切，他们认为局部战争的主要作战方向“第一是东南沿海”，而大陆正在发展包括“太空战、电子战、信息战、瘫痪战、点穴战能力在内的超限战和不对称作战能力”，在很大程度上是针对台湾。因此，台湾方面也提出“为了争取电子信息战优势，强化先制与反制作为，瓦解敌夺取制电磁权企图”，“设想不对称战争模式，预拟应变腹案，并积极准备生化防护能力，以发挥有备无患的效能”，“按制空、制海、地面防卫、发挥三军联合作战战力”等军事理念和构想。

五、传统与非传统安全

进入21世纪以来，国际安全形势和形态都发生了很大的变化，这种变化不仅表现在军事和战争领域，更表现为出现了一系列非传统安全问题，

---

① 《2004年中国的国防》，《人民日报》，2004年12月27日。

② 台湾《中华民国九十一年国防报告书》，www. mnd. gov. tw。

这些问题的出现“可能随时为国际环境投下不安全的变量”。所谓非传统安全是相对于传统军事、政治、外交等领域的安全问题所言，是除此之外的其他对世界各个国家或地区乃至全人类生存与发展构成威胁的因素。当前世界上所存在的非传统安全问题主要包括：恐怖主义、分裂主义、极端主义、经济安全、金融安全、生态环境安全、信息安全、资源安全、武器扩散、疾病蔓延、人口买卖、跨国犯罪、走私贩毒、非法移民、海盗、洗钱等。因为非传统安全挑战的主体不一定是主权国家，也不一定有国界之分，因此它有跨国性、突发性、不确定性、动态性等特点，传播速度更快，安全层次更加模糊；更为严重的是，很多非传统安全问题与传统安全问题重叠纠结在一起，相互转化，使这些问题解决起来有相当的难度，近年来已经对世界安全造成了极大的危害和影响。

世界范围内的非传统安全问题对海峡两岸的关系及安全形势也有一定的影响。首先，海峡两岸对当前面临的非传统安全问题认识基本趋同。台湾当局认识到，当前“种族与宗教冲突、领土争执、资源争夺等所衍生的区域性冲突，以及恐怖主义活动的滋长、危险军事科技的扩散、跨国经济犯罪、毒品交易等问题，是当前国际安全的绝大隐忧”①。中国政府则表示，“传统和非传统安全问题交织，非传统安全威胁日益严重”，在信息、能源、金融、环境安全等领域、打击跨国犯罪、防止严重传染性疾病蔓延和进行减灾救灾的国际努力仍需加强。第二，海峡两岸都面临着诸多相似的非传统安全问题。随着中国参与国际社会的深入，世界范围内的恐怖袭击、人质绑架、战争侨民撤离等非传统安全事件开始逼近包括台湾同胞在内的中国人；2003 年和 2004 年海峡两岸共同面临 SARS 和禽流感的威胁，也是重要的非传统安全事件。此外，在某种意义上，台湾岛内“台独”势力的“台独”分裂活动本身就是中国所面临的非传统安全问题之一。

第二节　台海安全与美国的战略考虑

毋庸置疑，在影响台海安全的诸多外部因素中，美国是最主要的势力。台湾问题的产生和延续在一定程度上与美国的插手和干涉有关，台湾

---

① 台湾“中华民国 93 年国防报告书”，www. mnd. gov. tw。

问题的最终解决也很难完全抛开美国的利益考虑，同时发展中美关系必须妥善处理好台湾问题。自从台湾问题产生以来，台湾一直是美国亚太战略体系甚至是全球战略体系中的重要一环，台海安全问题与美国的亚太和全球安全战略息息相关。因此，美国在台海安全问题上的政策立场不仅会影响到中国的国家统一进程，而且也将对亚太地区的战略格局和安全形势走向产生重要的影响。

台湾问题在美国全球和亚太战略中的角色地位既取决于台湾特殊的地缘政治位置，也与美国对外政策中的理想主义、保守主义传统以及现实主义的利益考虑有关。虽然共和党和民主党政府对台海安全的政策立场有一定的区别，有时保守的理想主义色彩比较浓厚，有时候比较注重现实主义的利益平衡，但这二者之间实际上是紧密联系，难以分割的，最终都归结到实现美国的国家利益。从 20 世纪 50 年代以来，不论是对中国实行“遏制”政策，还是“联中制苏”，以及“接触政策”都是为了实现美国在亚太地区、在两岸之间的利益最大化。

一、美国对台湾地缘战略价值和地位的认识

美国历任总统的全球和亚太战略思想都深受麦金德的“陆权论”和斯派克曼的“边缘地带论”等地缘政治思想的影响，这一影响也反映到美国对台湾地缘政治价值的认识上。为了维护美国在世界上的霸权地位，遏制亚欧大陆上崛起新的强国和对美国构成威胁的力量，美国一直谋求在欧亚大陆边缘建立环形联盟体系，在太平洋西岸建立岛屿锁链。① 二战结束后，前苏联曾经是美国在欧洲遏制的主要对象，中国则是美国在亚洲地区的重要遏制对象。冷战结束后，正在崛起的中国又成为美国认为需要重点防范崛起的国家。

在美国很多地缘政治学者的眼里，中国无疑是美国一个主要的地缘战略对手。中国位于欧亚大陆的东部，幅员辽阔，人口众多，处于东北亚、东南亚、南亚和中亚的枢纽和中心位置，战略位置非常关键。特别是中国实行改革开放以来，随着中国经济社会的发展，国际地位得到空前提升，对国际事务的参与也逐渐加深，美国一些人开始认为中国的发

---

① 楼耀亮：《地缘政治与中国国防战略》，天津人民出版社，2002 年 6 月版，第 191—192 页。

展和崛起将势必对美国的亚太安全战略构成威胁。布热津斯基就认为，中国已经是一个重要的地区大国，它可能还有更大的抱负，中国的各种选择已经开始影响亚洲地缘政治力量的分布，而它经济发展势头必将使它有更强的物资实力和更大的雄心。① 而从地缘上对中国进行围堵的最好办法就是利用中国东部和东南部海洋以及南太平洋上的系列从北到南排列的弧形岛屿链作为美国的战略防线。这种岛链一共有两道，俗称第一岛链和第二岛链，第一岛链由千岛群岛、日本列岛、琉球群岛、台湾岛、菲律宾群岛等组成；第二岛链则从马里亚夫群岛到关岛，再到贝劳、澳大利亚和新西兰。而台湾恰恰位于第一岛链的中央，自然成为美国遏制中国的重要选择。

台湾岛面积约3.6万平方公里，与中国大陆相距仅100多公里，东北部与日本的琉球群岛相邻，南部与菲律宾相望，东部是太平洋，地理位置非常重要。对中国来说，台湾对确保中国国家安全和经济发展有着非常重大的战略意义。首先，台湾岛是中国东南部的海上前哨和战略缓冲区，对东南各省有着良好的掩护作用，对保障沿海经济发达地区建设成就非常关键。其次，台湾海峡处于南海和东海的咽喉地带，是联系东北亚和东南亚的海上交通要冲，经常是世界各国特别是东亚各国商船的必经之地。此外，台湾是中国跨入太平洋的前沿基地，对中国扩大海上安全的视野，捍卫中国在西太平洋的安全利益有着重要的战略意义。只有实现两岸的统一，才能够从实际上消除外部势力对中国国家安全的威胁，突破美国在西太平洋上的第一道防线，将美国的威慑性包围圈推倒第二岛链，扩大中国国家安全防御的战略纵深。②

对美国来说，利用台湾实现其遏制中国崛起的战略目标的意义在于，“大中华”可能已经在形成之中，任何阻止其出现的做法都会导致同中国发生激烈冲突；而大中华的崛起将使台湾问题结束冬眠状态，这将不可避免地影响到美国在远东的地位。③ 因此，美国始终将台湾看做是对付中国的一艘“不沉的航空母舰”，是可以用来遏制中国大陆，威胁中国东南沿

---

① 兹比格纽·布热津斯基：《大棋局：美国的首要地位及其地缘战略》，上海人民出版社，1998年2月版，第59—60页。

② 陈峰君：《亚太安全析论》，中国国际广播出版社，2004年5月版，第319页。

③ 兹比格纽·布热津斯基：《大棋局：美国的首要地位及其地缘战略》，上海人民出版社，1998年2月版，第60、71页。

海安全的一块战略跳板。二战结束后，美国的参谋长联席会议认为，台湾对美国在西太平洋的安全有重要的战略地位，如果共产党占领台湾，那将对美国的战略地位十分不利；大陆被共产党控制，美国将不可能在战争期间长期获得中国大陆沿海的港口、空军基地和铁路；所以台湾作为停泊军队、控制海空作战能力的军事价值，变得尤为重要；而一个不友好的政府控制台湾海峡的周围海域，也将会对美国在日本、琉球群岛、马来西亚、菲律宾的利益构成威胁。在冷战期间，台湾一直是美国遏制苏联、中国等共产主义国家的桥头堡，是为美国确立其在亚太地区的霸权地位服务。虽然60年代末期中美出于联合抗苏的考虑走到一起，台湾在中国由陆权国家向海权国家迈进的过程中有着尤为重要的地位，台湾的地缘政治地位有所下降，但这种下降只是在特定背景下的一种相对下降，在某种程度上说是暂时的，美国并没有完全放弃对台湾的地缘战略考虑，台湾依然是美国用来牵制中国的一张牌。

冷战结束以后，中国在美国全球战略中的地位开始下降，台湾的战略价值则相对上升，台湾再次成为美国实施欧亚地缘政治大战略中不可或缺的一部分。在美国国防部2001年9月30日提交的《四年防务国防报告》中，美国认为亚洲“正逐渐成为最可能出现对美国构成大规模军事挑战”的地区，并提出从孟加拉湾—日本海—澳大利亚—新西兰的“东亚沿岸地带”概念，还认为从中东到东北亚的“广阔的不稳定弧线”中，尤其是从孟加拉湾到日本以南海域的东亚沿海地区，存在着针对美国的特殊挑战，在这个地区可能出现一个“拥有强大资源基础的军事竞争者”，不点名地将矛头指向中国。[①] 为了遏制中国可能对美国的霸权地位形成的挑战，美国甚至有人提出重新武装台湾，认为“台湾对美国具有长久的地缘战略价值，因为它地处台湾海峡和巴士海峡之间，这两个海峡是连接东北亚、东南亚和中东的两条关键海上交通要道。一个强大的友好的台湾政府若帮助这些通道的畅通将符合美国利益。在失去了菲律宾的克拉克空军基地和苏比克湾海军基地之后，台湾作为美国在西太平洋的潜在的作战基地，是美国军事计划制定者所不应丢弃的战略资产”。[②]

---

① 李翌鹏：《美国全球军事战略调整动向及对台湾问题的影响》，《台湾研究集刊》，2002年第1期，第19页。

② 转引自徐慧君：《确保台湾在中国》，剑虹评论网，www. comment - cn. net。

二、美国台海安全战略中的理想主义和现实主义

(一) 美国台海安全政策中的理想主义色彩

在美国外交政策思想中，向来有理想主义与现实主义之争。所谓现实主义，不论是强调国家权力和利益最大化以及势力均衡的传统现实主义，还是注重国际结构的新现实主义，都是以追求美国国家利益、维护美国霸权地位为目标的。而理想主义则来源于美国的价值观，在美国多元宽容的文化环境中得以发展。美国的对外政策中一直混杂着种族优越感、文化优越感、制度优越感和道德优越感，不少美国人认为向全世界推广美国的道义原则和价值观念是义不容辞的责任。在美国，民主国家不相互进行战争的“民主和平论”和“民主国家在贸易和外交上可以结成更好的伙伴”是根深蒂固的观点。为了确保能够将其政治制度和价值观传播到全世界，促进“世界民主”，美国认为首先要确保其超级大国地位，以维持世界稳定和平和世界市场的自由化。这种对理想和道义的追求导致美国在世界上采用各种手段强行推进“民主化”和进行“人权外交”。

美国的理想主义传统在中美关系和美国台海安全政策中的表现不容忽视，美国对台湾的“安全承诺”，反对大陆对台动武，其中一个重要理由是美国必须支持“民主的台湾”。美国著名的中国问题专家费正清指出，“我们的中国问题基本上是一个价值观念问题，它牵涉到我们的感情”，“美国传教士的国内支持者是我们对中国人道主义的发源地，这是一种经常影响着，有时几乎支配了我们的政策的情绪”。首先，美国认为与台湾当局有着传统的“友谊”，是长期的“盟友”，而这种“友谊”在某种程度上是建立在意识形态基础上的。40 年代美国驻华外交官谢伟思曾讲过，美国是无法接受中国共产党的称号的，只要中共一天称谓共产党，就无法改变美国政府对它的根本看法。[①] 1949 年，中华人民共和国成立后，美国从全球冷战的战略思维出发，对华政策充满了强烈的意识形态色彩，将台湾作为遏制共产主义在亚洲蔓延的工具。虽然 70 年代实现尼克松总统访华和中美建交，中美间的战略利益暂时超越了意识形态的分歧，但美国“并未抛弃长期的盟友，委托人——台湾政权”，1979 年 3 月，美国国会通过

---

① 贾庆国：《中国不仅仅说不——未能实现的和解：冷战初期的中美关系内幕》，中华工商联合出版社，1996 年 11 月版，第 43 页。

了《与台湾关系法》，在“即使美国外交承认的情况下，它使美国的法律和法规在台美关系中得到全面贯彻，并得以延续”①。虽然《与台湾关系法》的通过不完全是理想主义的考虑，但与美国国会中存在的强大亲台势力及对台湾的个人情感也是有很大关系的。

20世纪80年代以来，随着台湾“政治民主化”的展开，以及苏联东欧的剧变，美国台海政策中的理想主义色彩又开始浓厚起来。1989年的“六四事件”之后，人权问题成为中美关系中最敏感、争论最激烈的问题之一，中美在政治、意识形态领域开展了渗透和反渗透的斗争。与之相对应，美国故意抬高台湾的地位，凸显台湾的“民主化成就”，因此美国决不允许在中国大陆“和平演变”之前实现国家的统一。② 克林顿总统上台后，美国的对外政策中的理想主义色彩更加浓厚，他更加强调“道德价值标准”，将推进“全球民主化和自由、人权”作为美国国家利益的组成部分和对外政策基本原则。特别是针对亚太地区，克林顿提出建立“新太平洋共同体”的构想，目的就是“要使亚太国家享有普遍的民主和人权”，使“走向民主的国家得到鼓励，使拒绝民主的国家付出代价”③。而台湾恰恰是美国鼓励的地区，因为它“迅速改善其人权记录，并定期举行多党制的自由、公平的选举”。④ 美国有学者认为，台湾“在没有引发动荡的情况下变成一个富有活力的民主国家”，已经成为“亚洲地区国家的民主楷模”，是中国大陆政治改革应当仿效的榜样；而美国国会支持李登辉访问美国是“对李登辉和他在台湾领导的民主化进程的人道主义支持”。⑤

小布什上台后，美国新保守主义势力开始抬头，美国对外政策开始奉行将政治、军事、经济实力为主的现实主义路线，在对华政策方面，小布什将美中关系定位为“战略竞争对手”而非“战略合作伙伴”。当然，小布什并没有放弃“大力推进美自由民主价值观”，而是更加强调“美国将在捍卫自由和正义的行动中，起领导作用；没有一个国家单独享有追求自

---

① 费正清著，张理京译：《美国与中国》，世界知识出版社，2000年3月版，第15—16页。

② 王缉思主编：《高处不胜寒——冷战后美国的全球战略和世界地位》，世界知识出版社，1999年12月版，第257—259页。

③ 新华社1993年7月11日北京电。

④ 美国参议院S. Res. 148号决议案，刘连弟编著：《中美关系的轨迹》，时事出版社，2001年3月版，第624页。

⑤ （美）吉姆·赫尔姆斯、詹姆斯·普里斯特主编：《外交与威慑：美国对华战略》，新华出版社，1998年版，第110—121页。

由和正义的梦想，所有的国家都离不开它们”[①]。因此，在阿富汗战争和伊拉克战争后，美国便开始了对阿富汗、伊拉克和整个中东地区的“民主改革”。对台湾，美国依然将其视为“民主伙伴和朋友”，美国国内对台湾的同情心也在增加。[②] 2002 年 9 月 20 日，布什政府公布了他的第一份《美国国家安全战略报告》，其中就提到，“民主程序在我们台湾和韩国的朋友中深入人心”，“美国在使中国和一个民主的台湾加入世贸组织方面起了带头作用”[③]。美国传统基金会研究员谭慎格认为，“民主台湾”正逐步成为美国外交词汇中的一个固定说法。[④] 虽然后来由于台湾当局提出“一边一国”、“公投制宪”等“台独”主张，导致美台之间出现信任危机，但美国对台湾民主的支持与肯定并未改变。2004 年 2 月 6 日，美国国务院主管东亚事务的副助理国务卿薛瑞福在“中美经济暨安全检讨委员会”就中国军事发展及两岸军事对比举行的听证会上表示，台湾的民主演进令人赞赏，美国为台湾的民主成就感到骄傲，同时非常重视利用任何一个公开或私下场合的机会，表达对台湾民主的支持，而台湾 2000 年政权和平转移，最令人津津乐道。[⑤] 2004 年台湾地区领导人选举结束后，面对各候选人的选举争议，美国国务院发表声明表示“祝贺台湾人民完成民主选举，如此大范围的行使民主权利”。

美国对台湾民主的支持让台湾当局看到了利用民主大做文章的机会。台湾当局认为，“民主与安全的关系十分密切，没有安全的环境，民主无以发展；而民主国家的增加，将有助于和平的维系，创造一个更安全的世界”，台湾“推动民主与人权外交，不仅有助于争取世界各国对我国的同情与支持，为我国安全与生存建构一道无形的保障，也能够通过与国际民主人权团体的接触，进一步巩固我国民主与人权的发展与成就”。[⑥] 2002 年以来，陈水扁不断声称要策划组建所谓“亚太地区民主同盟”，透过反恐及人道合作，建立“美日台三边民主国家”的伙伴关系。

---

① 2002 年 1 月 29 日布什“国情咨文”全文，www. cctv. com/special/414/0/35855. html。

② 杨洁勉：《美国国家安全战略报告和大国关系》，《美国研究》，2002 年第 4 期，第 18 页。

③ The White House, The National Security Strategy of the United States of America, September 2002, P3.

④ John Tkacik, “Why Jiang Should Worry”, The Asia Wall Street Journal, September 23, 2002, p. A15.

⑤ 台湾“中央社”记者刘坤原华盛顿 2004 年 2 月 6 日专电。

⑥ 简又新：“立法院第五届第二会期外交施政报告”，2002 年 10 月 16 日，www. mofa. gov. tw。

在其提出的“公投制宪”主张遭到美国的反对后，陈水扁在接受美国CNN电视台采访时表示，“美国与台湾的关系应该是价值的同盟、是民主同盟、是自由同盟、也是人权的同盟，美国的立国精神，绝对不会把中国的飞弹部署与武力威胁视作理所当然，而把2300万台湾人民所要追求的民主价值，包括公投的落实，以及为了爱民主、要和平、反飞弹、拒绝战争的诉求当作所谓的挑衅动作”。① 陈水扁此举是企图以“民主牌”来拉近与美国的感情距离，获取美国对台湾的支持，达到“以武拒统、以武谋独”的目的。

（二）美国台海安全政策中的现实主义考虑

虽然美国的对外政策中有着地缘政治考虑和理想主义色彩，但它们与现实主义的关系却是随着国际政治安全形势和美国外交的需要不断调整的，这三种考虑在很多时候是融合的，只有侧重点不同的问题，而没有取舍的问题。地缘政治、地缘经济是现实主义考虑的一个重要因素，而以“民主”和“人权”为主的美国价值观也被认为是美国国家利益的一个组成部分。冷战期间，美国经常会让民主和人权的考虑屈从于东西方地缘政治斗争和现实安全利益的需要，但冷战后，美国政界很少有人实际上将人权目标看得比维护美国经济、安全利益更重要，它们更多地强调将国家利益和价值观结合起来。② 美国的这种以利益为核心的对外政策和安全战略考虑同样也反映在美国的台海安全政策中。

美国台海安全政策的根本出发点是美国的国家利益。美国对台海地区的利益考虑分成三个层次，即全球和亚太的战略利益、中美关系大局的利益、美国在台湾的利益，这三个层次既有区别，又有密切的联系；利益范围也涉及战略、政治、经济、安全、意识形态等各个方面。

从全球和亚太战略的层次来看，美国的重要利益在于使中国政府和台湾当局配合其全球和亚太战略的实施。在冷战前期，美国的全球战略利益在于遏制苏联和共产主义势力范围的扩大，台湾就成为美国在远东地区推行对苏对华遏制战略的重要基地。冷战中后期，随着美苏、中苏关系的变化，美苏两强争霸的国际政治格局逐渐演变为中美苏战略大三角的格局，

① “扁接受CNN专访称大陆弃武可不公投”，www.phoenixtv.com/home/news/taiwan/200312/11/171007。

② 席来旺：《美国的决策及其中国政策透析》，九洲图书出版社，1999年1月版，第248页。

中美开始由对手演变为具有共同战略的战略伙伴，直接导致台湾在美国全球和亚太战略中的利益重要性下降。冷战结束后，虽然美国一度认为不需要中国也可以实现美国的全球和亚太战略利益，但不久就发现缺少中国的参与和配合，美国的战略利益会遇到不少的困难和麻烦。布什总统在推行对华遏制战略的时候，就曾多次表示美国需要中国的配合来实现其全球战略，认为中国会轻而易举地影响到亚太地区的稳定，所以也会影响到世界的和平与繁荣。[①] 克林顿主政期间，美国更加强调“亚太地区稳定与否直接关系到美国的核心利益”，而美国需要“与这一地区起领导作用的国家实施接触政策，包括冷战时代的敌人”，他们还更明确地指出“没有哪个国家像中国那样准备在塑造亚洲的未来中发挥作用”[②]。小布什政府上台以来，特别是“9·11”事件以后，美国将反恐和防止大规模杀伤性武器扩散作为优先和重点考虑的战略利益，虽然布什政府单边主义色彩浓厚，但要想实现这些利益，国际合作特别是大国间的合作不可避免，中国也是合作的对象之一。特别是在阿富汗战争、伊拉克战争和朝鲜核问题的解决过程中，美国对中国依然具有一定的战略需求。美国总统小布什也明确指出，与中国加深和扩大合作“符合美国的国家利益”，对维护世界和平也十分重要，并表示“对美国而言，在太平洋地区没有比中国更重要的国家”。[③]

与中国大陆相比，台湾当局在美国全球战略利益层次中的重要性并不高，虽然台湾当局不断重申支持和参与美国领导的反恐行动，并反对大规模毁灭性武器的扩散，但基本上只是台湾单方面的宣示，实际意义不大。台湾在美国全球和亚太战略中的地位主要表现在美国不希望台湾当局忽视和误判美国在本地区的战略利益目标，进行某些单方面的“台独”挑衅举动，引发台海地区的军事冲突，从而威胁到亚太地区的和平、安全和稳定。

除了在涉及全球安全战略、亚太地区的和平与稳定方面美国在两岸间有利益考虑和权衡之外，在处理台湾问题时如何维护美中关系发展的大局

---

① 转引自熊志勇：《美国对华政策基础的演变及前景》，《外交学院学报》，1992年第3期，第52页。

② 《美国新外交：经济、防务、民主——美国前国务卿克里斯托弗回忆录》，新华出版社，1999年9月版，第383、397—398页。

③ 《人民日报》，2002年1月22日。

也是美国的一项重要的利益考虑。台湾问题的确是中美关系中最敏感、最重要的问题，但毕竟要服从于中美关系的大局，如果中美两国因为台湾问题而走上直接对抗的道路，对两国的国家利益都是重大的伤害。美国学者哈里·哈丁在其著作《美国和中国1972年以来的脆弱关系》中指出，中国同许多与美国有直接利害关系的重大问题分不开，这些问题既包括维护朝鲜半岛的和平，保持西太平洋的均势，防止大规模毁灭性武器扩散，建立维护全球和区域安全的新体制，也包括保护国际环境，管理全球经济等等。[①] 中美两国在经贸领域的共同利益需求也是维系中美关系大局的一个重要因素，2003年中美双边贸易额首次突破千亿，达到1263亿美元，两国的经贸关系还在继续保持着快速发展的势头。中美建交以来，中美两国高层始终从把握中美关系的大局出发，将包括台湾问题在内的中美关系的对抗和矛盾因素控制在大局之内。

小布什政府上台后，中美关系一度因为撞机事件和布什宣称“不惜一切代价协防台湾”而出现紧张。但中美两国巨大的利益联系使美国不得不以中美关系发展的大局为重，向现实妥协，调整对华对台政策。2002年，小布什政府提出同中国建立“建设性合作关系”。这种关系的建立虽然不能从根本上解决台湾问题，但却能够在某种程度上防止两国在此问题上的矛盾激化。“9·11”事件后，虽然美国也曾表示“美中合作对抗恐怖主义，绝不会以牺牲台湾为代价，台海安全也不会受影响”，但美国政府在台湾问题上的立场和态度都发生了一些变化，总统、国务卿和国防部长等高级官员讲话的调子不像以前那么强硬；美国国内甚至出现了中美签署第四个联合公报的声音。这些都为中美缓和在台湾问题上的矛盾带来了某些机会，关键在于双方是否能够“登高望远”，从中美建设性合作关系的大局出发，抓住机会，缩小分歧，从而为台湾问题的和平解决创造良好的条件。近年来，台湾当局“台独”分裂活动不断升级，遏制陈水扁“台独”倾向逐渐成为美对台政策的主导方向。2004年4月，美国助理国务卿凯利在国会作证时警告台湾，不要把大陆不能容忍“台独”当作虚声恫吓。10月，鲍威尔国务卿在访华后谈到台湾时强调：“台湾不是独立的。台湾不享有一个国家的主权。”年底台湾“立法院”选举期间，美国国务院发言

---

① 哈里·哈丁著，柯雄等译：《美中关系的现状与前景》，新华出版社，1993年2月版，第24页。

人在新闻发布会上几次表示反对任何改变台湾地位或走向“独立”的公投，要求陈水扁遵守四年前做出的“四不一没有”的承诺。美国知名学者兰普顿就明确指出，美国在亚洲的利益是与中国发展稳定的关系，但台湾当局的政策却是要破坏这一切，与美国的利益相违背，美国自然会表达反对的立场。①

当然，在顾及全球及亚太战略利益和中美关系大局的同时，美国并没有放弃在台湾的利益，从某种程度上说，美国是将在台湾的利益与其全球、亚太和中美关系作为一体来考虑和权衡的。美国认为其在台湾有着重要的长期的政治、经济和道义上的利益。1994 年，美国国会“美台政策协商工作组”在首次会议报告中对美国在台利益进行了详细列举，指出“台湾是一笔战略资产，它守卫着太平洋和印度洋之间的许多贸易交往和石油运输的通道，台湾还可用来证明美国对扩大民主的决心；台湾是促进美国的自由贸易和取消贸易壁垒这些经济政策的坚定盟友；台湾是美国宝贵的贸易伙伴，美国是台湾产品最大的进口国之一；台湾加入关贸总协定和其他多边组织，可提供美国能对诸如贸易不平衡、环境保护和知识产权类问题提出关注的场所”等等。② 虽然随着中国大陆经济实力的增长和中美经济、贸易、投资关系的发展逐渐超过美国在台湾的经济利益，依然有美国学者认为，如果台湾的政治、经济榜样在中国大陆复制，美国的利益和中国的利益都将得到很好的促进。他们因此主张，美国不能抛弃符合美国利益的盟友，必须保护在台湾的利益，事实上美国已经毫无怨言地做了 30 多年。③ 当然，美国在保护在台湾利益的同时，不得不考虑到在大陆的利益得失，而中美双方在台湾的利益有时候一致，有时候却不一致。美国尽可能做到兼顾在两岸的利益，即使在出现利益相互抵触的时候，美国在进行取舍时也会就利益的重要性和紧迫性进行权衡，以实现在两岸间利益的最大化。

三、冷战后美国的台海安全政策及其影响

如前所述，台湾问题一直是美国亚太战略中的重要一环。随着国际形

---

① 美国尼克松中心中国部主任戴维·兰普顿 2005 年 1 月 13 日在厦门大学台湾研究院座谈时的谈话。

② 梅孜主编：《美台关系重要资料选编》，时事出版社，1997 年 1 月版，第 270 页。

③ （美）吉姆·赫尔姆斯、詹姆斯·普里斯特主编：《外交与威慑：美国对华战略》，新华出版社，1998 年 8 月版，第 121 页。

势和中美关系的发展变化，台湾在美国亚太战略中所扮演的角色和所处的地位不尽相同。朝鲜问题和台湾问题一直是美国在亚太地区的战略重心，但冷战结束以来，特别是“9·11”事件后，美国对其全球军事安全战略进行了重大调整，将本土防御作为优先考虑的现实安全问题，并改变了以前的“威慑、遏制”战略，提出向恐怖分子和敌对国家发动主动进攻的“先发制人”战略，并有迹象显示美国有放弃“同时打赢两场局部战争”战略的打算。从地区来看，美国依然坚持“欧亚并重”的战略态势，并将要继续保持在这两个地区的军事存在，维持目前的军力结构和规模。但从战略调整的趋势来看，亚太地区的战略分量在明显加重，在不久的将来亚太地区很可能会成为美国的战略重心。美国当前在亚太地区的战略利益目标就是维持美国主导下的亚太地区国际安全格局，确保美国在这一地区的领导地位不受挑战，维护美国在政治、经济领域的既得利益，消除对美国的任何安全威胁，以最终实现美国控制欧亚大陆的地缘战略计划。而美国的台海安全政策在某种程度上已经成为美国推行上述战略利益目标的试金石。①

（一）美国坚持两岸问题应“和平解决”的立场，为了避免因“台独”导致中国政府使用武力，发生台海军事冲突，美国不断公开申明坚持“一个中国”政策，反对“台独”，反对中国政府或台湾当局单方面改变台海现状的行动，这在一定程度上有利于台海紧张局势的暂时缓解。

中华人民共和国成立以后，如何处理台湾问题一直是美国对华政策中的一项重要内容，中美之间在台湾问题上有过多次的军事对峙，也在台湾问题上达成过某些共识，但都没有能够消除台海安全所面临的危险因素。美国学者哈里·哈丁认为，1949 年以来，为台湾争取和平的未来一直是美国对华政策中一个最持久的因素，无论是朝鲜战争中第七舰队的介入，1955 年美台签订的《共同防御条约》，还是中美三个联合公报和《与台湾关系法》，都体现了美国关心台湾的和平前途。② 中美建交以来的美国历届政府都非常强调台湾问题的“和平解决”。美国总统里根 1982 年在致邓小平信中表示，在中美关系正常化的过程中，美国继续关心台湾问题的和平

① 陈峰君：《亚太安全析论》，中国国际广播出版社，2004 年 5 月版，第 349 页。

② 哈里·哈丁著，柯雄等译：《美中关系的现状与前景》，新华出版社，1993 年 2 月版，第 136 页。

解决。[1] 1999年，克林顿在白宫记者招待会上提出解决台湾问题的“三个支柱”，其中第二个支柱也是“和平解决”，另外两个是“一个中国、积极对话”。小布什上台后，依然强调台湾问题必须“和平解决”。

美国政府对台湾问题“和平解决”的关注与中国政府争取用和平方式解决台湾问题的立场有相似的地方，也存在一些原则性的区别。美国的“和平解决”在某种程度上是无条件的，是将“和平”绝对化，只强调方式，不强调结果。因此有人怀疑美国的立场是赞成台湾的“独立”目标，并不反对台湾的“和平独立”，只是要求台湾在独立时服从美国的战略需要。[2] 美国学者傅立民则认为，美国的立场是“只要和平解决，不管海峡两岸达成什么解决方案，美国都能接受”。[3] 但中国政府认为，解决台湾问题有两种可能的方式，即战争的方式和和平的方式，中国人民愿意在可能的条件下，争取用和平的方式解决问题。[4] 和平只是解决台湾问题的一种方式，它不是没有前提的，一个中国原则就是前提。如果台湾当局进行重大“台独”事变，外国势力干预，中国将不得不采取一切必要措施包括以非和平的方式来维护国家主权与领土完整。

对“一个中国”政策，美国政府一直在口头上表示坚持，特别是在两岸关系形势紧张的时候，美国总是不断地重申“一个中国”政策没有改变。1992年，布什政府决定向台湾出售150架F—16战斗机，中美关系面临危机，布什依然表示“我们是信守诺言的，我们执行一个中国的政策”；克林顿政府时期，美国允许李登辉访美，美国国务院在声明中表示，“这并不意味着我们与中华人民共和国的关系或政策发生了任何变化，美国承认中国的立场，即只有一个中国，台湾是中国的一部分”。[5] 1999年李登辉抛出“两国论”后，美国政府再次确认，美国恪守“一个中国”政策是以“美国国家利益为基础的”，美国长期以来坚持的“一个中国”政策没有改变。[6] 2002年以来，陈水扁抛出“一边一国”，声称要“公投制宪”，

---

① 梅孜主编：《美台关系重要资料选编》，时事出版社，1997年1月版，第219页。

② 阎学通：“不惜一切代价就能维护中国统一”，《联合早报》2003年11月28日。

③ “争取全赢的中美关系——中国通傅立民先生访谈”，人民网，2002年2月7日。

④ 《台湾问题与中国的统一》白皮书，/www.chinataiwan.org/web/webportal/W2001187/A2062441.html。

⑤ 梅孜主编：《美台关系重要资料选编》，时事出版社，1997年1月版，第253、287页。

⑥ 刘连第编著：《中美关系的轨迹》，时事出版社，2001年3月版，第263页。

美国几乎每次都重申，美国的政策是一个中国，这是一项长期的政策。我们的政策没有发生变化。美国对“一个中国”政策的口头坚持在某种程度上有利于台海局势的稳定，但对“一个中国”含义的刻意模糊又为台湾当局留下了操弄、扭曲的空间。有人甚至提出美国所说的“承认中华人民共和国的立场，只有一个中国，台湾是中国的一部分”，并不等同于美国“接受和同意”这个立场，美国对此不加评论，除此之外，没有其他含义。① 台湾当局也多次声称，目前两岸和美国在“一个中国”上存在多个版本，美国的“一个中国”内涵并不等同于中国，反而更与台湾的接近。对美国这种刻意模糊的做法，有中国学者指出，美国对战略语言的模糊化处理，恰恰实现着与美国真实战略意图的高精度对应，可以从中清晰地窥见模糊背后所负载的谋略含义。②

除了在“一个中国”政策的含义上模糊以外，在很长一段时间，美国一直单方面强调台湾问题的最终解决要遵循台湾当局接受、台湾人民接受的双重“自愿”原则，这在某种程度上是为台湾当局操控民意来“拒统谋独”提供保护伞。而且，在对待台湾当局“台独”活动的问题上，美国长期以来的表态是“不支持台独”。随着近年来台湾当局“台独”分裂活动的变本加厉，甚至抛出“台独时间表”，而且对美国采取阳奉阴违的策略，让美国看到由此可能导致的台海军事冲突的现实可能性，态度开始出现由模糊暧昧转向清晰明确的迹象。2003 年 12 月，中国总理温家宝访问美国期间，布什总统明确表示：“我们反对中国政府或者台湾当局采取任何改变现状的单方面行动。台湾领导人的言行表明，他可能单方面采取行动改变现状，这是我们所反对的”。③ 但是，在何为“现状”的问题上，美国政府并没有明确。美国学者兰普顿认为，美国所指的“现状”至少包含四个方面的含义，即美国确认“一个中国”政策；台海地区保持和平、避免战争；创造一种可以导致台湾问题最终解决的两岸交流氛围；美国希望台湾问题能最终解决，但方式必须是和平的。④ 2004 年 10 月，美国国务卿鲍威

---

① （美）吉姆·赫尔姆斯、詹姆斯·普里斯特主编：《外交与威慑：美国对华战略》新华出版社，1998 年版，第 114 页。

② 许嘉：《美国战略思维研究》，军事科学出版社，2003 年 1 月版，第 223 页。

③ 《人民日报》，2003 年 12 月 10 日。

④ 美国尼克松中心中国部主任戴维·兰普顿 2005 年 1 月 13 日在厦门大学台湾研究院座谈时的谈话。

尔在接受媒体询问解决台湾问题的条件，是否仅让台湾人民接受，无须顾及大陆人民感受时表示，“必须让两岸都能接受，那才是和解的真正意义”。[①] 同年12月，他在接受凤凰卫视采访时更为明确地指出，台湾不是独立的国家，不享有作为一个国家的主权，“我再次重申，我们不支持台独”。

美国政府上述政策立场在很大程度上是符合其全球战略需求的，与美国在阿富汗和伊拉克进行的战争相比，朝鲜问题和台湾问题并不是对美国迫在眉睫的威胁，在美国全球战略中的紧迫性有所下降，况且伊拉克复杂的安全形势也使美国难以再应付一场更大规模的战争，而且这场战争可能将世界上两个大国卷入其中。如果台湾当局的“台独”挑衅使台海形势急剧恶化，势必会导致美国的全球战略部署被打乱。虽然台湾当局一直希望美国能够介入台海安全，但在自顾不暇的情况下，避免两岸在近期发生可能导致美国介入的军事冲突仍然是美国当前主要的政策取向，这在客观上有利于维护台海地区的和平、安全与稳定，但无法从根本上消除台海地区紧张和不安全的根源。美国不允许台湾的“台独”分裂势力破坏台海地区的现状，这可以使中国政府在特定的情况下利用美国的这一政策来制约“台独”势力的冒险和挑衅活动。但树欲静而风不止，岛内的“台独”势力却经常误判形势，认为当前是实现“台独”的最好和最后的机会，美国在“一个中国”、“台海现状”、“和平解决”等政策中的模糊空间成为它们利用的工具，从而使台海形势严峻紧张的局面难以改观。

（二）为了防止中国的崛起，履行对台湾的“安全承诺”，确保两岸“不统不独”，美国一直在两岸之间寻求政治和军事的平衡，在军事安全上向台湾方面倾斜，协助台湾建立和维持足够的“自我防卫能力”，这将加大中国实现和平统一的难度。

虽然美国不希望两岸之间发生可能将美国卷入其中的军事冲突，但美国也不希望两岸实现完全统一，从而对美国在亚太地区的领导地位和在世界上的霸权地位构成挑战。利用台湾问题防范和遏制中国的崛起，防止中国大陆以任何理由使用武力解决台湾问题是美国台海安全政策中的一个重要考虑。因此，美国从确保台海两岸“不统不独”的考虑出发，在两岸之间实行一种“双轨”和平衡政策，在发展与中国政府政治关系的同时，也

---

① 中国新闻网2004年10月2日电。

不忘对台湾的所谓“安全承诺”，通过各种途径发展美台军事关系，保护台湾“免受大陆的武力威胁”。美国从均势平衡的现实主义理论出发，简单地认为只要两岸之间的军事力量不出现失衡，就可以威慑中国大陆不会轻易对台动武。

美国对台湾的“安全承诺”主要体现在《与台湾关系法》中，该法规定“美国的政策是：宣布该地区的和平和稳定符合美国的政治、安全和经济理由，并为国际上所关切；表明美国决定同中华人民共和国建立外交关系，是基于台湾的前途将通过和平方式决定这样的期望；认为以非和平方式包括抵制或禁运来决定台湾前途的任何努力，是对西太平洋地区的和平和安全的威胁，并为美国严重关切之事；向台湾提供防御性武器；使美国保持抵御会危及台湾人民的安全或社会、经济制度的任何诉诸武力的行为或其他强制形式的能力”。该法还要求“美国向台湾提供能使其能保持足够自卫能力所需数量的防御物资和防御服务”。[①] 1982 年中美“8·17 公报”签署以前，美国又向台湾提出“六项保证”，内容包括不设定截止对台军售日期、不与北京磋商对台军售问题、不修改《与台湾关系法》、不迫使台湾与北京谈判和不在两岸之间扮演调解人角色。

《与台湾关系法》和“六项保证”为美台延续和加强军事关系提供了条件和基础。售台武器是美国政府维持两岸军力平衡的重要手段，是中美在台湾问题上争论最多和一直未能解决的问题，“8·17 公报”虽然为军售问题的解决提出了要求，但实际在售台武器的数量和性能上，美国政府早已多次突破该公报的限制，甚至有人提出将台湾纳入美国的战区导弹防御系统。美台之间的军售交易一直没有停止过。据统计，自 1979 年美国公布《与台湾关系法》以来，截至 2000 年年底，21 年间美国向台湾出售武器的军备交易有 47 宗，高达 400 多亿美元。仅 1994 年到 2000 年的短短几年间，台湾就购买了总值高达 150 多亿美元的武器装备，占世界军火销售总额的 11%，居进口军火之首位。[②] 2000 年陈水扁上台后，虽然明知民进党当局的“台独”政策可能给台海安全带来的威胁，美国对台军售还是有增无减。2000 年 6 月 2 日，美国宣布了两笔价值 3.56 亿美元台军售项目，

---

① 《美国法令汇编》，美利坚合众国第 96 届国会第 1 次会议，第 93 卷，1981 年。

② 王卫星：“美国又要向台湾出售武器：阻挠中国统一危害地区和平”，《解放军报》，2001 年 3 月 19 日。

9月28日，美又宣布对台军售13.8亿美元；2001年4月24日，美国总统小布什正式决定今年向台湾出售价值40多亿美元的武器，其中包括4艘“基德”级驱逐舰、8艘柴油动力潜艇、12架P—3C“猎户座”反潜侦察机及“海龙”扫雷直升机等武器。2004年8月，陈水扁再次连任后，即提出价值高达6108亿元新台币的对美军购案，这是台湾有史以来金额最大一宗军购案。虽然在“立法院”屡遭否决，台湾民众也强烈反对，但在美国一再催促之下，台湾当局和军方依然坚持推动。

为了增强台湾的“自我防卫能力”，除了军售以外，美国近年来与台湾当局展开了全方位的军事合作。首先，在法律地位上美台军事关系的加强。2000年2月，美国国会通过“台湾安全加强法”，对美台军售原则和操作规程、具体军售项目、美台战略战术协作、两军作战运筹、高层交往互动、军官培训、情报共享等多方面做出了具体规定。虽然该法最后由于克林顿威胁使用否决权而搁置，但该法案的内容在一定程度上早已得到实施。[①] 2002年，美国《2003财年国防授权法》和《2003财年国务院授权法》，其中涉台部分强调美国应视“台湾等同于北大西洋公约组织的主要盟友”，美台军事“准战略同盟”关系的发展趋势基本定型。其次，美台军事人员交流层级不断提升，台湾“国防部副部长”康宁祥、林中斌、“参谋总长”李杰等人在任期间都曾到美国与美参谋长联席会议主席迈尔斯、国防部副部长沃尔福维茨等人见面，中低级别军官的交流就更加频繁。2004年12月，美国决定向台湾派驻现役军官到美国在台协会工作，这是25年来首次向台湾派驻现役军官。伴随着人员往来的是美台之间的军事交流和培训也在不断加强之中。

除此之外，美台之间的联合军事演习进一步升级，两军的信息和情报交流共享也有很大的突破。从2001年开始，每到台军举行一年一度的“汉光”军事演习时，美军都会通过派遣退役将领、现役军官参加观摩指导，台湾方面甚至提出打算派兵参加美国举办的军事演习。台美双方还定期进行情报交流，2002年9月，美台军事热线开通，台方可以随时向美方通报解放军的军事动态、台军演习情况等。据台湾媒体报道引述英国《简氏防卫周刊》报道，2002年3月，台湾在美国国家安全局的协助下，建立

① 信强：“表象与实质：从《台湾安全加强法案》看美台军事交流”，《台湾研究集刊》，2004年第2期，第59页。

了一座大型信息情报搜集处理中心，供台湾的军事情报局使用，并透过卫星传给美国国家安全局。

美国希望通过维持台海两岸的军事平衡，加强与台湾的军事关系来达到避免台海战争、阻挠中国统一的目的从根本上说很难达到。军事平衡是一种冷战思维，实际上是要维持台海两岸的“恐怖平衡”，是想“以战止战”，并不能给台海地区带来真正的安全，反而会使两岸笼罩在战争的阴影中。美国的这些做法与台湾当局“挟洋自重”的策略不谋而合，2004 年 9 月，台湾“行政院长”游锡堃就宣称两岸要维持“恐怖平衡”，“你打台北、高雄，我至少也可以打上海。如果今天我们有这样反制能力的话，台湾就会很安全了”。此言立即引起各方对台海局势恶化的普遍忧虑，足见“恐怖平衡”的危险性。正是由于美国持续对台湾的军事支持，才使得陈水扁当局有恃无恐，台湾当局大力发展军事力量，快速更新武器装备，在“台独”分裂的道路上越走越远。这就迫使大陆对国防力量作相应调整，进行军事斗争的准备。两岸的军备螺旋上升，虽然没有发生战争，但双方的军事实力都在不断增强，在对抗的态势下不能排除突发军事冲突的可能。有学者认为，美国对台军售是构成海峡两岸军备循环升级最重要的动因，这势必会对两岸的军事对抗起火上加油的作用。随着两岸之间军事相对平衡局面不断受到冲击，两岸建立军事互信和军事交流等建设性举措将更难实施，军事对峙会进一步加剧，台海形势将更加复杂和动荡。①

（三）在政治上尽可能防止台海地区发生战争的同时，为了因应台海地区的任何突发情势，美国一直在加快为可能卷入的军事冲突做准备，维持和加快在日本等周边地区的军事部署，很可能给“台独”势力发出错误信号，反而增加了今后引发台海军事冲突的潜在危险。

即便美国不断重申“一个中国”政策，表达不支持“台独”的立场，在两岸之间寻求政治军事平衡作为其在台海地区“预防冲突外交”的一部分，并通过不断对台军售和加强美台军事交流关系来增强台湾自身防卫能力，减轻美国的负担，但它自己也从来都没有停止过为难以预料的台海军事冲突做各方面的准备。政治上，美国不断渲染大陆对台湾的“武力威胁”和台海地区发生军事冲突的可能性，强调协防台湾的决心。1999 年，美国“2000 财政年度国防拨款法案”第 1202 条规定，美国行政当局每年

① 吴献斌：“美台军事关系强化的背景及影响”，《当代亚太》，2003 年第 2 期，第 19 页。

必须就中国军力状况向国会提交报告，以评估大陆对台湾的威胁程度和台湾军事冲突发生的可能性。克林顿时期，美国国防部每年递交给国会的中国军力报告都强调，中国没有用传统军事力量占领台湾的能力。小布什上台后不久就表示要“不惜一切代价协防台湾”，在2003年7月美国发表的“中华人民共和国军事力量年度报告”中，美国提出“中国的策略正朝着在对台湾发动军事攻击之初就取得乘其不备、诱敌深入、出奇制胜效果这样的目标努力。中国正在探索能迅速让台湾屈服的恐吓性战略”，这些战略“可能包括空袭、导弹袭击或者海上封锁”。2004年的军力报告更明确提出，2005—2006年台海将很可能发生军事冲突。美国这样做的目的除了煽动中国威胁论、对台军售等考虑以外，也有为美国可能介入台海军事冲突进行舆论动员和准备的考虑。

在美国的亚太和台海安全战略中，军事威慑和干预向来都是一体的，威慑的目的是为了保证美国在不进行军事干预的情况下就达到战略目标，但一旦威慑失效，美国就会立即转为直接的军事干预。冷战后美国不断强化在亚太地区的军事同盟，继续在亚太地区进行军事部署，也有随时准备干预台海地区的考虑，美日安保联盟中提出的对所谓“周边事态”的干预，就包括台湾在内。2005年2月，美国国务卿赖斯、国防部长拉姆斯菲尔德与日本外相町村孝信，以及防卫厅长官大野宫统在华盛顿举行美日安全咨商委员会，会后美日发表的共同声明中首次具体提到台海问题，并将“鼓励以和平方式经由对话解决台湾海峡议题”列为美日在亚太地区的共同战略目标之一。2001年8月，美国副国务卿阿米蒂奇就声称，美国今后万一为了台湾问题和中国发生冲突，美国期待澳大利亚部队和美军并肩作战，他认为一旦台湾海峡爆发任何军事冲突，澳大利亚有义务要出兵。但2004年8月，澳大利亚外长唐纳明确表示，如果海峡两岸爆发战争，澳大利亚政府没有义务帮助美国协防台湾。

“新干涉主义”是冷战后美国全球战略的重要组成部分，即使经过调整，现在布什政府的军事战略不仅没有放弃军事干涉政策，反而在某种程度上降低了军事干涉的门槛，其“前沿威慑”、“先发制人”等战略的提出进一步方便了美军今后的军事干涉行动。美国不少人认为，如果中国对台湾发动军事进攻，美国除了进行干预并把美国军队投入风险之中，别无选择；而美军进行干预的形式可以根据台湾的具体需要和中国发动进攻的程度有所不同。[1]

2004 年 12 月 10 日，美国副国务卿阿米蒂奇接受美国公共电视台专访时，指出在中国崛起过程中，美中关系的最大地雷可能是台湾。他还表示，《台湾关系法》并没有规定美国必须保卫台湾，而如果台湾受到中国大陆攻击，美国是否宣战，必须由美国国会决定。这段讲话被不少人解读为美国认为“没有义务协防台湾”，实际上阿米蒂奇的讲话并不意味着美国已经改变其协防和干预台海军事冲突的政策。据美国陆军委托兰德公司研究如何协防台湾的报告显示，美国并没有停止协防台湾的备战动作，报告预测两岸“决战”时，大陆将对台湾采取“征服”策略，还为美军地面部队设计了上岸应对解放军两栖登陆部队的作战备案。此前，美国国防部官员证实，为因应台海任何突发情势，美军早已开始编组一支快速反应机动部队，名为“591 联合任务部队”，隶属太平洋舰队。400 名成员多半从空军和海军抽调，已经部署完毕，并在 2002 年进行了首次演习。一旦台海发生危机，位于日本横须贺的美军第七舰队旗舰蓝岭号将成为该部队的指挥中心。而 2003 年以来，美军不断在西太平洋增加兵力和军事配备，已经在太平洋地区部署了四个军种、多达 30 万大军以维持亚太安全和阻吓台海危机。[2]

美国的军事干预政策和对台湾的所谓“安全承诺”对今后台海地区的和平与安全构成了潜在的威胁。美国学者、前驻华武官 Monte R. Bullard 认为台海局势存在三个误判可能导致台海局势的恶化，其中两个就是：美国军队相信可以用军事手段保护台湾并能够实现“无伤亡战略”；台湾当局和很多台湾民众深信，无论在什么样的情况下，美国都会介入台海军事冲突，给予他们援助。[3] 美国的战略优势地位，冷战后美军在伊拉克、科索沃和阿富汗等地军事干涉的胜利和美军在战争中“零死亡”的实现，助长了美军的嚣张气焰，使一些美国官员和军官对台海地区发生军事冲突的危险性和后果估计不足，盲目认为即使台湾海峡发生冲突，美军也必须投入

---

① （美）理查德·伯恩斯坦、罗斯·芒罗：《即将到来的美中冲突》，新华出版社，1997 年 5 月版，第 137 页。

② 刘新：“对台政策仍会调整美是否协防台湾取决自身利益”，《国际先驱导报》，2005 年 1 月 5 日。

③ Monte R. Bullard, Undiscussed Linkages: Implicationsof Taiwan Straits Security Activity on Global Arms Control and Nonproliferation, www. cns. miis. edu.

战斗并且能够迅速取得胜利。结果将会是美国加大对台湾问题的干预力度，导致出现“外国侵占台湾”的局面，使中国政府不得不采取断然措施。此外，美国在新战略中的军事干预政策，可能会使一些“台独”分裂分子错误估计形势，有恃无恐，对美国的军事介入过于信赖，采取冒险性和挑衅性的政策，加速其分裂行径；台湾当局也有可能在美国的“安全承诺”下继续“以武谋独”，“无限期地拒绝通过谈判和平解决两岸统一问题”，从而导致两岸出现非和平的局面。无论哪一个情况在台海出现，都是各方所不愿意看到的。美国只有彻底改变对台海地区的干涉政策，才能够真正维护中美两国和台湾人民的利益，而有利于亚太地区的和平与安全。

第三节　日本对台海安全的战略考虑

日本无论从实力还是影响来说，在台湾问题上一直扮演着不容忽视的角色，可以说是除了美国以外的第二大外部因素。进入21世纪以来，随着亚太安全形势的发展、日本对外军事及安全战略的调整和日美安全关系的变化，日本在台海安全格局中的角色将更加值得关注。

一、日本在台海安全格局中的角色

长期以来，日本在台海安全问题上一直“退居二线”，扮演着“美国的副手”的特殊角色，日本对台湾问题表达关注的方式比较间接、低调和隐秘，这往往容易使人难以评估日本的真正影响到底有多大。日本之所以扮演这种特殊角色，既有客观条件的限制，又有主观的战略考虑，主要受到三个方面的制约：

一是日本对台湾的历史情结。日本曾在1895年至1945年占据台湾达半个世纪，在这期间日本对台湾实行“皇民化”政策，至今台湾的某些政治人物和民众中仍然有人受到日本统治的影响。这种影响一方面使得日本和台湾之间的经贸文化关系迅速发展和日益密切，日本亲台势力和台湾的亲日势力交流频繁；另一方面，日本侵占台湾期间所犯的罪行，使多数台湾民众从民族情感上依然排斥日本；加上祖国大陆在日本侵华历史问题上的严正立场，都使得日本政府在台湾问题上的表态非常谨慎，避免勾起民众对日据历史的比较和记忆。

二是日本与美国的特殊安全关系。二战以后，日本在安全问题上一直受制于美国，虽然日本冷战后不断加强自己处理安全事务的能力，积极出兵海外，但这仍然是以日美安保体系为基轴的，日本的海外军事活动几乎都与美国有关，多数甚至是在美国的直接要求下参与的。台海安全问题同时牵涉到美国的战略利益，日本能够独立发挥影响的空间非常有限。日本在台湾问题中扮演“积极干预”或旁观者角色的选择，往往端视美国对台政策的基调和日本对美日同盟的解释与军事参与的程度。①

三是日本平衡对华对台政策的现实利益考虑。台湾问题涉及到中日关系的政治基础。虽然台湾是日本重要的贸易伙伴，台湾某些政治人物同日本的关系非常密切；但经过30多年的发展，中日之间在经济、政治、安全等各个领域的共同利益需求和潜力已经远远超过日台间的利益。日本在台湾问题上的不当表态都可能直接影响到日中和日台关系的发展，因此日本经常在保持与中国官方关系的背后，在大陆和台湾之间维持着一种复杂的双重关系。② 具体表现就是在政策上保持低调和模糊，在两岸间维持平衡，以谋求自身利益的最大化。

从上面的分析中，我们可以看出，日本选择“副手”的角色不仅仅是因为美国的影响，而且还源自它本身对台湾问题的认识。因为日本相信，在各种历史和现实条件的制约下，日本不直接参与，不明确表态，依靠美国最能够有效地实现其在台海安全问题上的战略利益。

二、日本对台海安全的忧虑

冷战期间，日本对亚太安全的担忧主要来自于朝鲜半岛可能发生的战争，由于中美间有抗苏的共同战略利益，台海安全问题并不急迫。冷战结束后不久，日本立即对其所面临的安全环境进行了重新评估，认为亚太地区虽然“出现了一些缓和的迹象”，但“总体安全环境并未发生根本变化”③。经过几年的观察，日本逐渐意识到其面临的具体安全威胁更加复杂多变，除了朝鲜半岛是“最现实、最直接的威胁”，俄罗斯远东军事力量“值得注意”外，日本更加突出了对中国的担心和“强烈关注”，开始把中

① 刘宏：《台日关系特点与日本角色刍议》，《台湾研究》，1999年第4期，第77页。

② Denny Boy, THE NEW SECURITY AGENDA IN THE ASIA - PACIFIC REGION, (New York: St. Martin's Press, 1997), p155.

③ 日大藏省印刷局。

国列为重点防卫的对象。日本参议院1996年就发表报告，明确指出“如果日本邻国中有哪个国家可能对日本构成威胁的话，那将是中国”。① 虽然表面上日本好像比较担心中国的国防现代化、南沙群岛、尖阁列岛（即钓鱼岛）等问题，但实际上这些问题的背后都能够看到日本对台湾问题“战略价值”的特别关注。

（一）日本认为台海安全关系到其“海上生命线”的安全

中国的东海和南海区域对日本有着非常重要的地缘意义，日本经济发展赖以生存的绝大多数石油都来自中东地区，是通过印度洋，经马六甲海峡，穿越南海经台湾海峡到东海后运到日本的。日本视这条海上航线为其“生命线”，不希望它被任何敌对或不信任的力量所控制，不希望沿线国家或地区的任何冲突行为影响到航行安全。台湾海峡正好地处日本这条“海上生命线”的咽喉地带，也是世界上最繁忙的航道之一，日本认为中国的崛起战略和台湾问题都可能威胁到航道的安全，从而直接影响到日本的战略和经济利益。

由于中美、中日之间固有的利益冲突和历史问题的不断干扰，中日两国缺乏充分的相互信任，这使得日本对中国能否保证南海和台湾海峡航道的畅通没有把握，因此，一直追随美国对中国防范有加。同时，日本对台湾问题是否会引发台海地区的军事冲突也存在担忧，一旦两岸发生军事冲突，无论是否被卷入，日本在台湾海峡的自由通航必定要受到影响。而让日本更为担心的是，如果中国政府用武力解决台湾问题后，可能会借台海航道对日本进行“外交勒索”，有人因此提出“台海安全攸关日本生死存亡”的观点。②

（二）日本担心中国解决台湾问题最终将直接威胁到其“国土安全”

日本本土防卫的范围主要是日本的领土、领空、领海及周边海域。长期以来，日本本土防卫的重点是朝鲜半岛的紧张局势可能导致朝鲜对日本领土的袭击，日本非常关注朝鲜“将大部分日本领土纳入射程之内的导弹”，朝鲜核问题的反反复复更使日本对其本土威胁的担忧有增无减。冷战结束后，随着中国经济的迅速发展和国际地位的快速提升，不断有人抛

① 阎学通等著：《中国与亚太安全》，时事出版社，1999年版，第137—138页。

② （日）冈崎久彦等著，林玉佩译，《2005年美日中决胜台湾》，台湾先智出版事业股份有限公司，2001年版，第65页。

出“中国威胁论”，加之经济因素在国际关系中的重要性明显上升，中日之间存在钓鱼岛、东海专属经济区等领土争议，中国对日本本土的可能威胁也被一些人提出来。

日本对中国威胁其本土安全的担心主要表现在两个方面，一是随着海空军事力量的加强，中国可能会在一些中日有争议的领土问题上采取行动。如“对南沙群岛、钓鱼岛等孤岛实施攻击作战，在台湾海峡开展雪耻的外交活动”[1]，还可能因为东海专属经济区资源问题发生冲突。另一个方面是中国借解决台湾问题之机来收回曾经是中国的领土。日本学者和泉太郎推测说，“保护台湾免于受到中国的侵占，就等于保护日本，万一台湾为中国所占，中国就会把攻势转向钓鱼岛，下一个目标恐怕就是冲绳了”[2]。台湾学者也附和“对日本来说，台湾的存在是中共通往西太平洋发展的障碍，从此角度观察，台湾具有高度战略价值，若台湾被中共所吞并，势将形成对日本的直接威胁”[3]。这些说法虽然言过其实，但却反映出日本有些人在台海安全问题上的长远忧虑。

（三）日本担心中国“侵占台湾”会改变亚太地区的战略态势和军事平衡

日本在台海问题上最担心的还是中国的崛起和单方面解决台湾问题后将会从根本上改变亚太地区的战略态势和大国间的军事平衡。日本认为，亚太地区目前和今后都无法建立起像欧洲那样的多边安全保障机制，是美国的军事存在才实现了亚太地区现在的军事平衡，保障了本地区的和平与稳定。如果中国成为经济、军事和政治大国，当和平统一变得更加困难时，就会增加中国用军事手段来解决台湾问题的前景[4]；那时中国将与美日形成军事对峙的局面，亚太地区的战略态势必将重组，如果美国的战略地位下降，日本可能被迫处于非常不利的位置。日本学者和泉太郎指出，“如果中国的军事力量达到足以压迫西方（以远东美军为主，包括日本和

---

① 《中国值得注意的军事动向》，（日）《世界日报》，1997年8月19日。

② （日）和泉太郎著，李毓昭译，《日美台三国同盟》，台湾晨星出版社，1999年版，第203页。

③ 何思慎：《摆荡在两岸之间：战后日本对外政策》，台北东大图书有限公司，1999年版，第233页。

④ Qingxin Wang，“Taiwan in Japan's Relations with China and United States after the Cold War，” PACIFIC AFFAIRS，VoL. 73，No. 3，Fall 2000，p361.

台湾在内的军事力量）的水准，美国对中国的政策就会变得更加强硬，回复名副其实的冷战时代，而此时中国军队侵占台湾的噩梦也会变成现实”。日本战略家冈崎久彦也认为，“中国如果吞并工业发达，经济繁荣的台湾，则将控制西太平洋海域，挑战美国的霸权”，从而破坏日本和美国的重大战略利益①。和泉太郎明确提出“日本和美国为了亚洲区域的安全保障，都应该对台湾寄予厚望，因为防止中国建立霸权的结果，得到最多好处的就是日本和台湾”。②

三、日本对台海安全的战略考虑

日本在重新认识台湾对美国和日本的“战略价值”后，开始不断调整对美、对华和对台政策，协调与它们之间的关系。曾经担任日本防卫厅外交事务负责人冈崎久彦提出日本在台海安全问题上应该有战略考虑，而且“战略需要有长远的思考并且要考虑一切可能的突发情况，要从准备应付最极端的情形出发，其次再考虑现实状况”③。日本正是从“准备最坏的、争取最好的”考虑出发，建构了相辅相成的台海安全战略框架体系，以最大限度地实现本国和本地区的安全。

（一）强化与美国的安全保障体制，加入美日台三边安全战略对话，防范包括台海军事危机在内的“周边事态”

冷战结束初期，日本国内曾经出现弱化日美防卫合作的声音，但经过对亚太地区安全形势进行评估，日本重新认识到日美同盟的重要性，在战略上依附和追随美国的态势反而有所发展。1996 年 4 月，美国总统克林顿访问日本，双方发表《日美安全保障共同宣言》，确认在冷战后继续维持以日美安保体系为基础的双边关系；次年，日美完成修订《日美防卫合作新指针》，作为规范在 21 世纪日美安保军事活动的指导性文件。当时恰逢中国政府为反“台独”、维护国家统一而在台海地区进行军事演习后不久，日美在评估形势后，在“防卫合作指针”中首次提出“周边事态”的概念。虽然日本将其解释为“对日本和平与安全产生重要影响的事态；不是地理上的概念，而是着眼于事态性质的概念”，并没有明确将台湾包括其中，但这种模糊的定

---

① 凤凰卫视网站：www. phoenixtv. com/home/news/review/200308/25/100352. html。

② （日）和泉太郎著，《日美台三国同盟》，台湾晨星出版社，1999 年版，第 199 页。

③ 凤凰卫视 2003 年 8 月 24 日消息，www. phoenixtv. com。

义恰恰扩大了美日安保的范围。日本军事分析家江烟谦介指出，日本领土与台湾如此接近，“一旦台湾周边发生任何不寻常的状况，对日本而言，显然就是‘周边有事’”①。日美新防卫指针在某种程度上是确立了以“美主日从”的方式共同介入台湾问题的机制。目前，日本正提出准备与美国再次修改日美防卫合作指针，以“台海冲突”为着眼点，将“台海危机”写入新的“指针”，研究双方在实施联合作战的情况下各自如何应对等问题。无疑是在为日本日后一旦介入“台海冲突”提供“法律依据”。②

在同美国强化安保体系的同时，日本也开始加入与美国和台湾的安全对话机制，参与台湾与美国举办的各种关于台海安全问题的研讨会。这种对话或研讨虽然多定位为官方渠道之外的第二管道，但都有一定的官方背景。2002年4月，美日台三方在美国举行共同安保会议，参加会议的不仅有专家学者，也有国会议员和政府官员，议题则包括台海在内的亚太安全保障和军事情势的分析、并就台、美、日在内的地区安保合作问题交换意见。而由美国传统基金会、日本冈崎研究所和“台湾智库”举办的多回合“美日台三边战略对话”，更明白地表示其目的是“制定有效的策略，防止中华人民共和国以武力收回台湾”，会后三方均向各自当局提出了加强安全合作的政策建议。③ 2002年11月，日本首次派多名前军事将领组团访问台湾，并参加在台北举行的军事防卫研讨会，与台湾的军事相关人士进行交流。日本这些做法的根本目的，一方面是以美日军事同盟来威慑中国，防止中国贸然对台湾采取行动而威胁到日本的安全；另一方面则希望在加强了解台湾当局立场的同时，也希望让台湾当局充分理解美日同盟对台海安全的战略考虑，防止由于缺乏沟通和误判而在台海地区出现军事危机。

（二）强调与中国建立高层安全对话和协调机制，同时不断加强与台湾的实质关系，在保持平衡的前提下逐渐向台湾方面调整

日本政府一向十分重视外交为安全服务，将其作为维护本国和地区安全的主要手段之一。日本要求其外交能够“防止和解决发生的纷争和敌对”，“在确保我国安全和我国所在地区及世界的和平与稳定的同时，有必

---

① （日）冈崎久彦等著，《2005年美日中决胜台湾》，台湾先智出版事业股份有限公司，2001年版，第145页。

② 新华社2005年1月31日消息，news.xinhuanet.com/world/2005-02/01/content_2532931.htm。

③ 台湾“中央”通讯社，2003年8月25日电。

要努力构筑更加稳定的安全保障环境"①。中国是日本周边安全外交的首要目标，日本1993年就确立了开展对华安全对话的方针，此后一直以机制化和高层化为目标，力求把日中安全对话的水平不断提高。② 由于中国政府坚持台湾问题是中国内部事务的立场，日中安全对话议题更多涉及的是东北亚地区和美日同盟等安全事务，日本的长远考虑却是将高层安全对话作为消除疑虑，避免误解的重要途径，为今后在需要的时候扩大自己在台海安全问题上的影响做准备。

1972年中日建交以后，日本一直小心谨慎地在两岸间搞平衡，但基本上偏向中国大陆多一些。这一做法在冷战后不断招致批评，认为日本在台湾问题上"凡是以北京马首是瞻，一味顾全大局不刺激中国的姿态"，"反而失去外交判断的敏感度和正确性，因而无法在全球外交上占一席之地"③。同时，随着世界"民主化"浪潮的发展，也有人认为日本已经不能在同中国保持外交关系的同时，忽视台湾"作为一个政治实体的存在"，要求日本"明确与日本有共同价值和人权观的国家建立更紧密的关系"，台湾便是其中之一。④ 这一切恰好与台湾当局宣扬的"民主、自由、安全"外交和重点发展日台关系的想法不谋而合。陈水扁刚上台就把推动日台关系的工作提升至"总统府"层次，2001年5月成立"对日任务方案组"，统筹对日任务资源，加强推展对日关系。⑤ 陈水扁还多次鼓吹美日台有共同利益，台日是"生命共同体"，要建立美日台三边"民主国家"的"安全同盟关系"。今年9月3日，在台北举行的"日台论坛"上，台"总统府秘书长"邱义仁更露骨地声称，"亚太地区目前唯有日本兼具民主自由的价值与足以领导亚洲的综合国力"，日台之间已经由"沉默的伙伴关系"向着"成熟伙伴关系"发展。在"民主、安全"的幌子下，日台实质关系的发展逐渐浮上台面。除了经济和政治上的考虑外，日本发展同台湾关系的安全考虑主要是为了扮演更直接的角色，尽早把握台海局势的发展脉

---

① 日本防卫厅:《防卫白皮书》1998年版，(日)大藏省印刷局，第87页。

② 阎学通等著:《中国与亚太安全》，时事出版社，1999年1月版，第157页。

③ (日)冈崎久彦等著，《2005年美日中决胜台湾》，台湾先智出版事业股份有限公司，2001年版，第65页。

④ Hidenori Ijiri, "Taiwan's Pragmatic Diplomacy and It's Implications for the Chinese Mainland, Japan and the World", Maysing H. Yang edit, TAIWANS EXPANDING ROLE IN THE INTERNATIONAL ARENA,(New York: M. E. Sharpe Inc. 1997), p46.

⑤ "我国与日本关系之现况及展望"，台湾"立法院公报"，2002年3月27日。

络，增强在台海安全问题上的发言权。

（三）调整军事战略和部署，积极发展军事力量，增强自身在美国亚太安全战略中的分量，为军事干预台海“有事”做准备

建设一支强大的现代化军事力量，随时应付可能到来的军事威胁，已经成为日本21世纪军事战略的重要内容。除了认为在新世纪日本的安全环境更为复杂外，2001年“9·11”事件的发生也对日本的安全理念产生了一定的冲击，很多人认为日本“必须考虑那些‘无法预料’的事件，因为我们不能保证东亚地区的潜在危机一定能够通过外交谈判或传统的方式来解决”①，因此日本应该早做准备，甚至可以像美国一样制定“先发制人”战略。2003年5、6月间，日本众参两院先后以绝对多数票通过“有事法制”相关法案，它预示着日本自卫队很可能摆脱“专守防卫”战略，开始向“主动先制”战略转变。在防患于未然的思想指导下，日本不断加强防卫投入，重点建设以海空自卫队为核心的常规军事力量，全面实施质量建军。在2001年至2005年日本防卫力量整备计划中，光更新自卫队装备的投入就达25.16万亿日元，并在今后的5—6年内为美国的战区导弹防御计划的研制开发投资200—300亿日元。②

日本对朝鲜核问题和台海危机是否或何时爆发持不确定看法，并且有人认为，从长期来看中美间的对抗不可避免，日本虽然可以依靠美日安保体制来保护安全，但如果自身拥有强大的军事力量不仅能够更好地抵御威胁，而且可以提升日本在美国亚太安全战略中的地位。冷战后，日本的军事部署由以往的“重视北方”转向“防范朝（鲜）中（国）”，实施“全国均衡部署”，“以适应周边国家的军备现代化和可能出现的地区争端”。早在1996年我军东南沿海军事演习期间，日本就迅速向台海附近派出了E—2C早期预警机和EP—3电子侦察机，并做好了台海发生武装冲突的各种军事准备。1999年1月，日本成立了由防卫厅长官、自卫队参联主席、各军种参谋长组成的“应付重要事态”的班子，专门研究台湾海峡发生战事时日本防卫厅和自卫队的应对问题。2001年初，日本外务省高级官员公开表示，台湾海峡是事关日本安全与繁荣的重要地区，日本“必须予以充

---

① Co Ito, ALLIANCE IN ANXIETY: DETERNTE AND SINO - AMERICAN JAPANESE TRIANGLE, (New York: Routledge, 2003), p1.

② 任晶晶：《新世纪日本安全战略的新动向》，《发展论坛》，2001年第11期，第63页。

分关注”。[①] 2001年日本的《防卫白皮书》首次对中国大陆和台湾的军事力量进行了对比，把关注中国军事问题的焦点放到了“台海安全形势”上。近年来，特别是日本加强了在冲绳的空军力量，以体现“重视西面的考虑”，矛头指向不言而喻。此外，日本还积极寻找各种机会向海外派兵，通过在各种地区热点中发挥日本的作用来凸显日本的军事潜力和对维护国际和平与安全的贡献。这些都是为以后名正言顺地介入包括台海局势在内的“周边事态”奠定法律基础、创造先例和积累经验教训。

四、日本战略考虑对台海安全的影响

中国和日本是亚太地区两个不容忽视的大国，台湾海峡的安全涉及到双方的安全利益和亚太地区的和平稳定。美国、台湾和其他国家或地区都在密切关注日本的动向。日本上述战略考虑已经并将继续对台海安全产生重要影响。

（一）日本不希望改变当前两岸关系和台海安全格局现状的战略考虑，短期内在一定程度上有利于台海局势的安全和稳定。

短期内日本对台海安全的首要战略考虑依然是避免任何军事冲突的发生。保持台海地区的和平与稳定无论对哪一方来说都很重要，大陆和台湾之间如果发生军事冲突，无论后果如何，对双方来说都是一场灾难，对美国、日本和整个东亚地区也是这样。[②] 对日本来说，避免台海局势紧张有着更重要的意义，这不仅是保证日本“海上生命线”和国土安全的需要，也可以更好地维护其在华经济利益，避免不得不在中美两个大国之间做出唯一的选择。美国学者 Phil Deans 认为，东京在两岸间最倾向的选择还是继续维持现状，因为这样能够让日本避免在台海军事冲突发生时，面临是支持美国保护其前殖民地，还是同它在亚洲最重要的邻国对抗这两个艰难选择和决定；在可预见的未来，虽然台湾在东京有不少有影响的朋友，但日本政府依然不会冒险同中国进行直接的对抗。[③]

---

① （日）《读卖新闻》2001年1月19日。

② David A. Shlapak etc edit, DIRE STRATITS? Military Aspects of the China - Taiwan Confrontation and Options for US Policy,（Santa Monica：RAND, 2001）, p48.

③ Phil Deans, “The Taiwan Question：Reconciling the Irreconcilable”, Marie Soderberg edit：CHINESE - JAPANESE RELATIONS IN THE 21st CENTURY, COMPLEMENTARY AND CONFLICT,（London：Routledge, 2002）, p95.

虽然台湾当局不断向日方强调“独立的台湾对日本相当重要”，刻意削弱“台独”可能带来的风险，但日本政府理解与尊重“台湾系中华人民共和国领土不可分的一部分”，希望两岸双方通过对话和平解决问题的立场并没有改变。从维持现状的角度出发，日本政府对中国不放弃使用武力解决台湾问题持保留态度的同时，也不希望台湾当局进行“台独”挑衅从而引发台海局势的恶化。对希望从美、日那里获取公开支持的台湾当局和“台独”势力来说，中国、美国和日本政府“反对台独”、维持两岸关系现状和台海稳定的立场决定了他们不可能突破两岸关系的基本格局，短期内在一定程度上有利于台海局势的安全和稳定。

（二）一旦台海发生危机，日本追随美国军事介入的能力有限，但会使台海局势更加复杂和恶化

日本虽然主观上并不希望台海地区发生任何军事冲突，但一旦岛内的“台独”势力铤而走险，中国政府不得不采取行动维护祖国统一和领土完整时，根据新的“日美防卫合作指针”和《周边事态法》、《反恐特别措施法》等一系列法案，日美联手干预台海局势的可能性大大增加。只要日本还想维持日美同盟关系，它就很难置身于台海冲突之外。[①] 1996 年台海军事演习期间，日本就发挥着美国航母出发港和后勤保障的作用。由于日本和美国的战略考虑和干预能力有很大的差别，日本以何种方式介入还难以断定。虽然日本一直想在台湾问题上扮演一个更直接的角色，但它在日美同盟中一直处于从属地位，在台海安全问题上也很难有主动干预权。在危机发生时，日本不太可能单独同中国正面对抗，只有美国有这样的能力，因此日本间接配合美国行动的可能性比较大。但这并不表明日本的作用不重要，美日间的同盟关系使日本对美国台海政策的制定和执行有很大的发言权，它可以利用外交途径向美国施压，要求美国干预台海局势的程度加深，也可能向美国支援军费和军备，提供军事基地，以让美国在后勤上没有后顾之忧；同时也可以借助经济手段对中国施加压力，要求停止军事行动。[②]

无论日本以怎样的方式介入台海危机，最终都可能导致相关国家和整

---

① Qingxin Wang，Ibid.，p373.

② 吴建德：《后冷战时期中共武力犯台问题之研究》，台湾时英出版社，1997 年版，第 245 页。

个台海局势的进一步复杂和恶化。日本追随美国介入台海冲突不仅会直接危及到自身安全，在日本国内还会引发是否违背“和平宪法”的争议和政治混乱，如果支持美国力度不够则可能削弱甚至破坏美日联盟①。此外，日本作为一个军事大国，其军事支持不仅会助长美军的嚣张气焰，而且会让岛内的“台独”势力更加有恃无恐，同样也会更加坚定中国人民实现祖国统一、抵抗侵略的决心。如果这样，冲突的烈度必定会加强，对冲突的顺利解决有百害而无一利。

（三）日美深化军事同盟关系，利用台湾问题作为防范中国的崛起，从长远来看会为中美日之间的战略摩擦埋下隐患

日美强化军事同盟和利用台湾问题牵制中国的一个共同目的就是阻碍中国的统一，防范中国的崛起。在一些日本人看来，“亚太地区当前最大的不稳定因素当然是无法预测其动向的朝鲜，但从中长期来说，正在向超级大国迈进的中国的动向是日美两国决策者最关系的事情”②。无论从中国作为周边邻国还是维护在亚太地区的地位和利益考虑，日本都不希望中国强大。虽然有强大的经济利益支撑，但历史的宿怨和现实的矛盾依然使中日彼此对对方的意图和未来走向持警觉的态度。日本对台湾战略价值的重新认识、强化美日安保体系、针对中国和台湾问题调整军事战略；加上美国政府一直将台湾问题作为遏制中国崛起的重要战略考虑，在维持两岸“不统不独”中渔利，美日的动向不可能不引起中国的警觉。美日有针对性的结盟行动也无疑会影响到中美和中日关系的政治气氛。

在中美日三边关系中，日本一直担心中美走得太近而伤害到美日关系，要求美国将日美同盟关系作为长期对华政策的基础，优先于中美关系和中日关系。这种在发展美中、日中关系时考虑日美关系的做法，违背了双边关系中不针对第三方，不受第三方影响的国际关系基本准则，破坏了中、美、日三边关系的平衡和健康发展。同时，日美利用台湾问题制约中国的发展，实际上是刻意突出中国同美日关系中的战略矛盾，在客观上不仅容易被“台独”势力所利用，而且从长远来看，为三国间的战略摩擦埋下了隐患，如果处理不善，则可能导致大家都不想看到的后果。

---

① james Przystup，“China，Japan and the United States”，Michael Green edit，THE U. S – JAPAN ALLIANDE：PAST，PRESENT AND FUTURE，（New York：Council on Foreign Relations，1999），p34.

② 富山泰：《周边事态与“台湾有事”的暧昧性》，（日）《世界周报》，1997 年 9 月 2 日。

（四）日本加强与台湾的实质关系会进一步助长岛内分裂势力“拒统谋独”的决心，最终危及台海乃至亚太地区的和平与安全

虽然日本发展同台湾的实质关系是出于多种考虑，但这种关系的背后却存在着不少误解和隐患。日本有些人认同美国的思维逻辑，将日本加强防卫力量、发展日台关系的原因归咎于中国军事现代化的发展和保卫国家领土主权与统一的决心，认为只有加强台湾的防卫能力，对台湾表示政治支持，才能够阻止中国使用武力解决台湾问题①。也是在这种逻辑下，台湾当局和岛内的“台独”势力将美日等外部势力的军事和政治支持作为其“拒统谋独”的重要依靠，民进党当局才将推动与日本高层互访、加强与日本的官方接触、创建安保对话机制等作为未来发展实质关系的重点。如果日本继续迎合台湾当局的做法，必定会助长岛内的“台独”势力的嚣张气焰，增强其不断扩充军备，进行“以武谋独”的冒险和挑衅的决心，最终可能会出现事与愿违的结果。

第四节　其他国家或地区对台海安全的看法

台海安全形势的好坏不仅影响到亚太地区的和平与稳定，对世界和平与安全也会有一定的冲击。世界上绝大多数国家都坚持一个中国政策，承认台湾是中国的一部分，越来越多的国家认识到“台独”分裂活动的危险性和危害性，更坚定明确地反对“台湾独立”，这有利于促进台海地区以及亚太地区的和平稳定。除了美国与日本以外，很多其他的国家或地区出于不同的考虑也非常关注台海安全形势，这些国家最主要包括中国周边的东盟国家，与美国有传统安全关系的欧盟国家，以及亚太地区的韩国、俄罗斯等。

一、东盟国家对台海安全的看法

东盟是亚太地区最重要的国际组织之一，东盟成立的一个重要考虑就是要运用非军事手段，促进地区政治、经济、社会的进步，来保持内部的安

---

① （日）高桥正：《21世纪的国际政治》，（日）学阳书房，1999年版，第38页；David A. Shlápak edit, Ibid., p48

定，增进东南亚地区的整体感，从而增进安全。[①] 在过去的30多年中，东盟成功地实现了平衡大国的策略，建立了东盟地区论坛等各种地区安全对话机制，维护了地区的稳定。中国是东盟国家的正式对话伙伴，并加入了东盟地区论坛，与东盟国家在政治、经济、安全等领域的合作关系发展良好。

东盟国家对台海安全形势比较关注，他们普遍不希望看到台海地区发生任何形式的危机或不和平不安全的状况，这在很大程度上是由这些国家与台湾海峡的地缘因素决定的，东南亚国家与台湾海峡毗邻，很多国家与中国在海上或陆上接壤，台海地区出现危机或军事冲突或多或少会影响到东南亚国家。东盟国家普遍表示奉行一个中国的政策，不与台湾发展官方形式的关系，有的国家明确表态反对“台独”，希望看到中国早日实现统一。柬埔寨首相洪森就明确表示“坚决支持中国早日实现和平统一”，宣示决不允许“台独”势力在柬境内活动，决不与台湾发生任何官方关系。2004年3月4日，东盟外长非正式会议就台湾问题发表声明，对外宣布东盟各国外长就台湾问题达成共识，即东盟关注当前台海形势进展，强调应避免采取任何可能导致局势恶化的行动，即台湾将举行的“公投”。鉴此东盟国家重申坚持一个中国政策。这是东盟第一次就台湾问题发表共同声明，表明了东盟全体成员国坚持一个中国政策的坚定立场。

由于东盟国家与台湾的地理位置相邻，不少国家与台湾有着长期广泛的经贸联系。出于平衡“中国的潜在威胁”、配合美国亚太地区战略利益的考虑，东盟中的某些国家也在利用台湾问题牵制中国，加强与台湾的军事安全合作，从被动因应转为主动影响，借此在两岸之间发挥某种作用，为台海局势对本地区的可能影响早做准备。曾经有一段时间，东盟国家对台湾当局所鼓吹的“亚太安全体系”并将台湾纳入亚太地区安全保障体系表示理解，并在1995年12月接纳台湾以“观察员”身份加入东盟地区论坛的下属智库“亚太安全合作理事会”，使台湾获得与东盟国家共商地区安全问题的机会。[②] 台湾当局也一直费尽心机在东盟国家拓展“国际空间”，推行“南向政策”，挑拨东盟国家与中国的关系。

但随着中国与东盟关系的迅速发展，特别是中国和东盟共同签署《南海行为准则》、正式签订自由贸易协定，正式加入《东南亚友好合作条约》、发

---

① 孙叔林主编：《当代亚太政治》，世界知识出版社，2002年12月版，第233页。

② 孙叔林主编：《当代亚太政治》，世界知识出版社，2002年12月版，第99页。

表《非传统安全领域合作联合宣言》，并与东盟结为战略伙伴关系等重大举措，在很大程度上降低了东盟国家对中国威胁的忧虑，增进了双方的相互信任，对“台独”可能给本地区安全构成的威胁有了进一步的认识。2004 年 7 月 10 日，即将接任新加坡总理的李显龙到台湾进行“私人访问”，在中国政府进行了一系列强硬激烈的反应后，8 月 22 日，在新加坡国立大学的国庆群众大会上表示，“台海紧张是目前亚洲最险峻的情势，一旦擦枪走火便会影响整个区域”，“如果台湾走向独立新加坡不会承认，事实上没有亚洲国家会承认，欧洲国家也不会承认。中国大陆会一战，不论赢或输，台湾会被毁灭”，“如果台海发生战争，我们被迫要选边站，作为两边的朋友，任何决定都是痛苦的，但如果冲突是由台湾引起的，那么新加坡不会支持台湾”。[①] 新加坡的表态在很大程度上代表了东盟多数国家的看法。

二、欧盟国家对台海安全的看法

欧洲虽然与中国大陆和台湾地缘距离遥远，但作为世界上有重要影响的地区，欧洲国家对台海安全问题同样非常关注。2004 年 5 月扩大后的欧盟有 25 个成员国，所跨地域西起大西洋、东至波罗的海、北起北冰洋、南抵地中海，总面积超过 369 万平方公里，人口约为 4 亿 5 千多万，在国际政治、安全和经济事务中发挥着不可忽视的影响。欧盟所有 25 国都同中国建交，并坚持执行一个中国政策，承认台湾是中国的一部分。应该说，两岸对欧盟的战略意义比较小，台海安全形势对欧盟国家也没有直接的影响，从 20 世纪 90 年代以来，欧盟对两岸采取了比较中立的立场，但出于美国控制欧亚大陆的地缘政治战略，欧洲与美国长期存在的特殊安全关系，以及欧盟在中国和亚洲的经济利益的考虑，欧盟多数国家认为台海安全同样关系到其国家利益，希望保持东亚地区的稳定与繁荣。

欧盟绝大多数国家在支持“一个中国”政策的同时，普遍表示反对“台独”，对台海局势的稳定和台湾问题的和平解决表示关注。2004 年 1。月，胡锦涛主席在访问法国期间，中法签订联合声明，重申“法国政府确认坚持一个中国的一贯立场。法国政府反对包括公投在内的旨在改变现状、加剧台海紧张局势和导致台湾独立的任何单方面举动。法国政府认为应以建设性对话作为台海两岸关系的基础，和平解决台湾问题，以保证该

① 《香港商报》，2004 年 8 月 24 日。

地区的稳定、繁荣”。[1] 2004年12月，德国总理施罗德访华时表示，德国继续明确坚持一个中国政策，并支持中国的和平统一。反对台湾独立，反对任何旨在加剧台海地区紧张局势的做法。他还在回答“如果台湾地区领导人做出台独的决定，迫使中国大陆不得不使用武力解决台湾问题，德国政府是否能理解中国的立场”的问题时，表示“我不是理解，而是持同样的立场。中国是不能分割的，相信两岸的政治理性能避免你说的情况发生。我也非常理解中国人民与此相连的感情”[2]。目前欧洲多数国家对解除对华武器禁运问题持积极的立场，欧盟国家这些政策立场对维护台海地区的和平稳定是有非常积极和正面的意义。

与欧盟各个国家相比，欧洲议会在台海安全问题上的态度并不是那么友好，经常会通过一些对台湾表示支持的议案，虽然这些议案并不具约束力，但却被台湾当局利用来进行“台独”分裂活动的工具，影响到台海地区的和平与安全。2002年4月11日，欧洲议会通过“欧盟对中国策略”的报告，其中就包含反对中国大陆对台动武，主张两岸问题的解决需尊重台湾人民的意愿与同意、支持，吁请欧盟及成员国给陈水扁和台湾当局高官核发访欧签证，以及促请欧盟执委会不得延迟来台设立办事处等条款。同年9月5日，欧洲议会通过“欧洲及亚洲：强化伙伴关系的策略结构”的报告决议案，呼吁中国大陆撤除所有台海沿岸导弹及逐步解除对台军备，并再次要求让台湾参与“亚欧会议”以促进两岸恢复对话并协助扶持区域内的民主发展。9月26日，欧洲议会又通过“欧盟共同外交暨安全政策运行情况”的报告，表达对台海军备日增的极度关切，并呼吁部长理事会主动提出强烈倡议，以降低紧张、有利于双方恢复对话，及强化与该地区民主政府的政治关系。欧洲议会对台湾问题的态度一方面是由于台湾当局长期经营和游说的结果，另一方面也反映出欧洲议会中某些议员想借台湾问题平衡和破坏中欧友好关系发展的考虑。

2003年和2004年，虽然法国和德国一再呼吁欧盟应当取消对中国政府的武器禁运，但欧洲议会依然多次投票表示反对解除对华武器禁运，有人甚至将武器禁运同台海安全联系起来，认为中国作为武器的买方势必以

---

① “胡锦涛与希拉克签署中法联合声明”，中国外交部网站，www. fmprc. gov. cn/chn/wjb/zzjg/xos/gjlb。

② “施罗德与中山大学学生坦诚对话”，inter. qianlong. com/4319/2003/12/04/183 @ 1745952. htm。

欧盟对台军售等政治因素为交换，这恐将冲击台海军力平衡及台湾充实防卫能力的来源。[①] 台湾当局也在积极活动，极力阻挠欧盟解除对华武器禁运，台湾“外交部欧洲司副司长”谢俊得强调，欧盟是否解除对中国军售禁令案，攸关中国加强军事现代化及武装军备的进展，并将严重影响区域安全稳定及美、日等国在太平洋的外交及战略利益，美、日反对欧盟解除禁运的立场明确。[②] 对上述说法，中国政府强调，中国要求欧盟解除对华武器禁运是政治原则问题，绝不是急于购买欧洲国家的武器，而是反对歧视，因为互尊互信、平等互利是中欧关系的基础。[③] 欧盟是否以及何时解除对华武器禁运已经成为考验中欧关系发展的一个重要指标。

三、韩国对台海安全的看法

朝鲜核问题和台湾问题是亚太地区的两个热点问题，从亚太整体安全态势来看，这两者之间是有一定的联系的。韩国与中国曾为战场上的对手，而与台湾当局的关系一度非常密切，它们都通过与美国签订的安全协议，加入世界反共联盟。1972 年尼克松访华以后的 20 多年里，韩国一直是台湾在亚洲的主要盟国，直到 1992 年中韩建交后，韩台间的官方关系才告终结。

韩国在台湾问题上的考虑主要涉及中国与朝鲜半岛在地缘上的接近，中国在朝鲜统一问题上和朝核问题上的特殊作用等。韩国学术界和国防界认为，台湾问题对韩国的重要性倒不是他们对两岸关系感兴趣，而是因为台海危机可能涉及到整个东亚地区的战略环境，尤其是美国对台海安全的态度，以及朝鲜可能乘机采取军事动作。因此，在广义的战略环境中，台湾往往被视为朝鲜半岛稳定的基石，作为世界强国和地区超级强国地位的中国，不论在战略定位和朝鲜半岛本身而言，都举足轻重；而让拥有中等军事力量，有公开防务记录的台湾，加入亚太地区的多边防御对话，对区域稳定有益无害，也可增进韩国的安全。[④]

---

① “欧盟对中国武器禁运政策松动令台湾关注”，www. phoenixtv. com/home/news/taiwan/200312/21。

② 台湾《台湾日报》，2004 年 10 月 15 日。

③ “温家宝称中国要求解除武器禁运绝非急于买武器”，新华网北京 2004 年 12 月 6 日电。

④ （美）李洁明、唐思主编，华宏勋译：《台海危机：过去、现在、未来》，新华出版社，2000 年 1 月版，第 312—314 页。

2004年10月底，韩国前总统金泳三到台湾访问，声称台湾存在是“严峻的事实”，“确实拥有主权”，从未受过中国大陆的统治；台湾有2300万人口，直选“总统”、独立的“国会”和完善的司法体系，具备“民主国家”应有的条件，并宣称“政治应该以现实来进行”，表示目前大陆不会有冒犯台湾的行为；台湾有自己的“国防”力量，大陆要考虑国际舆论，同时美国对维护台湾安全有坚定的承诺。[①] 金泳三的说辞虽不代表韩国政府的立场，但在一定程度上显示出韩国有些人对台湾问题的看法依然存在偏差。

韩国政府在台湾问题上的一个中国立场比较坚定，在1992年的中韩建交公报中，韩国政府“承认中华人民共和国政府为中国的唯一合法政府，并尊重中方只有一个中国、台湾是中国的一部分之立场”。2003年，中韩发表联合公报，中方重申，世界上只有一个中国，台湾是中国领土不可分割的一部分。韩方对此表示充分理解和尊重，重申中华人民共和国政府是代表中国的唯一合法政府，韩国将继续坚持一个中国立场。从中韩建交以来，韩国与台湾之间的政治、军事、安全关系几乎停滞，这主要是因为中国对韩国的安全、经济、统一等方面具有重要的利益，韩国不希望台湾问题影响到中韩关系的发展。韩国政府对一个中国立场的坚持无疑有利于台海地区的和平稳定，也符合韩国的国家利益。

四、俄罗斯对台海安全的看法

在亚太地区的大国之中，俄罗斯与中国的关系最为友好，中俄在台湾问题上的立场也比较趋于一致。为了制衡美国对俄罗斯的防范、削弱和融合政策，给国内的经济改革创造良好的周边环境，充分利用中俄经济的互补性加速经济发展，俄罗斯将稳定发展中俄战略协作伙伴关系作为其国家利益的一个重要组成部分。在台湾问题上，俄罗斯并没有直接的战略和政治利益考虑，只是希望台湾问题能够在不损害亚太地区和平与稳定的前提下得到解决。中国在车臣问题上的立场也使得俄罗斯在台湾问题上的立场更加坚定。在对待车臣问题上，中国政府明确表示车臣问题是俄罗斯内部事务，中国政府决不干涉俄罗斯的内政，并完全理解和支持俄罗斯政府在打击分裂主义、恐怖分子，维护国家统一和领土完整方面所做出的努力。

---

① “韩国前总统金泳三称台湾为‘主权独立国家’”，人民网，2004年10月31日消息。

中国政府的这一立场得到了俄罗斯政府的赞赏。因此，俄对台政策也是对自己处理国内问题政策的一种肯定，这也是对以美国为首的西方国家对中国台湾问题和俄罗斯车臣问题的干涉的一个有力的回击，遏制了世界霸权主义和强权政治的行径。①

俄罗斯深切地知道，在台湾问题上的立场直接决定着中俄战略协作伙伴关系的成败，因此俄罗斯在台湾问题上一向立场明确，除了坚持一个中国政策，还对中国政府做出了“五不”承诺，即不支持任何形式的“台独”；不接受“两个中国、一中一台”的立场；反对台湾加入联合国及其他只能由主权国家参加的国际组织；不向台湾出售武器；不允许外来势力干涉解决台湾问题。2004 年中国全国人大常委会审议《反分裂国家法》，俄副外长阿列克谢耶夫表示，俄罗斯一贯支持中国为和平解决台湾问题所做的努力，俄方对中方通过立法反对分裂、维护国家统一的努力表示完全理解和支持，认为这有利于台海和亚太地区的和平稳定。②

特别是在对台军售问题上，俄罗斯的态度非常坚决，1992 年，俄罗斯前总统叶利钦第一次访华前夕，俄罗斯驻华大使罗高寿在使馆举行中外记者招待会，有记者提问：俄罗斯正在考虑向一些东南亚国家出售军品的同时是否向台湾出售军火？罗高寿大使说：“无疑，我们将不会向中国的这个省出售任何军备装置”。2000 年 2 月，当美国国会通过《加强台湾安全法》时，俄罗斯外交部发表公告说，俄反对美国众议院无视中国政府的反对和警告而通过《加强台湾安全法》法案，因为这一法案的通过不利于改善台湾海峡两岸关系和整个亚太地区的局势。2004 年 7 月，当美国《华盛顿邮报》和台湾当局炒作“美国防部打算先向俄罗斯采购基洛级潜艇，装配美制电子和推进系统后转卖给台湾”的消息时，俄罗斯外交部发言人雅科文科明确指出，“今天我将再次确认，俄罗斯坚持‘一个中国’政策。说实话，我不相信俄罗斯会卖潜艇等武器装备给台湾，我认为这是一条不可跨越的红线”。

虽然俄罗斯在台湾问题上坚定支持中国政府的立场，我们也应该清醒地看到，在解决台湾问题的过程中，俄罗斯的作用和影响是有限的，中俄

① 蔡娟、杨中强：“俄罗斯的对台政策对中国两岸统一的影响”，《世界经济与政治论坛》，2002 年第 1 期，第 80 页。

② “俄罗斯支持中国维护国家统一采取的政策”，新华网 2004 年 12 月 19 日电。

战略协作伙伴关系并不能保证俄罗斯能够在台湾问题上给予中国无保留的支持。俄罗斯对外政策的基本出发点还是其国家利益，目前俄罗斯的经济发展依然离不开美国等西方国家的支持，期望俄罗斯因为支持中国解决台湾问题而与美国对抗明显不现实。如果“台独”分裂势力铤而走险，导致中国政府采取非和平的方式解决台湾问题，俄罗斯给予道义上的支持的可能性更大。曾在俄罗斯外交部第一亚洲司任职的马里谢夫就认为，俄罗斯在不介入台海关系的前提下，必须兼顾到各方利益；曾任俄外交学院副院长的巴扎罗夫也指出，“指望俄罗斯提供十几个师的先进武器装备帮助中国解放台湾已不符合新的历史现实”①。

此外，最近一段时间，由于台湾当局加紧在俄罗斯的活动，俄内部也出现了一些要与台湾开展除经济文化以外的更广泛的合作，向台出售军火，呼吁和台湾直接通航的声音；也有人将中国的崛起视为对俄罗斯的威胁，对中国的戒心和防范也开始出现。虽然目前这些都只是个别意见，并不影响中俄关系的大局和俄罗斯在台湾问题上的立场，但也在某种程度上显示出俄罗斯在支持中国解决台湾问题上的局限性。

① 安德烈·平可夫：《世纪之交的台海危机》，台湾全球防御杂志社，2001年版，第43—44页。

第六章　台海安全与两岸关系的前景

虽然两岸对台海安全相关问题的认知不尽相同，在军事安全战略方面也存在着矛盾和对立，但这并不意味着改善两岸关系、维护台海安全、解决台湾问题、实现和平统一就完全没有希望。实际上，两岸关系的和平、稳定和发展，尽可能避免台海地区出现紧张局势、危机甚至是军事冲突，是两岸同胞的共同愿望，各方依然有不少可以努力的空间。在本章中，笔者将选择海内外学者提出的有代表性的构想或方案介绍给读者，同时就这些方案的理论渊源、现实考虑及实质、实施中可能遇到的困难等进行简单评析。在第二节笔者将就两岸分别提出的建立“两岸和平稳定发展框架”和“两岸和平稳定互动架构”的异同进行分析，并将提出自己在维护台海安全和发展两岸关系问题上的一些思考方向。

第一节　几种解决台海安全问题的构想

面对两岸敌对状态没有结束，政治僵局难以打破，台海地区形势不时出现紧张严峻的局面，近年来，海内外的一些研究中国问题的学者、岛内的某些政治势力用不同的理论，从不同的考虑出发，提出了一些解决两岸关系和台海安全问题的构想和方案。这些方案与过去不少人提出的“一国两府”、“一国两区”、“国协”、“联邦”、“邦联”等模式有不同的地方，有些是在强调两岸政治僵局难以在短时间内突破的情况下，为维护台海地区的和平稳定而采取的过渡性、权宜性的安排；有些则是为两岸问题的最终解决寻找方案。这些构想中，有一些内容有可取的成分，有利于台海地区的和平稳定；但也有不少内容是建立在消极回避和模糊两岸核心冲突的基础上的，实施起来比较困难。但我们必须承认，台海安全是一个非常复杂的问题，任何解决的方案都不可避免地有不足之处。只有在了解这些构想的优劣、是否适用之后，我们才能够找到问题的所在，真正建构起符合两岸人民和中华民族的根本利益，并能够保障台海和平稳定的发展架构。

一、李侃如等："中程协议"

"中程协议"（Interim Agreement）是美国学者在1998年所提出的构想，这一构想提出后，立即在学术界引起了各种关注和争议，一直延续至今。1995年李登辉访美后，中国政府在台湾海峡进行了旨在反"台独"分裂的军事演习，两岸关系和中美关系都出现紧张的趋势。经过两年的努力，中美关系开始好转，两岸也在为第二次"汪辜会晤"作准备。当时克林顿政府的一些智囊开始思考两岸如何建立"过渡"或"临时"安排以稳定两岸关系。从1998年初起，一些美国著名的中国问题专家就纷纷献计献策，从1999年3月后，这种提议无论在深度和广度上都有了明显的推进，美国的一些著名中国问题专家和有关官员纷纷提出旨在维持"台海现状"的所谓"中程协议"①。倡议类似"中程协议"的人有美国前白宫国家安全会议成员、美国密西根大学教授李侃如，哈佛大学肯尼迪学院院长约瑟夫·奈，美国务院前亚太助卿陆士达，前美国在台协会台北处长张戴佑、及美国乔治华盛顿大学国际事务学院院长何汉理等，其中最具体最有影响的要数李侃如的构想。

1998年1月，李侃如倡议两岸应签署一项维持现状50年不变的"中程协议"，在一个中国的原则下建立一个全面的政治性框架，规范两岸关系发展，确保台海地区50年的和平稳定。在这个框架下，台湾不寻求法理独立，承认是中国的一部分；大陆承诺不对台使用武力；两岸统一之前，各自统筹内政和外交政策，并受到前述约定的限制；双方进行高层定期对话，对话的议题包括台湾的军购、可能与大陆军事部署有关的其他议题；双方应讨论以更改名称的方式来进一步降低紧张，把中华人民共和国改称中国，"中华民国"改称"台湾，中国"，双方还可以尝试使用"大中国"等类似语汇。

其他美国学者和官员提出的构想与李侃如的"中程协议"最大的区别在于涵盖面的不同。曾担任美国国防部副部长的约瑟夫·奈在1998年3月提出解决两岸问题的一揽子计划，包括：（1）美国明确表明不承认、不保卫并鼓励其他国家不承认"台湾独立"；（2）中国在台湾明确放弃"独立"的前提下给予台湾更多的国际生存空间；（3）台湾明确放弃"独立"

① 杨洁勉："克林顿政府对台政策的调整"，《美国研究》，1999年第4期，第6页。

以便加强两岸对话和鼓励两岸更大的投资和更多的人员往来。[1] 1999 年 3 月 24 日，美国助理国务卿罗思在威尔逊研究中心正式提出两岸应签署“中程协议”，称“相信两岸能够携手工作，通过确定必要的人员接触和最适宜的进程，给对话注入真实的意义”，而“在两岸对话框架内运用突破墨守成规的思维或许与一些具体的信任措施相结合，可能有助于在任何的困难议题上达成一系列的中程协议。”[2] 中国学者杨洁勉认为，罗思的版本同李侃如的版本相比，最大的区别在于李侃如的版本是着重单一的政治架构，是“单数”协议。而罗思的版本没有时间表，弹性更大，而且不是全面的协定框架，而是从各种议题分别切入，由多个临时协议积少成多，汇总而成大的“中程协议”，是复数协议，而且不排除于建立信任措施同步进行。[3] 罗思的构想同陆士达、张戴佑、何汉理等人更为接近，都是可以涵盖两岸之事务性、功能性或政治、经贸、文化、科技或军事等多层面的议题，都是复数型协议。

在克林顿政府时期，“中程协议”在一定程度上已逐渐演变为美国对台海比较明确和详细的政策。据乔治敦大学教授唐耐心透露，她在同美国政府官员会谈中了解到，“中程协议”在美国政府内部讨论已有一段时日，已成为美国政策的一部分，是在台湾主张的“功能性”对话与大陆主张的“政治性对话”之间的一个桥梁。[4] 由于两岸互信的缺乏，在“中程协议”问题上的疑虑，加上李登辉于 1999 年 7 月抛出“两国论”，彻底打乱了克林顿政府的战略部署，使得“中程协议”招致搁浅的命运。小布什上台后，虽然不时传出美国可能重提“中程协议”的消息，但“中程协议”没有成为布什政府台海政策的主要内容。

多年来李侃如并没有停止对这一构想的坚持和修正。2004 年 4 月 13 日，美国副总统切尼访华之前，李侃如和尼克松中心的中国问题专家兰普顿联合投书《华盛顿邮报》，在这篇题为《避免下一次战争》的文章中，两位专家表示“未来数十年两岸问题不太可能由双边透过和平方式得到终局的解决，因此主要力量应该转而放在建立海峡两岸长期稳定的架构，而此一架构的实施时间不应该用几年计算，而是几十年计算。这样的架构若

---

① （美）《华盛顿邮报》，1998 年 3 月 8 日。

② 美新署 1999 年 3 月 24 日华盛顿英文电。

③ 杨洁勉：“克林顿政府对台政策的调整”，《美国研究》，第 6 页。

④ 台湾《中国时报》，1999 年 4 月 29 日。

要有效，各方必须在基本条件和最短实施时限方面取得共识，并且必须寻求国际社会支持来落实”。文中特别建议切尼访华时应采取新思维，向两岸发出讯号，追求台海的和平与发展。二人提出“台湾可以主张自己是个主权国家但不可以法理化”，“中国可以主张一个中国原则，台湾是中国的一部分，但必须放弃使用武力”，这被认为是对“中程协议”内涵更进一步的充实。同年11月，李侃如在台北再次重申其“台湾不独、大陆不武”的中程协议，并认为，两岸若要重启谈判，双方需考虑对方的政治坚持，两岸政治争议太多，两岸现阶段不宜去寻求所谓“和平解决方案”，而应把重点置于“稳定”，先协商两岸有歧见的具体议题，建立互信，增进交流，维持现状五十年。假设中程协议期间，如大陆武力统一，国际社会便会认真看待，如台湾宣布“独立”，迫使大陆武力攻台，其他国家包括美国也不会对台湾伸出援手，将可使两岸都必须遵守中程协议。对于美国的角色，李侃如认为，两岸问题终究要由两岸解决，第三者不能介入；美国可扮演促进者的角色，但不能介入；但如果两岸无法解决自己的问题，希望国际介入，那美国才能适当介入。①

2005年2月，李侃如再次在《外交》双月刊三四月号以《防止台海战争》（Preventing a War Over Taiwan）为题撰文指出，虽然中国大陆和台湾都不想发生战争，但他们所实行的政策却在升高战争的风险，大陆是发出模糊的信息，台湾则是不断测试大陆的底线。要避免台海发生战争，中国应该做的事情是明确定义何谓“台湾独立”，并接受国际对台湾“独立”所下的“国际定义”，即一个独立的国家必须获得国际外交承认，没有国际承认的国家，自称独立并不算数。今天全世界所有重要国家都不承认台湾是一个独立的国家，北京如果接受“国际定义”，那就不必在乎台湾自称已经“独立”。李侃如还要求布什政府的从中协调，让大陆和台湾签订20年到30年的两岸“中程协议”，在此期间，两岸冻结现状，台湾不宣布“独立”，北京停止武力威胁，台湾问题留待下一代去解决。②

虽然“中程协议”并不是现任美国政府的政策，但在某种程度上迎合了美国“维持现状”台海政策的需求。上一章我们已经分析了美国在台海

① 香港凤凰卫视网，2004年11月2日消息，www.phoenixtv.com/phoenixtv。

② Kenneth Lieberthal, Preventing a War Over Taiwan, FOREIGN AFFAIRS, March/April 2005, pp53—63.

安全问题上的战略考虑，它不希望两岸中的任何一方单方面采取可能导致破坏台海现状的政策和行动，并鼓励两岸通过对话和平解决问题。一方面，美国担心台湾岛内的“台独”分裂活动可能会将美国拖入两岸的纷争，甚至是一场美国不愿意见到的军事冲突，因此美国希望两岸通过“实质性”对话讨论共同关心的问题，缓和两岸紧张关系；另一方面，美国出于种种考虑，希望继续支持台湾的“民主化”进程，履行对台湾的“安全承诺”，推行“以台制华”的策略。从政策本质上说，李侃如的“中程协议”与布什政府的“维持现状”是一致的，布什政府对台湾表示不支持和反对“台独”，对大陆强调用和平的方式解决台湾问题，只是李侃如的构想是要求大陆和台湾在美国的介入下做出“不独”和“不武”的承诺。

“中程协议”的确从新的角度对如何解决两岸关系的僵局提出了一些值得关注的尝试性看法和思考，但这种看似“妥协、折中”的构想实际上难以被两岸所接受。首先，在 1998 年的“中程协议”中，李侃如提出“台湾不寻求法理独立，承认是中国的一部分”，当时就有台湾学者指出，这“全然不符合台湾方面立足安全与渐进之考虑，台北乃低调响应”①。但在 2004 年的版本中，李侃如却强调两岸可以自说自话，即“中国可以继续坚持一个中国原则，但必须要放弃对台使用武力；台湾也可以强调中华民国主权独立的事实，也就是事实上独立于中国的控制之外，但必须放弃追求法理的独立”，这种在某种程度上默认台湾“事实独立”的看法很难被中国大陆所接受。其次，对“台独”的国际定义也不太可能被两岸所接受。台湾当局公开宣布“独立”，如果不被国际社会所承认最多只能说是“台独”无效，不能自欺欺人地认为是台湾没有进行实质性的“台独”分裂活动；中国政府如果坐视不理，很可能被台湾当局当作鼓吹“事实独立”或大陆默认“台湾独立”的理由。同样，台湾当局也很难接受“台独”由“国际定义”的说法，民进党“中国事务部”主任董立文就认为，李侃如的主张“形同台湾的政治地位由国际社会‘公投’决定，可能无法获得两岸的认同”②。第三，李侃如从 1998 年的“两岸问题终究要由两岸共同解决”改变为建议美国政府介入两岸谈判，明显违背了中国政府认为

---

① 潘锡堂，“中程协议与两岸前景”，www. npf. org. tw/publication/ns/090/ns - c - 090 - 139. htm。

② 台湾“中央社”2005 年 2 月 22 日报道。

台湾问题是中国内政的原则，不可能被中国政府所接受。因此，“中程协议”的内容是否能够对维护台海安全有借鉴的意义，依然值得继续观察和商榷。

二、张亚中：“两岸统合”

除了美国学者以外，台湾岛内的学者也对如何处理两岸关系，实现两岸未来的安全与发展提出了一些看法，其中比较有影响力的要属曾任台湾南华大学亚太研究所所长、现任教于台湾大学政治系的张亚中教授提出的“两岸统合论”。张教授出版了《两岸主权论》、《两岸统合论》、《全球化与两岸统合》等系列著作来建构其“两岸统合”的“两岸关系整体思想体系”。张亚中教授提出的“两岸统合论”与陈水扁 2001 年提出的“统合论”有相近的地方，但也有相当大的区别。张教授认为“两岸统合”是两岸在“统”、“独”和“维持现状”以外的第四种选择，是“解决两岸争议最有效的方案，也是两岸在面对全球化冲击时最有利的战略选择；它不仅有助于两岸关系的良性互动，更有助于全球化时代的两岸未来的安全与发展”。①

张亚中在提出“两岸统合论”时参考了美国学者所提出的“中程协议”、“临时协议”、“过渡性协议”等构想，认为如果两岸要能正常化地发展双方的关系，一个规范两岸基本关系互动的“过渡性协议”是必要的，他将这个协议称作“两岸基础协定”。而两岸能否达成“两岸基础协定”，最关键的还是如何寻找一个能够为两岸共同接受的“现状”解释。为此，张教授建议借鉴东西德国 1972 年签署《基础条约》的经验，两岸要对“现状”达成一个妥协，必须处理“放弃武力”的问题。张亚中提出，基于国际政治的现实，“一个中国”原本的含义已经在两岸的争吵中被模糊，失去了原有的意涵，因此要将“一个中国”还原到“整个中国”的思维，才可能使两岸重新回到原有的交集，让双方在理性的基础上思考两岸的未来。张亚中将两岸关系的相互定位表述为“整个中国内部的两个平等政治实体”，不是“台独”势力主张的“外国关系”，也不是大陆所主张的“内政关系”，而是一种“内部关系”。在张教授看来，“整个中国”

① 张亚中：《全球化与两岸统合》，台湾联经出版事业股份有限公司，2003 年 4 月版，第 26 页。

可以是一个有法律意涵的“实”的概念，在两岸间有三个国际法主体，即中华人民共和国、“中华民国”和“整个中国”，两岸都是“整个中国”的一部分。①

在实现台海和平与安全的问题上，张亚中教授认为多边安全机制并不能为两岸带来真正的和平；如果两岸基本共识没有建立，军事互信机制也不可能真正有效运作；美国对台湾的安全支持是建立在台湾“自我约束”的前提下，台湾想借美国的支持来保护台湾安全，反而可能将台湾带入一个更不安全的困境。因此，张亚中提出，“两岸统合”是一种积极进取的安全政策，以统合的方式可以建构两岸的安全与经济发展，追求一个兼顾和平与发展的“两岸安全共同体”。张教授主张，全球化时代台湾的安全环境与本质已经改变，台湾应该重新寻找自己的安全“载体”，这个载体将不再是美国的保护或台湾的军事力量，而应该是和平的两岸关系、台湾的经济发展与台湾内部的建设。如果台湾的安全战略仅有台湾获利，大陆必须买单，那么台湾的安全不可能持久；如果台湾的安全是建立在大陆不安全的基础上，台湾的安全不可能实现。②

为了进一步完善“两岸统合论”，张亚中教授在2002年以后又提出了“两岸治理”、“两岸共同体”、“两岸三席”的构想。“两岸治理”是指“在不需要统一或独立的前提下，两岸的人民即可以经由共同的参与治理，建构彼此的共同认同”。张亚中认为，两岸要想创造一个长久和平的环境，就必须兼顾和融合现实主义、新自由主义和建构主义的观点。现实主义以“霸权、平衡、均势”等追求和平的方法虽然并非可取，但它所注意的问题，特别是主权等核心利益问题，是两岸不可能回避的；新自由主义强调全球化和复合相互依赖来达到互惠互利，但“除非台湾能够与大陆平等地参与国际机制”，否则新自由主义无法适用于两岸；建构主义认为“多元安全共同体”是达到和平的最佳途径，但必须解决建构两岸“重叠认同”等核心问题。而“两岸治理”是顾及到这三种理论的基本核心论述，也满足了其追求和平的目标。在张亚中“两岸统合”的逻辑体系中，“两岸治理”的实践就是“两岸统合”的推动，“整个中国”的思维是两岸治理的

---

① 张亚中：《两岸统合论》，台湾生智文化事业有限公司，2000年8月版，第56—105页。

② 张亚中：《全球化与两岸统合》，台湾联经出版事业股份有限公司，2003年4月版，第79—80页。

基础，“两岸三席”是“两岸治理”在国际关系中的实践，“两岸共同体”的建立将是推动两岸区域内部事务的动力机制。①

张亚中教授的“两岸统合论”对两岸关系和台海安全中的核心和具体问题作了非常深入的分析，视角非常独特，有些观点非常具有创见性。特别在台湾和两岸如何实现安全的问题上，张教授的分析相当精辟。当然，“两岸统合论”作为一种学术观点，也有不少值得探讨和商榷的地方。

“两岸统合论”的核心思考是要跨越“统治权”和“统独”的思维，认为无论是坚持统一或是追求独立，都是一种统治权的争夺，因此要摒弃统一或独立的前提，建构一个超越统、“独”和“维持现状”之外的第四种模式，但这一理论的最大问题也就在此。张亚中理论中最核心的概念是“主权”和“主体性”，他认为两岸定位和“主权归属”这个前提问题不处理，两岸的基本信心无法建立，一切无从谈起；但他为解决这个问题开出的药方确实要超越现有的国际法和国际政治现实，摆脱传统“主权”观念的影响，因此提出了“主体性”的概念。张亚中认为“主体性”就是“两岸在现有领域内享有完整的管辖权”，至于它与主权有怎样的关系，如何区分中华人民共和国、“中华民国”和“整个中国”三个“主体”之间的主权关系，张亚中并没有做出明确的界定，而是通过刻意强调“主体性”而避开了“主权”的概念。

众所周知，主权是国家对内最高管辖权和对外最高自主权，它具有独享性、排他性、不可分割性等特点。所谓“两岸各自享有完整管辖权”其实就是对内主权的一种。张亚中以欧共体为例，认为他们“摆脱了传统的统一或独立的思维”。但是，在欧洲治理的实践中，民族国家依然是参与治理的首要主体，只要国际上还有传统意义上的民族国家和政府的概念存在，就存在“统治”的政治思维。没有一个欧盟国家会认为加入欧盟而丧失了统一或独立的主权国家地位，欧盟的权力来自于这些国家的主权让渡，实际上是这些国家行使“主权”和“统治权”的一种表现。张亚中设计两岸存在三个国际法主体的目的之一是要维护“中华民国”或台湾的主体性，要求大陆承认台湾“是一个国家但不是外国”。这很容易被理解为是以维护“主体性”为幌子确立台湾主权独立的地位。从这个意义上说，

---

① 张亚中：《全球化与两岸统合》，台湾联经出版事业股份有限公司，2003 年 4 月版，第 233、240、243、248、292 页。

跨越“统独”的实质是回避“统独”，而这种回避的目的恰恰是要保证“中华民国政府”在台湾的“统治权”。

在如何处理对外“主体性”问题上，张亚中提出了“两岸三席”，即在国际上有中华人民共和国、“中华民国”和“整个中国”三个席位。但这三者当中，哪一个才是真正国际法意义上的主权国家，张亚中并没有厘清。他举出统一前联邦德国的法律规定，民主德国“是一个国家但不是外国”，但这只是德国单方面的自说自话，国际法和国际社会都承认联邦德国和民主德国是两个主权独立的国家。事实上，无论是在国内政治还是国际政治现实中，具有独立主权地位的民族国家依然是国际社会的主体。国际政治中的“主权”概念并不可能因为大陆和台湾回避而不存在，即使在两岸在处理相互关系的过程中能够做到刻意回避“主权”问题，但国际政治的基本游戏规则依然是围绕着国家主权而展开，两岸完全抛开国际社会普遍遵循和认同的“主权”概念并不现实，是自欺欺人的做法。如果“两岸统合”过程中，“中华民国”借凸显“主体性”确立在国际上的“主权国家地位”，就从根本上违背了祖国大陆主张的“一个中国原则”，甚至可能被认为是制造“两个中国”或“台湾独立”的行为，这在某种程度上违背了张亚中教授设计“两岸统合”的初衷。

第二节　两岸和平稳定发展框架与台海安全

学者们对如何解决两岸关系僵局和台海安全问题的构想尚处于探讨阶段，祖国大陆政府和台湾当局对当前如何维护两岸关系和平稳定发展则提出了相对成熟的构想。2004 年 5 月 17 日，中共中央台湾工作办公室、国务院台湾事务办公室授权发表声明，其中提到两岸“共同构造两岸关系和平稳定发展的框架”。3 天后的 5 月 20 日，陈水扁在其连任“就职演说”中重申两岸应“协商建立一个动态的和平稳定互动架构”。虽然双方提出“和平稳定”框架或架构的动机和内容不尽相同，但两岸关系的和平稳定发展符合两岸中国人的共同利益和中华民族的根本利益，也有利于亚太地区的和平与发展。

从两岸关系的历史和现实来看，只有两岸关系良性互动才能确保台海安全，两岸和平稳定发展框架的建立对早日打破两岸的政治僵局，避免台海危机，维护台海安全应该会有正面的助益。两岸经过 50 多年的分离，各自形成了不同的社会政治制度和生活方式，也产生了不同的利益需求，形成了不同的政策期望，相应的政策动机也不尽相同。特别是过去几年来，台湾当局不断声称“有善意和诚意改善两岸关系，维护台海地区的和平稳定”，并认为其很多政策中都有“善意”的表达；同时，祖国大陆也从诚意和善意的角度出发，对对台政策进行了一些调整。但两岸所释放的“善意”并没有能够达到化解两岸政治僵局的效果。现在两岸同时提出希望建立两岸和平稳定发展互动架构或框架，笔者将从政策激励的角度对如何建构这一框架提出自己的看法。

一、政策激励与两岸关系发展

激励就是激发、鼓励的意思，它是组织行为学中的常用概念。组织行为学认为，任何组织和个人的政策行为都是由动机支配的，动机则是由于利益需要未获得满足而引起的。两岸关系中的政策激励是指两岸都通过实施适当的政策行为来刺激对方的动机，鼓励和诱导对方的行为，挖掘双方关系中的潜力，使其朝着有利于缓和与改善两岸关系、实现各自政策目标而努力的过程。①

两岸关系发展的历史表明，影响两岸关系好坏的因素很多，其中双方如何进行有效的政策沟通和互动，避免政策含义的扭曲和误读是最直接、最重要的因素之一。大陆和台湾在处理两岸关系时，只有本着理性和务实的原则，充分了解双方历史背景、现实利益等方面的异同，在充分尊重对方合理利益需求的同时，对双方不合理的利益要求和政策目标进行适当的政策激励和调整，引导其政策动机向合理有效的方向发展，才能够最终改善两岸关系，维护台海安全，实现和平统一的前景。虽然两岸之间长期以来没有直接的政策互动关系，但无论是祖国大陆政府还是台湾当局，如果一方的政策得不到对方的理解或接受，或遭到对方的歪曲和反对，两岸关系就很难改善；反之，一方的政策如果得到对方某种程度的肯定，或者对方以善意的方式予以回应，如此往复，两岸关系就可能进入一个良性循环的轨道，最终会有利于两岸关系的良性发展。

在当前形势下，两岸要想构建“两岸关系和平稳定发展框架”或“两

① 李翌鹏：“两岸关系良性发展需要有效的政策激励”，《海峡评论》，2002 年 8 月，第 140 期，第 50 页。

岸和平稳定互动架构”，同样必须通过一定的政策激励。但是，政策激励要想真正对两岸关系的良性发展起到积极作用，能够维护和实现台海地区的和平稳定，还必须遵循一些原则和条件。在过去几年里，虽然台湾当局自以为采取了不少政策激励行为，但两岸的政治僵局并没有打破，台海地区的局势不时出现紧张的局面，主要原因是两岸关系中尚存在不少影响双方全面、积极和正确解读对方政策的因素，而且台湾当局的某些行为已经违反了政策激励产生作用的一些原则。笔者认为，政策激励要想产生积极效果，一个中国原则是维护台海和平的基础，善意与互信是两岸关系互动的前提，平等互利是两岸关系发展的保障，此外还要尽可能阻止外国势力干涉和破坏台海安全。

二、一个中国原则是台海和平的基础

在两岸提出的框架或“架构”中，和平都处于相当关键的位置，没有台海和平就没有两岸关系稳定发展的框架或“互动架构”。一个中国原则是发展两岸关系和中国实现和平统一的基石，也是台海地区维持和平稳定的根本保证。两岸间的政策激励要想产生良性循环的结果，必须建立在一个中国的基础上。可以说，一个中国原则是两岸进行政策激励的起点和立足点。在坚持一个中国原则的问题上，中国政府没有任何的妥协和回旋的余地。因为一个中国原则直接关系到中国主权和领土的完整，如果两岸都坚持和接受一个中国原则，这就表明双方有了共同的基础和前提，就有机会有可能通过平等协商的方式，找到解决政治分歧的办法，就有可能建构其两岸和平稳定发展的框架。如果两岸的政策激励行为不以一个中国为基础，那么就会导致政策目的落空，很可能使两岸不是谈统一，而是谈分裂，而分裂必然导致台海局势的恶化。

祖国大陆在发展两岸关系、恢复两岸谈判的问题上展现出了最大的诚意和包容性，多次表示只要台湾当局体现一个中国原则的“九二共识”，两岸的对话和谈判即可恢复，而且什么问题都可以谈。甚至表示只要承认一个中国原则，承认“九二共识”，不管是什么人、什么政党，也不管他们过去说过什么、做过什么，我们都愿意同他们谈发展两岸关系、促进和平统一的问题。① 而且，在一个中国原则下，台湾同胞是中国人，“中国人

① “胡锦涛就新形势下发展两岸关系提出四点意见”，《人民日报》，2005 年 3 月 5 日。

不打中国人”，中国政府绝不会针对台湾同胞使用武力；即使在针对“台独”势力采取非和平方式时，国家也会尽最大可能保护台湾平民和在台湾的外国人的生命财产安全和其他正当权益，减少损失。之所以要以一个中国原则为谈判基础，在一个中国原则下追求和平，就是为了实现国家的和平统一的谈判目的。但台湾当局却对一个中国原则持拒绝的立场，坚持两岸谈判对话“没有预设立场，也不限定任何地方与时间”，认为“一个中国原则”是大陆为谈判所设置的“陷阱”，将统一说成是要“并吞台湾”，提出两岸不排除发展包括隐含“台湾独立”、“两国关系”在内的“任何形式的政治关系”，这些从根本上违背了一个中国原则，使两岸政策激励失去了立足点，陈水扁所说的“两岸和平稳定互动架构”也就成了空中楼阁。

有台湾学者在1996年就指出，在一个中国的前提下，两岸可以签订终止敌对状态协议或和平协定。因为既在一个中国前提下，就不可能有台湾“实质独立”的产生，而没有“台独”事实，北京就无从动武，进而要不要北京先承诺放弃用武为和平协定签订的前提，台北就可以从宽来认定。①就当前台海安全形势来讲，虽然美国和台湾当局极力想维持一种均势平衡的态势，但他们的政策是对台海安全的一种消极维护，其主要目的在于防止冲突的发生。只要台湾当局不承认一个中国原则，台海不安全的隐患就没有从根本上消除，即使各方采取某种政策激励措施也只能暂时缓和局势，并不能从本质上解决两岸敌对的安全关系问题，从主观上消除人们对台海安全的疑虑。只要台湾当局坚持一个中国原则，两岸就不仅能够维持现有的动态平衡，而且还有可能发展成为海峡两岸的永久和平。否则，不仅两岸间的政策激励无法顺利进行，两岸当前的均势平衡也可能失去支点，现实冲突发生的可能性就不能完全排除。

三、善意与互信是两岸关系互动的前提

激励理论认为，政策激励行为能否产生良性互动还取决于双方是否能够善意；客观、理性地看待对方的政策行为，双方建立其最起码的互相信任，善意与互信是两岸关系良性互动的前提。由于历史的原因，两岸在很

① 邵宗海主编：《两岸关系论丛：从乙亥到乙卯年》，台湾华泰文化事业公司，2000年10月版，第221页。

长一段时期内相互敌对，互不信任，甚至兵戎相见。但20世纪80年代以后，随着两岸交流交往的开展和深入，两岸的善意和互信不断积累，对两岸关系产生了一些积极影响。1992年，海协会和海基会在香港达成各自以口头方式表述“海峡两岸均坚持一个中国原则”的共识，对当时双方建立互信的努力有着重要的现实意义。“九二共识”既是双方进行政策激励努力所产生的积极结果，也将对推动今后两岸政策激励的顺利进行，缓和和改善两岸关系起到关键性的作用。

但是台湾当局却刻意斩断两岸政策激励良性循环的链条，不断从事背离一个中国原则的活动，甚至抛出“两国论”，使初露曙光的两岸相互信任的建立面临危机。陈水扁上台以来，两岸关系形势持续紧张严峻，但陈水扁却声称向大陆释放了许多具有“善意”、“诚意”和“耐心”的信息，即采取了一些的政策激励行为。在2000年的“就职演说”中，陈水扁提出“未来一个中国的问题”，并做出“四不一没有”的承诺；2001年元旦又提出“统合论”，召开“经发会”对“戒急用忍”政策进行调整；开放金门马祖和福建地区的直航；民进党召开“全代会”决议“台湾前途决议文”的效力高于“台独”党纲；声称推动“两岸关系正常化”，表示“三通是一条必走之路”；提出两岸以“九二香港会谈”为基础恢复协商谈判；提出两岸建立“军事互信机制”和“海峡行为准则”；“宪政改造不涉及领土、主权和统独问题”；以及“扁宋会”的“十点共识”等等都被陈水扁当局当作“善意”来宣扬。但是这些被台湾当局自称“善意”的言行并没有给两岸关系和台海局势带来缓和，究其原因除了违背一个中国原则的基础和前提外，陈水扁出尔反尔、政策多变、政治诚信缺失也是重要的原因之一。

任何激励性的政策要想取信于对方，产生积极的效果，在政策实施过程中还要遵守诚信原则，做到言出必行，尽量避免可能使政策激励产生反效果的举动。台湾当局的大陆政策不仅在不同的时期政策不同，即使在同一时期政策也变化多端，而且政策解释和文字表述、政策宣示和实际行动往往背道而驰，让人无所适从。这种飘忽善变和出尔反尔的政策言行违背了诚信原则，不仅在岛内引发了信任危机，也难以取得大陆的信任。过去五年，陈水扁当局一面大谈要改善两岸关系，实现“两岸关系正常化”，一面抛出“一边一国”论，在岛内进行“去中国化”和“渐进式台独”活动；一面声称要发展两岸经贸关系，“三通是必走之路”，一面却对两岸经贸关系的发展制造种种障碍，“管理多于开放”，声称“三通不是万灵丹”；一面声称坚持“四不一没有”，一面推动“防御性公投”或“和平公投”，鼓吹“台湾正名”、“公投制宪”，为台湾催生一部“合时、合身、合用的新宪法”。陈水扁当局的这些举动被不少人认为是借“善意”的辞藻来淡化和伪装“台独”，并在岛内骗取选票。这种有“意”无“善”的政策言行无法取信于祖国大陆和国际社会，不仅得不到积极的回应，甚至会产生反效果，加重大陆对台湾当局某些政策举动的疑虑和警惕。

相比之下，长期以来，祖国大陆一直按照“和平统一、一国两制”的基本方针，以及江泽民的八项主张，出台了一系列有利于改善两岸关系的激励性政策，这其中包括“大陆和台湾同属一个中国”的表述、对一个中国原则下两岸政治谈判内容的具体化、钱其琛前副总理解释“一国两制”的七点具体措施、积极配合和努力实现2003和2005年春节包机、开放台湾农产品在大陆销售等等。这些政策虽然它们出台时的背景不一样、表述方式也不尽相同，但其精神实质和庄严承诺始终没有改变，而且在政策实施过程中也做到了“言必信、行必果”。祖国大陆并没有因为台湾当局的出尔反尔而放弃政策激励的努力，多次要求和敦促台湾当局能够真正体现“善意”，以取信于两岸同胞和国际社会。2005年3月，针对“扁宋会”达成的共识，胡锦涛表示，我们希望台湾当局领导人切实履行2月24日重申的“四不一没有”的承诺和不通过“宪改”进行“台湾法理独立”的承诺，通过自己的实际行动向世人表明这不是一句可以随意背弃的空话。①

四、平等互利是两岸关系发展的保障

古语中有“不患寡而患不均”、“不平则鸣”的说法，两岸在进行政策激励的过程中同样应该考虑到各自政策付出和回报的得失公平。两岸在台湾问题上的政策选择不仅受到其自身所得绝对利益的影响，而且受到所得相对利益的影响。也就是说，无论是祖国大陆政府还是台湾当局，它们不仅会将自己的政策付出和利益所得之与对方的付出和所得之比进行横向比较，还会把自己现在的政策付出与利益所得之比同过去政策复合利益所得的比值进行纵向比较。如果两种比值是近似或相等的，就会产生公平，觉得政策付出是值得的；反之，则会产生不公平感，甚至是挫折感，从而影

① “胡锦涛就新形势下发展两岸关系提出四点意见”，《人民日报》，2005年3月5日。

响到再次出台激励性政策的信心和积极性。因此，有效的政策激励需要双方在出台善意政策的过程中尽量照顾到双方的利益平衡，尊重和理解对方的利益需求，力求实现利益的合理分配。从某种意义上讲，两岸关系的顺利发展、台海安全的维护，乃至于台湾问题的最终解决，都必须同时兼顾中华民族、中国政府和大陆人民、台湾当局和台湾民众、美国、日本等国际势力等主体的利益需求，实现利益资源的再分配，在两岸和国际间形成一种公正、合理、稳定的利益关系。[①]

无论对祖国大陆还是台湾当局来说，遵循平等互利的原则可以保障两岸关系的平稳发展。这种平等互利不仅体现在两岸经贸关系的发展中，也体现在政治关系的处理上。有大陆学者认为，两岸经贸关系是稳定两岸关系的重要因素，虽然两岸政治和经济关系之间并不存在必然的联系，但会相互影响。尽管两岸经贸关系的发展无法消除“台独”理念和分裂势力，但20多年来两岸所形成的极其密切的经贸关系已经成为遏制“台独”势力发展的重要力量。[②] 过去20多年来，两岸关系取得了很大的进展，这种进展的取得在很大程度上得益于祖国大陆出于两岸关系大局的考虑，积极推动两岸的民间往来和经贸交流。台湾当局从政治和意识形态的考虑出发，对两岸经贸和民间往来的得利和失利进行评估，一直坚持采取限制性的两岸经贸政策，使两岸关系发展一直处于“部分、间接、单向”的状态。这种限制性政策虽然让民进党当局在岛内政治斗争中一时获利，但却让台湾民众失去更大的利益，在一定程度上也影响到大陆同胞的利益。由于两岸无法实现全面、直接、双向的“三通”，两岸同胞的旅行、经商、就学、往来就不能便捷地进行，两岸交往的时间、金钱和机会成本也都大幅上升，加剧了台湾经济所面临的困境。同时，从长远来看，台湾当局从这样的政策中很难持续高额获利。从岛内政治来说，经济状况的恶化使民众更加怀疑民进党当局的执政能力，最终会影响到台湾当局的民众支持度；从两岸关系来说，两岸局势的整体恶化同样不符合台湾民众的利益，为了转移经济问题而不断在选举中强化“台独”立场则只会将两岸关系推向危险的边缘。

---

① 李鹏：“海峡两岸的利益冲突及对共同利益的寻求”，《台湾研究集刊》，2001年第3期，第20页。

② 邓利娟：“积极推动两岸经贸关系发展”，《两岸关系》，2004年第9期，第12页。

两岸的政治关系中，平等互利同样也很重要，祖国大陆早就提出两岸可以在平等协商的基础上进行政治谈判，并表示愿意努力为通过对话谈判解决分歧、改善两岸关系、共谋和平统一创造条件，提出“在一个中国的前提下，什么问题都可以谈”。2005 年 3 月，胡锦涛主席在四点意见中更明确提到，“和平统一，不是一方吃掉另一方，而是平等协商，共议统一”。大陆还提出“只有在两岸共谋发展、共议统一、共促振兴的正确道路上，台湾同胞才能真正抚平历史的伤痕，获得更大的利益和福祉，真正赢得当家做主的尊严。在促进两岸同胞相互交往、相互理解方面，台湾同胞有什么建设性的意见和建议，欢迎提出来，我们一定认真听取，尽量采纳”。但“平等协商”并不等于“对等谈判”，台湾当局的“对等”是要求大陆承认台湾或“中华民国”同中华人民共和国一样是一个“主权独立的国家”，然后在两个对等“国家”或“政治实体”的基础上进行谈判，这实际上损害了两岸关系的基础，也就谈不上会促进两岸关系的发展。

五、阻止外国势力干涉和破坏台海安全

台湾问题是两岸中国人自己的事情，是中国的内部事务，不受外国势力的干涉。在两岸进行政策激励解决问题的过程中，外国势力的干预很可能会破坏政策激励的氛围，影响两岸互信的建立，导致激励政策的失效。在过去的几十年中，美国等外国势力的某些作为已经伤害到两岸关系的发展，影响到台海局势的稳定。比如在 1992 年两岸关系出现缓和的时候，美国政府向台湾出售 150 架 F—16 战斗机，严重影响到当时两岸关系的氛围。而且美国此后持续的对台军售和美台军事交流项目在某种程度上向岛内的“台独”势力发出了错误信号，使“台独”势力有恃无恐地进行“台独”分裂活动，严重破坏了两岸互信的建立。众所周知，美国等外国势力在台海问题上向来都是以自身的利益为优先考虑，一旦两岸的政策激励和关系发展可能会影响到他们的利益，他们就会采取阻挠或破坏的措施。因此，在两岸进行政策激励的过程中，应该以两岸人民的根本利益为出发点，不受外国势力的干涉和破坏，这样才可能建立起真正稳定有效的激励机制，创造台海和平、安全、稳定的环境。

附　录

反分裂国家法

（2005 年 3 月 14 日第十届全国人民
代表大会第三次会议通过）

第一条　为了反对和遏制“台独”分裂势力分裂国家，促进祖国和平统一，维护台湾海峡地区和平稳定，维护国家主权和领土完整，维护中华民族的根本利益，根据宪法，制定本法。

第二条　世界上只有一个中国，大陆和台湾同属一个中国，中国的主权和领土完整不容分割。维护国家主权和领土完整是包括台湾同胞在内的全中国人民的共同义务。

台湾是中国的一部分。国家绝不允许“台独”分裂势力以任何名义、任何方式把台湾从中国分裂出去。

第三条　台湾问题是中国内战的遗留问题。

解决台湾问题，实现祖国统一，是中国的内部事务，不受任何外国势力的干涉。

第四条　完成统一祖国的大业是包括台湾同胞在内的全中国人民的神圣职责。

第五条　坚持一个中国原则，是实现祖国和平统一的基础。

以和平方式实现祖国统一，最符合台湾海峡两岸同胞的根本利益。国家以最大的诚意，尽最大的努力，实现和平统一。

国家和平统一后，台湾可以实行不同于大陆的制度，高度自治。

第六条　国家采取下列措施，维护台湾海峡地区和平稳定，发展两岸关系：

（一）鼓励和推动两岸人员往来，增进了解，增强互信；

（二）鼓励和推动两岸经济交流与合作，直接通邮通航通商，密切两岸经济关系．互利互惠；

（三）鼓励和推动两岸教育、科技、文化、卫生、体育交流，共同弘扬中华文化的优秀传统；

（四）鼓励和推动两岸共同打击犯罪；

（五）鼓励和推动有利于维护台湾海峡地区和平稳定、发展两岸关系的其他活动。

国家依法保护台湾同胞的权利和利益。

第七条 国家主张通过台湾海峡两岸平等的协商和谈判，实现和平统一。协商和谈判可以有步骤、分阶段进行，方式可以灵活多样。

台湾海峡两岸可以就下列事项进行协商和谈判：

（一）正式结束两岸敌对状态；

（二）发展两岸关系的规划；

（三）和平统一的步骤和安排；

（四）台湾当局的政治地位；

（五）台湾地区在国际上与其地位相适应的活动空间；

（六）与实现和平统一有关的其他任何问题。

第八条 “台独”分裂势力以任何名义、任何方式造成台湾从中国分裂出去的事实，或者发生将会导致台湾从中国分裂出去的重大事变，或者和平统一的可能性完全丧失，国家得采取非和平方式及其他必要措施，捍卫国家主权和领土完整。

依照前款规定采取非和平方式及其他必要措施，由国务院、中央军事委员会决定和组织实施，并及时向全国人民代表大会常务委员会报告。

第九条 依照本法规定采取非和平方式及其他必要措施并组织实施时，国家尽最大可能保护台湾平民和在台湾的外国人的生命财产安全和其他正当权益，减少损失；同时，国家依法保护台湾同胞在中国其他地区的权利和利益。

第十条 本法自公布之日起施行。

《1998年中国的国防》白皮书有关台海安全部分（1998年7月）

台湾是中国领土不可分割的一部分。结束海峡两岸分裂局面，实现祖国统一，是包括台湾同胞在内的全体中国人民的崇高使命和共同愿望。中国政府坚持以“和平统一、一国两制”的基本方针解决台湾问题，坚决反对任何制造“台湾独立”、“两个中国”、“一中一台”等分裂国家的图谋和言行。台湾问题完全是中国内政。无论是直接还是间接把台湾海峡划入任何国家或军事同盟的安全合作范围，都是对中国主权的侵犯和干涉。中国政府努力谋求以和平方式实现国家的统一，但不承诺放弃使用武力。每一个主权国家都有权采取自己认为必要的一切手段包括军事手段，来维护本国的主权和领土完整。中国政府在采取何种方式处理台湾问题上，并无义务对任何国家或图谋分裂中国者做出承诺。中国政府反对任何国家对台军售。对台军售不仅违反基本的国际法准则，也对中国的安全及地区的和平与稳定构成威胁。

……

中国实行防御性的国防政策，还渊源于中国的历史文化传统。中国是一个有五千年文明历史的国家，有爱好和平的传统。中国古代思想家曾提出过“亲仁善邻”的思想，反映了自古以来中国人民就希望天下太平，同各国人民友好相处。这种思想表现在军事上，就是主张用非军事手段来解决争端、慎重对待战争和战略上后发制人。在几千年的历史进程中，爱和平，重防御，求统一，促进民族团结，共御外侮，始终是中国国防观念的主题。新中国的国防政策，继承和发扬了中国优良的历史文化传统。

中国的国防政策，主要包括以下内容：

巩固国防，抵抗侵略，制止武装颠覆，保卫国家的主权、统一、领土完整和安全。这是中国国防政策的基本目标，也是中国宪法赋予中国武装力量的主要职责。中国努力避免和制止战争，努力用和平方式解决国际争端和历史遗留问题。但是，在霸权主义和强权政治依然存在的情况下，国家必须具有用军事手段捍卫主权、统一、领土完整和安全的能力。中国的国防现代化建设完全是为了自卫，是保障国家现代化建设和安全的需要。中国武装力量的规模是与保卫国家安全和利益的需要相适应的。中国独立自主、自力更生地建设和巩固国防。

……

《2000年中国的国防》白皮书有关台海安全部分（2000年10月）

台湾海峡局势复杂、严峻。李登辉悍然抛出所谓“两国论”的分裂主张，台湾当局新领导人对一个中国原则采取回避和模糊的态度，台湾分裂势力图谋以各种形式把台湾从中国分割出去，严重破坏了海峡两岸和平统一的前提和基础。这是造成台湾海峡局势紧张的根本原因。美国不断向台湾出售先进的武器装备，其国内有人企图推动国会通过所谓《加强台湾安全法》，还有人企图将台湾纳入战区导弹防御系统；日美修订的防卫合作新指针，始终不明确承诺不把台湾划入其欲军事介入的“周边安全事态”范围。这些行为助长了台湾分裂势力的气焰，严重损害了中国的主权和安全，危害了亚太地区的和平与稳定。

……

中国始终把维护国家的主权、统一、领土完整和安全放在第一位，致力于为社会主义现代化建设争取一个良好的国际和平环境和周边环境。中国的发展和强盛不会对任何人构成威胁，而只会促进世界的和平、稳定和发展。永远不称霸，是中国人民对世界的庄严承诺。

中国的国防政策，主要包括以下内容：

巩固国防，抵抗侵略，制止武装颠覆，保卫国家的主权、统一、领土完整和安全。中国的国防现代化建设完全是为了自卫。中国努力避免和制止战争，努力用和平方式解决国际争端和历史遗留问题。在霸权主义和强权政治依然存在并有新的发展，特别是在国家和平统一的基础遭受严重威胁的情况下，中国必须加强运用军事手段捍卫主权和安全的能力。

……

解决台湾问题，实现中国完全统一，是中华民族的根本利益。中国政府解决台湾问题的基本方针是“和平统一、一国两制”，并贯彻发展两岸关系、推进祖国和平统一进程的八项主张。中国政府始终如一地坚持一个中国的原则，在关系到主权和领土完整的根本问题上，绝不会让步和妥协。台湾地区领导人的更替改变不了台湾是中国领土一部分的事实。解决台湾问题完全是中国内政，中国政府坚决反对任何国家向台湾出售武器或与台湾进行任何形式的军事结盟，反对任何形式的外来干涉。中国政府尽一切可能争取和平统一，主张通过在一个中国原则基础上的对话与谈判解决分歧。但是，如果出现台湾被以任何名义从中国分割出去的重大事变，如果外国侵占台湾，如果台湾当局无限期地拒绝通过谈判和平解决两岸统一问题，中国政府只能被迫采取一切可能的断然措施，包括使用武力，来维护中国的主权和领土完整，实现国家的统一大业。“台湾独立”就意味着重新挑起战争，制造分裂就意味着不要两岸和平。中国人民解放军坚定不移地以国家意志为最高意志，以民族利益为最高利益，完全有决心、有信心、有能力、有办法捍卫国家主权和领土完整，决不容忍、决不姑息、决不坐视任何分裂祖国的图谋得逞。

《2002年中国的国防》白皮书有关台海安全部分（2002年12月）

台湾海峡两岸关系的基本格局和发展趋势没有改变。台湾同胞求和平、求安定、求发展的意愿日益增强，两岸经贸、文化等领域的交流和人员往来日益密切，两岸直接通邮、通航，通商是民心所向、大势所趋。但是，两岸关系紧张的根源没有消除。台湾当局领导人拒不接受一个中国原则，顽固坚持“台湾独立”立场，甚至抛出海峡两岸“一边一国”的分裂主张，并以渐进的手法进行各种分裂活动。台湾分裂势力是对台海地区和平与稳定的最大威胁。极少数国家在台湾问题上干涉中国内政，继续售台武器装备，提升与台关系，助长了台湾分裂势力的气焰，损害了中国的和平统一进程。

……

中国制定国防政策的根本依据，是中国的国家利益。它主要包括：维护国家主权、统一、领土完整和安全；坚持以经济建设为中心，不断提高综合国力；坚持和完善社会主义制度；保持和促进社会的安定团结；争取一个长期和平的国际环境和良好的周边环境。中国采取一切必要手段维护国家利益，同时也尊重别国的利益，主张通过协商和平解决国与国之间的纠纷和争端。

中国国防的目标和任务，主要有以下内容：

……

制止分裂，实现祖国完全统一。中国是全国各族人民共 同缔造的统一的多民族国家。中国政府禁止对任何民族的歧视和压迫，也禁止任何破坏民族团结和制造国家分裂的行为。台湾是中国不可分割的一部分。中国政府按照“和平统一、一国两制”的基本方针和现阶段发展两岸关系、推进祖国和平统一进程的八项主张，以最大的诚意、尽最大的努力争取和平统一的前景，但决不承诺放弃使用武力。中国坚决反对任何国家向台湾出售武器或与台湾进行任何形式的军事结盟。中国武装力量坚决捍卫国家主权和统一，有决心、有能力制止任何分裂行径。

《2004 年中国的国防》白皮书有关台海安全部分（2004 年 12 月）

台湾海峡两岸关系形势严峻。陈水扁当局肆意挑衅两岸同属一个中国的现状，图谋分裂中国的“台独”活动明显升级。它不断鼓吹两岸“一边一国”的分裂主张，利用公投进行“台独”分裂活动，煽动岛内民众仇视大陆，大规模购买进攻性武器装备。它并未放弃通过制定所谓“台湾新宪法”走向“台独”的企图，仍然伺机利用所谓“宪政改造”制造重大“台独”事变。“台独”分裂活动日益成为破坏中国主权和领土完整，危害台海两岸及亚太地区和平与稳定的最大现实威胁。美国多次重申坚持一个中国政策、遵守三个联合公报、反对“台独”的立场。但是，美国继续提升售台武器的数量和质量，向台湾当局发出错误信号，不利于台海局势的稳定。

……

制止“台独”势力分裂国家，是中国武装力量的神圣职责。中国政府继续坚持“和平统一、一国两制”的基本方针和现阶段发展两岸关系、推进祖国和平统一进程的八项主张。只要台湾当局接受一个中国原则、停止“台独”分裂活动，两岸双方随时可以就正式结束敌对状态，包括建立军事互信机制进行谈判。中国人民坚决反对任何形式的“台独”分裂活动，坚决反对任何形式的外来干涉，坚决反对任何国家向台湾出售武器或与台湾进行任何形式的军事结盟，决不允许任何人以任何方式把台湾从中国分割出去。如果台湾当局铤而走险，胆敢制造重大“台独”事变，中国人民和武装力量将不惜一切代价，坚决彻底地粉碎“台独”分裂图谋。

《2006年中国的国防》白皮书有关台海安全部分（2006年12月）

中国的安全环境总体有利。中国致力于全面建设小康社会和构建社会主义和谐社会，经济发展、政治稳定、民族团结、社会进步的局面得到巩固，综合国力显著提升，国际地位和国际影响提高。中国与主要大国的务实合作继续发展，与周边国家的睦邻友好不断推进，与广大发展中国家的全面交往深入发展，与各国互利共赢的格局逐步形成。中国政府采取一系列改善和发展台湾海峡两岸关系的重大措施，推动两岸关系形势朝着和平稳定方向发展。

……

但是，中国的安全仍面临不容忽视的挑战。国内和国际因素关联性增强，传统和非传统安全因素相互交织，维护国家安全的难度加大。反对和遏制“台独”分裂势力及其活动的斗争复杂严峻。台湾当局实行激进“台独”路线，加紧通过推动所谓“宪政改造”谋求“台湾法理独立”，对中国的主权和领土完整、台海及亚太地区的和平稳定构成严重威胁。美国多次重申坚持一个中国政策、遵守中美三个联合公报、反对“台独”的立场，但是美国继续向台湾出售先进军事装备，并与台湾加强军事联系和往来。少数国家炒作“中国威胁论”，加强对中国的战略防范与牵制。周边复杂而敏感的历史和现实问题，仍对中国的安全环境产生影响。

……

中国坚持走和平发展道路，统筹国内国际两个大局，妥善应对纷繁复杂的国际安全形势。中国依据发展与安全相统一的安全战略思想，对内努力构建社会主义和谐社会，对外积极推动建设和谐世界，谋求国家综合安全和世界持久和平；统筹发展与安全、内部安全与外部安全、传统安全与非传统安全，维护国家主权、统一和领土完整，维护国家发展利益，维护国家发展的重要战略机遇期；努力构建互利共赢的合作关系，促进与其他国家的共同安全。

……

维护国家安全统一，保障国家发展利益。防备和抵抗侵略，确保国家领海、领空和边境不受侵犯。反对和遏制“台独”分裂势力及其活动，防范和打击一切形式的恐怖主义、分裂主义和极端主义。人民解放军坚决履行新世纪新阶段的历史使命，为中国共产党巩固执政地位提供重要的力量保证，为维护国家发展的重要战略机遇期提供坚强的安全保障，为维护国家利益提供有力的战略支撑，为维护世界和平与促进共同发展发挥重要作用，不断提高应对多种安全威胁、完成多样化军事任务的能力，确保能够在各种复杂形势下有效应对危机、维护和平，遏制战争、打赢战争。

参考文献

一、中文参考书目（大陆版）

刘国深：《当代台湾政治分析》，九州出版社，2002年版6月版。

陈孔立：《简明台湾史》，九洲图书出版社，1998年1月版。

阎学通：《美国霸权与中国安全》，天津人民出版社，2000年3月版。

阎学通：《中国国家利益分析》，天津人民出版社，1997年8月版。

阎学通等著：《中国崛起国际环境评估》，天津人民出版社，1998年4月版。

阎学通等著：《中国与亚太安全》，时事出版社，1999年1月版。

陈峰君主编：《亚太安全析论》，中国国际广播出版社，2004年5月版。

陈效卫主编：《合作与冲突：战后美国军事联盟的系统考察》，军事科学出版社，2001年10月版。

郭定平：《政党与政府》，浙江人民出版社，1998年6月版。

郭学堂主编：《国际关系学理论与实践》，时事出版社，2004年5月版。

黄硕风：《综合国力新论》，中国社会科学出版社，1999年9月版。

《海峡两岸关系学术研讨会论文集》，全国台研会、全国台联、中国社科院台研所，1991年9月版。

（英）基斯·哈特利，（美）托德·桑德勒主编，姜鲁鸣等译：《国防经济学手册（第一卷）》，经济科学出版社，2001年12月版。

姜殿铭主编：《当代台湾研究》，华艺出版社，1992年11月版。

金正昆：《现代外交学概论》，中国人民大学出版社，1999年12月版。

李纯青：《台湾问题研究》，华艺出版社，1992年9月版。

李少军：《国际安全警示录》，金城出版社，1997年7月版。

楼耀亮：《地缘政治与中国国防战略》，天津人民出版社，2002年6月版。

梅孜主编：《美台关系重要资料选编》，时事出版社，1997 年 1 月版。

（美）安德鲁·内森、罗伯特·罗斯：《长城与空城计：中国对安全的寻求》，新华出版社，1997 年 9 月版。

（美）肯尼斯·沃尔兹，王缉思译：《国际政治理论》，中国人民公安大学出版社，1992 年 5 月版。

（美）理查德·伯恩斯坦、罗斯·芒罗著：《即将到来的美中冲突》，新华出版社，1997 年 5 月版。

（美）理查德·N·哈斯著，殷雄、徐静译：《新干涉主义》，新华出版社，2000 年 7 月版。

（美）詹姆斯·利雷，楚克·唐斯主编；华宏勋译：《台海危机：过去、现在、未来》，新华出版社，2000 年版。

孙明明、蔡小洪：《动荡中的国家安全》，解放军出版社，1988 年 3 月版。

（日）星野昭吉编著，刘小林、王乐理等译：《变动中的世界政治》，新华出版社，1999 年 4 月版。

苏格：《美国对华政策与台湾问题》，世界知识出版社，1998 年 6 月版。

陶文钊：《中美关系史（1911—1950）》，重庆出版社，1997 年 3 月版。

王缉思主编：《高处不胜寒——冷战后美国的全球战略和世界地位》，世界知识出版社，1999 年 12 月版。

王建民：《台湾军力》，鹭江出版社，2000 年 12 月版。

王永钦主编：《中国结：两岸关系重大事件内幕》，新华出版社，2003 年版。

王逸舟主编：《全球化时代的国际安全》，上海人民出版社，1999 年 12 月版。

吴温暖、苏国成主编：《国际环境与国防建设》，高等教育出版社，1999 年 10 月版。

许嘉：《美国战略思维研究》，军事科学出版社，2003 年 1 月版。

徐学江主编：《危险的一步：李登辉“两国论”真面目》，新华出版社，1999 年版。

余克礼主编：《台湾研究论文集》（第十二、十三、十四、十五集），中国人口出版社，2003 年 12 月版。

张景旭：《台湾问题：中美关系的焦点》，福建人民出版社，1999年版。

张磊等主编：《国共关系与两岸关系研究》，湖北人民出版社，1994年9月版。

资中筠主编：《国际政治理论研究在中国》，上海人民出版社，1999年9月版。

中国国防报编辑部：《台湾军力写真》，长征出版社，2001年4月版。

中国现代国际关系研究所危机管理与对策研究中心编著：《国际危机管理概论》，时事出版社，2003年3月版。

朱松山主编：《知识经济时代的知识军事与国防建设》，国防大学出版社，2001年8月版。

二、中文参考书目（台湾版）

安德烈·平可夫著：《世纪之交的台海危机：中日美大对决》，全球防卫杂志社有限公司，2001年版。

蔡政文等著：《我国对外政策及行动取向》，业强出版社，1993年版。

陈福成：《国家安全与战略关系》，时英出版社，2000年3月版。

陈力生：《台湾海峡的和平与战争》，时英出版社，2002年4月版。

陈荔彤：《台湾主体论》，元照出版公司，2004年5月版。

陈水扁：《跨世纪兵法，陈水扁看国防政策与管理》，时报文化出版企业股份有限公司，1996年9月版。

“国防部”国防报告书编撰小组：《中华民国八十一年国防报告书》，黎明文化事业股份有限公司，1993年1月版。

“国防部”国防报告书编撰小组：《中华民国八十七年国防报告书》，黎明文化事业股份有限公司，1998年3月版。

林子洋：《飞弹防御与国家安全》，幼狮文化事业股份有限公司，2000年10月版。

林宗达：《战区飞弹防御与台海安全》，时英出版社，2000年2月版。

林宗达：《蜕变中的军事强权：中共军事革新的动力》，时英出版社，2001年7月版。

邵宗海：《两岸共识与两岸歧见》，五南图书出版有限公司，1998年版。

邵宗海：《两岸关系与两岸对策：1996 年总统大选后的解析》，时报文化出版企业股份有限公司，1996 年 11 月版。

邵宗海主编：《两岸关系论丛：乙亥年到乙卯年》，华泰文化事业股份有限公司，2000 年 10 月版。

苏进强主编：《9·11 事件后全球战略评估》，英文新闻股份有限公司，2002 年 9 月版。

苏进强主编：《美国反恐战争：台湾观点》，英文新闻股份有限公司，2002 年 9 月版。

苏进强等著：《国军兵力结构与台海安全》，业强出版社，1995 年 1 月版。

苏进强：《台海安全与国防改革》，业强出版社，1995 年 6 月版。

台湾研究基金会“国防”研究小组：《国防白皮书》，1989 年 5 月版。

许庆雄：《中华民国如何成为国家》，前卫出版社，2001 年 10 月版。

许世楷、施正锋：《台湾前途危机管理》，前卫出版社，2001 年 12 月版。

薛钊：《战略性的思考：台湾的安全与抉择》，时英出版社，2001 年 4 月版。

杨宪村、徐博东：《世纪交锋：民进党如何同共产党打交道》，时报文化出版企业股份有限公司，2002 年 5 月版。

杨志恒等著：《台湾的国防安全》，业强出版社，1995 年 6 月版。

詹满容：《亚太集体安全体系之建构与我国扮演之角色》，“行政院研究发展考核委员会”，1996 年 6 月版。

张亚中：《两岸统合论》，生智文化事业有限公司，2000 年 8 月版。

张亚中：《全球化与两岸统合》，联经出版事业股份有限公司，2003 年 4 月版。

张旭成等主编：《如果中共跨过台湾海峡》，允晨文化实业股份有限公司，1995 年 5 月版。

谢淑媛编著：《台海安全情报》，玉山社出版实业股份有限公司，1996 年 1 月版。

朱延智：《台湾安全》，幼狮文化事业股份有限公司，2000 年 12 月版。

庄万寿：《台湾独立的理论与历史》，前卫出版社，2002 年 12 月版。

三、外文参考书目

Arnold Wolfer, *DISCORD AND COLLABORATION*, (Baltimore, Johns Hopkins University Press, 1962).

Barry Buzan, Ole Waever, and Jaap De Wilde edit, *SECURITY: A NEW FRAMEWORK FOR ANALYSIS*, (Lynne Rienner Publishers, Inc. 1997)

Dennis Van Vranken Hickey, *TAIWAN'S SECURITY IN THE CHANGING INTERNATIONAL SYSTEM*, (Boulder, Colo: Lynne Rienner PubLishers, 1997)

Don L. Mansfield & Gary J. Buckley, *CONFLICT IN AMERICAN FOREIGN POLICY: THE ISSUE DEBATE*, (New Jersey: Prentice – Hall, Inc. 1985).

Gerrit Gong, Richard C. Bush edited, *TAIWAN STRAIT DILEMMAS: CHINA – TAIWAN – US POLICIES IN THE NEW CENTURY*, (Washington, D. C. : Center for Strategic and International Studies, c2000)

Go Ito, *ALLIANCE IN ANXIETY: DETERNTE AND SINO – AMERICAN JAPANESE TRIANGLE*, (New York: Routledge, 2003)

Marie Soderberg edit: *CHINESE – JAPANESE RELATIONS IN THE 21st CENTURY, COMPLEMENTARY AND CONFLICT*, (London: Routledge, 2002)

Martin L. Lasater, Peter Kien—hong Yu, *TAIWAN'S SECURITY IN THE POST – DENGXIAOPING ARA*, (London; Portland, OR: Frank Cass, 2000)

Michael Green edit, *THE U. S. – JAPAN ALLIANDE: PAST, PRESENT AND FUTURE*, (New York: Council on Foreign Relations, 1999)

Maysing H. Yang, edit, *TAIWAN'SEXPANDING ROLEIN THE INTERNATIONAL ARENA*, (Armonk, N. Y. : M. E. Sharpe, c1997)

Monte R. Bullard, *THE SOLDIER AND THE CITIZEN: THE ROLE OF THE MILITARY IN TAIWAN'S DEVELOPMENT*, (Armork, NY: M. E. Sharpe, c1997)

Tang Tsou, *AMERICA'S FAILURE IN CHINA* 1941 – 50, (Chicago: The University of Chicago Press, 1963).

四、参考期刊杂志

《两岸关系》，海峡两岸关系协会

《台湾研究集刊》，厦门大学台湾研究院

《台湾研究》，中国社会科学院台湾研究所
《现代台湾研究》，福建省社会科学院现代台湾研究所
《世界经济与政治》，中国社会科学院世界经济与政治研究所
《美国研究》，中国社会科学院美国研究所
（香港）《中国评论》，中国评论文化有限公司
（台湾）《海峡评论》，海峡学术出版社
（台湾）《中华战略学刊》，台湾中华战略学会

五、参考网站资料

人民网：www. peopledaily. com. cn
新华网：www. xinhua. org
国务院台湾事务办公室网站：www. gwytb. gov. cn
中华人民共和国外交部网站：www. fmprc. gov. cn
中国台湾网：www. chinataiwan. org
华夏经纬网：www. huaxia. com
央视国际网站台湾频道：www. cctv. com/taiwan
海峡之声网；www. radiohx. com
海峡军事频道：www. vos666. net
台湾“国防部”网站：www. mod. org. tw
台湾“外交部”网站：www. mofa. org. tw
台湾“行政院大陆委员会”网站：www. mac. org. tw
中国国民党全球资讯网：www. kmt org. tw
民主进步党全球资讯网：www. dpp. org. tw

后　记

在我进入台湾研究领域快要十个年头之际，九州出版社即将重印《台海安全考察》一书，甚感高兴。作为青年学者，我一直是怀着感恩的心在进行这本书的写作。在此，我还是要感谢引导我走上学术之路的研究生导师阎学通教授，没有他的悉心指导，帮我打下扎实的理论和方法基础，我不可能完成这本书。我要感谢台湾研究院的诸多学术前辈、领导和同事，特别是陈孔立、范希周、林劲、李非、张文生等教授，没有他们的帮助和指教，我不可能完成这本书。我还要感谢台湾研究院和谐、宽松、浓厚、自由的学术研究氛围，没有这样的氛围，这本书同样不可能面世。

我非常感谢刘国深院长在百忙之中为本书作序。他曾经教导说“台湾研究是一项追求海峡两岸中国人共同幸福的良心的事业，要常怀感恩之心、惜福之心，为两岸中国人的利益，贡献我们的智慧和力量”。台湾研究的确需要无数学者的“良心”奉献，他的鼓励和支持让我更有信心在学术的道路上坚定地走下去，并争取走得更好。

在这本书的出版过程中，获得国务院台湾事务办公室新闻局和九州出版社的热情指导与实际支持，在此一并表示诚挚感谢。我院“中外政治制度”专业的硕士研究生杨震，他为本书稿做了部分的校对工作，发现了不少错误，他可以说是本书稿的第一位读者，在此也向他表示感谢。

我还要感谢我的父母，虽然由于工作的关系，近年我一直未能抽空回家探望，但对他们的牵挂同样是我完成这本书的动力。

最后，我要特别由衷地感谢我的太太姚静，正是由于她的贤惠和辛劳，以及对我的不断鼓励，才使我能够全力以赴地投入书稿的写作，没有她无私和默默的奉献，我的书稿也是不可能完成的。2007 年 7 月 31 日，爱女李沐蹊出生，在该书重印之际，我也要将这本书送给她，也当她周岁生日的礼物之一吧。

李　鹏

2008 年 5 月 8 日